哲学与社会发展文丛

陈志雄　著

《管子》四篇
研 究

A Study on Four Articles of *Guanzi*

社会科学文献出版社
SOCIAL SCIENCES ACADEMIC PRESS (CHINA)

总　序

在美丽的榕城白马河畔，有一个由中青年哲学学者组成的学术团队，他们以理性的激情，把哲学反思的视野投向当代社会发展，试图以"哲学与社会发展文丛"为题陆续推出他们的研究成果。在与他们深入交谈中，我被他们的哲学学养和睿识以及他们对哲学与时代的那份眷注、担当的情怀所深深地打动，欣然应邀为该文丛作序。

改革开放三十多年造就了中国社会实践的辉煌，也极大地推动了哲学研究的发展。从历史反思到实践观念，从体系创新到问题意识，从经典诠释到话语建构，哲学在把握时代的同时也被时代所涵养化育，呈现多样化的研究面相。在中国社会由传统社会向现代社会的变革转型过程中，哲学发展面临着机遇和挑战。哲学不应该以思辨的精神贵族自期自许，而应该回归生活世界。诚如维特根斯坦所言的"贴在地面行走，而不在云端跳舞"，哲学应当"接地气"——在时代变革与发展的实践中获得鲜活厚实的"地气"。社会发展是我们这个时代的一个主题，哲学必须也能够以其理性的力量在反思、把握社会发展的规律、特点、趋势中获得自身发展的生机活力，拓展出新的问题域。

当代中国社会正面临着一个全面而又深刻的变革、转型和发展的历史进程，改革与发展给中国社会带来巨大进步的同时，也日益显现、暴露出发展中存在的问题和矛盾。发展的现代性问题在当代中国并非一个遥远的"他者"，而是有了其出场的语境。诸如社会阶层的分化，利益结构的重组，经济社会结构的转型，公平正义问题，社会失范问题，发展可持续性问题，以及资源、环境、生态问题等，社会发展以问题集呈现在世人面前。问题表明发展对理论需求的迫切性。当代社会发展的整体性、复杂性、长期性、风险性需要克服单线性的进化论发展观，对社会发展的把握也不能停留在具体的经验实证的认识层面上，全新的社会发展需要全新的发展理念来烛引，对发展的具体的经验的把握必须上升到哲学的总体性的层面上来。因为，在对社会发展的不同学科、不同视角、不同维度、不同层次的研究中，哲学的视角具有总体性、根本性、基础性、前提性、方向性的特点，它是以理性的反思和后思的方式对社会发展的前提、根据、本质、价值、动力、过程、规律、趋势、模式和方法等作出整体性的观照。这种反思使我们能够超越和突破对社会发展的经验的、狭隘的眼界，在总体性、规律性、价值性和方向性意义上获得对当代社会发展的理性的自觉性和预见性。在这个意义上，唯有哲学，才能够对当代社会发展既在后思的意义上充当黄昏后才起飞的"密纳发的猫头鹰"，又在前引的意义上充当报晓的"高卢雄鸡"。

福建省委党校、福建行政学院哲学部的中青年哲学学者正是在上述的意义上试图以哲学的多视角的反思性方式介入对当代社会发展问题的研究，在社会发展的元理论研究与问题研究、反思性研究与规范性研究、社会发展的一般规律与特殊规律、本质与价值、方法与模式、历史与逻辑、比较与反思以及社会发展的世界经验与中国经验等方面拓辟哲学观照当代社会发展的问题域。他们有着共同的学术愿景：立足于当代中国社会发展的实践，在理论与实践、思想与学术之间形成互动的张力，对时代实践的要求作出哲学的回应，从中寻找哲学自身的生长点，造就一个哲学研究的学术团队，形成自己的研究方向和特点。

在一个急功近利、浮躁虚华的年代，他们以一种哲学的淡定和从容来反思时代，充当哲学"麦田的守望者"。我祝愿他们，并相信通过他们的努力有更多的哲学学术成果问世，就像白马河畔那根深叶茂的榕树一样，有他们哲学思考的一片榕荫绿地。

李景源
2014.5.6

目 录
Contents

绪 论 ·· 1
 第一节 选题缘起与意义 ·· 1
 第二节 研究现状与展望 ·· 5
 第三节 研究方法与章节安排 ·· 9

上篇 文本结构

第一章 《管子》与《管子》四篇 ·································· 15
 第一节 《管子》其书与分类研究 ···································· 15
 第二节 《管子》四篇及其写作年代 ································ 26
 第三节 《管子》四篇与稷下黄老之学 ································ 33

第二章 《管子》四篇的篇名意义 ································ 44
 第一节 说"心术" ·· 45
 第二节 说"白心" ·· 51
 第三节 说"内业" ·· 53
 第四节 结论 ·· 56

第三章 《管子》四篇的一体性 ·································· 57
 第一节 反面的声音及其回应 ·· 57
 第二节 《管子》四篇一体性之理据 ································ 60
 第三节 结论 ·· 69

1

第四章　《管子》四篇的经解体例 …………………………………… 71
第一节　说"经"与"解" ………………………………………… 71
第二节　《管子》中的两种经解体例 …………………………… 72
第三节　《心术上》经解成因之蠡测 …………………………… 76
第四节　《内业》有无经解的争论 ……………………………… 80

第五章　《管子》四篇的作者与学派归属 …………………………… 86
第一节　宋钘尹文说 ……………………………………………… 86
第二节　慎到田骈说 ……………………………………………… 89
第三节　管仲学派说 ……………………………………………… 93
第四节　稷下黄老说 ……………………………………………… 95

中篇　义理阐释

第六章　《管子》四篇道气关系论辨正 …………………………… 101
第一节　宇宙生成论中的"道—气"关系问题 ………………… 102
第二节　"道"与"气"是否二而一？ ………………………… 105
第三节　以"精"释"气" ……………………………………… 109
第四节　余论 ……………………………………………………… 112

第七章　《管子》四篇身心修养论探赜 …………………………… 114
第一节　"白心"之意涵 ………………………………………… 114
第二节　论"虚"的哲学 ………………………………………… 117
第三节　论"节欲"与"去欲" ………………………………… 120
第四节　论"内静外敬" ………………………………………… 123
第五节　重视形身调养 …………………………………………… 125
第六节　余论 ……………………………………………………… 127

第八章　《管子》四篇秩序论发微 ………………………………… 129
第一节　良序的人性假定与心灵秩序 …………………………… 130
第二节　依托于君臣、君民关系的秩序模式 …………………… 134
第三节　形名、礼法与治术：秩序的现实理路 ………………… 138
第四节　余论 ……………………………………………………… 140

下篇　思想比较

第九章　《管子》四篇与《老子》的比较研究 …… 145
　第一节　建立诸子思想比较的视野 …… 145
　第二节　《老子》及其研究进展 …… 148
　第三节　管、老的比对分析 …… 149
　第四节　结论 …… 156

第十章　《管子》四篇与《庄子》的比较研究 …… 157
　第一节　《庄子》及其研究进展 …… 157
　第二节　管、庄的比对分析 …… 160
　第三节　《老子》之后的管、庄走向 …… 166
　第四节　结论 …… 170

第十一章　《管子》四篇与《孟子》的比较研究 …… 171
　第一节　孟子与齐地之学 …… 171
　第二节　管、孟比较的回顾 …… 174
　第三节　《孟子》的养气学说 …… 183
　第四节　管、孟的思想比对 …… 192
　第五节　结论 …… 194

第十二章　《管子》四篇与《荀子》的比较研究 …… 195
　第一节　荀子与齐学传统 …… 195
　第二节　管、荀比较的回顾 …… 199
　第三节　荀子与黄老之学 …… 203
　第四节　管、荀的思想比对 …… 213
　第五节　结论 …… 223

附　录 …… 226
　1. 《管子》四篇原文 …… 226
　2. 其他重要资料汇编 …… 235

参考文献 …… 241

后　记 …… 259

绪　论

第一节　选题缘起与意义

　　所谓《管子》四篇，具体是指《管子》书中《心术上》《心术下》《白心》《内业》。世人艳称"《管子》四篇"之名，并非自古已然。此四篇被合而观之，视作一个思想整体肇端于宋代的张嵲，其有云："《管子》，天下之奇文也，所以著见于天下后世者，岂徒其功烈哉！及读《心术》上下、《白心》、《内业》诸篇，则未尝不废书而叹，益知其功业之所本，然后知世之知《管子》者殊浅也。"[①] 的确，此四篇在《管子》书中是最具哲学思辨性的文章，具有极高的理论价值，其他篇章几乎无法与之竞论高下。

　　《管子》四篇在当代中国哲学界得到关注和重视，大概缘于两个思想契机：一是1944年郭沫若在《东方杂志》上发表《宋钘尹文遗著考》一文，主张将《心术上》《心术下》《白心》《内业》作为一个类集来研究，并断定其为思想匿迹已久的宋尹学派的著作，从而引发学界的热议和讨论；二是1973年湖南长沙马王堆三号汉墓出土了一批帛书，失传已久的《黄帝四经》惊天问世，使学界得以饱览黄老之学的思想面貌。在上述两个

[①] 黎翔凤：《管子校注》，梁运华整理，中华书局，2004，第1544页。

思想事件中，前者促使我们意识到《管子》四篇在大部头著作——《管子》中的独特性与单元性，后者则为我们把握《管子》四篇的黄老思想特质提供一种外部的参照系。

帛书《黄帝四经》的出土，也让我们更加确信《史记》中所说的"黄老术""黄老言"在历史上是真实存在的，并促使我们重新检视流行于战国中期乃至汉初的黄老道家思想的实质内容与基本特征。在此意义上，我们是通过发现黄老之学，而重新发现《管子》四篇的文本价值。也就是在加深认识黄老学的过程中，对《管子》四篇的思想属性及其文本一体性有了进一步的肯认。

而这意味着《管子》四篇的研究是黄老思想史中不可或缺的一个环节，它有助于我们把握战国至于秦汉黄老之学演进、发展的历史逻辑与思想逻辑，生动反映先秦思想文化的多元性与复杂性。具体可以从以下几个方面来看待。

第一，《管子》四篇是目前传世文献中黄老思想的主要文本。黄老思想史层峦叠嶂，但《管子》四篇无疑是其中一座不可轻易逾越的高峰。王中江教授曾指出："以老子为出发点的早期道家在它自身内部的展开，有两条非常重要而又很不相同的路线。一条是从老子到杨朱、列子和庄子等的路线（可称为'老庄的路线'）。这条路线上的道家，关注个体生命和个人精神的发展，关注自我和心灵的转化及升华，抗拒个人被教条化和物化。另一条是从老子到《管子》、《黄帝四经》、彭蒙、田骈、慎到、申不害和韩非子等的路线（这是一般所说的'黄老学'的路线）。这条路线上的道家，注重社会政治生活和秩序的建立，注重制度和法治的发展，注重人的利益和需求的满足及实现。"① 《管子》四篇无疑是处在上述的第二条路线上。但是这条路线上的思想图像是如何生成的，它们相互之间具有怎样的思想联系，我们可以借助《管子》四篇做一番比较、辨析和推究，发现其来之影、去之踪。如此有可能梳理出早期黄老道家萌生、发展过程中所贯穿的思想逻辑。

第二，可以为厘定黄老思想的主要特征提供参照。一段时间以来，黄老思想的主要特征一直隐而不彰，以至于"黄老"之名义未能成立，关于

---

① 王中江：《根源、制度和秩序：从老子到黄老》，中国人民大学出版社，2018，前言第1页。

它的研究也就始终处于厌压状态。之所以如此，主要原因是关于黄老思想的传世文献太少，缺少多个文本主体之间的相互参照、印证。人们只能通过《汉书·艺文志》了解到一些佚失已久的有关篇目，具体内容则不得而知。而直到1973年《黄帝四经》的破土而出，人们找到了可以与《管子》四篇相互参看的文献，至此方敢对黄老之学做一大致的判断。因此，深入探讨《管子》四篇，可以实现出土文献与传世文献的相互印证。在双重证据的有力支持下，相信有关黄老思想的主要内涵与特征会逐渐浮出水面，进入学人的视野，引起人们更多的关注。

第三，有助于廓清先秦各学派思想之间流衍、交融、分化的关系，立体呈现先秦学术思想史的真实面貌。例如，《心术上》对于道、法、礼、义无所偏废，呈现出迥异于先秦儒家、道家、法家的思想形态，其有论曰：

> 虚无无形谓之道，化育万物谓之德。君臣、父子、人间之事谓之义。登降揖让、贵贱有等、亲疏之体谓之礼。简物小大一道，杀僇禁诛谓之法。①

其下"解"又申言之曰：

> 义者，谓各处其宜也。礼者，因人之情，缘义之理，而为之节文者也。故礼者，谓有理也。理也者，明分以谕义之意也。故礼出乎义，义出乎理，理因乎宜者也。法者，所以同出不得不然者也，故杀僇禁诛以一之也。故事督乎法，法出乎权，权出乎道。

以老子为代表的道家菲薄礼、义、法，法家则专任法治。在道家看来，道、礼、义、法四者之间是不可沟通、难以兼容的。《管子》四篇则不然，对于道、礼、义、法一概并包，各发挥其所长，各有其所用。这一现象可以看作当时各家各派交互影响所留下的思想印迹。雪泥鸿爪，亦犹

---

① 本书所引《管子》四篇原文皆参照黎翔凤《管子校注》，原文做了一些文字改动，如有不同理解和文字校改，则另行出注说明。在下文中，引用《管子》四篇原文时，只随文标注篇名。参见黎翔凤《管子校注》，梁运华整理，中华书局，2004。

可辨,非常值得后人去挖掘、阐析。在此意义上,《管子》四篇在先秦思想史上的承转意义远胜于其思想本身的价值,它是反映先秦各家思想相互渗透、影响的生动范本。

第四,形成与道家之外其他流派对话、汇通的思想空间。作为黄老学代表作的《管子》四篇,不拘执于一种偏狭的立场,始终保持一种开放、包容的姿态,对于外界有益于治平社会的思想养分,能够有机吸纳进自身的理论体系之中。蒙文通先生曾点评说:"管书(指《管子》四篇。——引者注)立论虽以心为主,而不以四端、良知、良能言心,则学虽近于孟子,而其端绪究异。是其学接于孟氏而义未至,论类于荀卿而旨尤高,则以仍本于道家之说,而有窥于儒者之真,殆远绍公孙尼子之徒《乐记》之说,多与明道之旨相表里。斯虽不尽合于洙泗之绪,要亦战国末季豪杰之士,视庄、荀辈为深远也。"① 《管子》四篇对其他流派敞开宽广的思想对话空间,有些方面可以与他者相表里,有的则形成互补,有的则可以相互映衬。因此,对于《管子》四篇的研究,有可能撬动先秦各个学派的内在思想活力,打开一幅生机盎然的思想文化图景。

当然,对于《管子》四篇的研究,难度也是有的。正如张舜徽先生在《管子四篇疏证》中所指出的:"《管子》书,旧称难理。而《心术》《白心》《内业》三篇,尤为赜奥。而文字衍脱讹乱,亦特甚。"② 研究《管子》四篇,首先就面临文字上的障碍。由于《管子》四篇文字错杂、繁乱,又有很多重复的地方,读起来没有什么条理性,难以一下子梳理出一条清晰的思想线索。这种情况一度让很多学人望而却步,以为《管子》四篇在文本与思想上都没有多少价值可言。

事实上,从"《管子》四篇"之名提出之日起,它就面临着一种质疑的声音,即分散在《管子》书中的四个独立篇章是不是成为一体的?也就是说"《管子》四篇"的提法是不是成立?如果它不能成立,那么有关所谓《管子》四篇的所有研究都将是无效的、不合法的。因此,拿出有力的证据,证成《心术上》《心术下》《白心》《内业》四篇的内在一体性,也是研究《管子》四篇过程中的一个难点所在。

---

① 蒙文通:《先秦诸子与理学》,广西师范大学出版社,2006,第52页。
② 张舜徽:《周秦道论发微 史学三书平议》,华中师范大学出版社,2005,第212页。

由于《管子》四篇只是从《管子》书中截取出来的一小部分，它的作者、成书年代、学派归属等信息均不得其详。而作为一个思想文本的基本属性，这些信息的确切性无疑对于研究《管子》四篇来说是十分重要的，甚至是一种先决意义上的。没有掌握到这些基本属性，我们就无法对这一文本作出定性分析，更谈不上做深入的思想阐释了。此亦为一难处所在。

《管子》四篇体大思精、左右枝连，其研究的高度与深度之所在，自然非我才疏学浅之辈所能一蹴可及。然亦不能自暴自弃，当竭尽全力，研其文，析其义，存其疑，勉勉循循，冀望能窥见其中奥秘之一二。

第二节　研究现状与展望

从事任何一项学术研究，脱离不了既有的学术知识和文化环境，也必定要立足于前人研究成果的基础之上，进行创造性的探索与知识生产。因此，在进行正式的研究之前，回顾前人的研究成果，追踪当下的研究动态，梳理总结已有研究的得与失，是十分必要的。它有助于研究者学习已有的知识成果，避免重复性劳动；把握研究的进展状况，找到之后研究的入手处与可努力的方向。因此，对于《管子》四篇目前的研究现状，在下文中我们简明扼要地陈述一下。

自宋代张嵲以来，学者们开始注意到《心术上》《心术下》《白心》《内业》这四篇和《管子》其他篇章相区别的思想独立性。但以此四篇为一整体的专门性研究并不多，民国时期李哲明《管子校义》（1931）、罗根泽《管子探源》（1931）等著作也只是将四篇统合在其他篇章中进行研究。自郭沫若《宋钘尹文遗著考》（1947）、刘节《管子中所见之宋钘一派学说》（1958）等文章对此四篇详做考订后，学界针对《管子》四篇的集中专门性研究逐渐增多。

目前，学界围绕《管子》四篇的研究主要侧重在以下几个方面。

一是《管子》四篇的作者与学派归属问题。关于《管子》四篇的作者与学派归属，学界一直存在较大争论，主要有以下几种观点：持宋钘、尹文说（代表人物有刘节、郭沫若、侯外庐、林志鹏等）；持慎到、田骈说（代表人物有裘锡圭、蒙文通）；持管仲学派说（代表人物有余敦康、张岱年、胡家聪）；主张是稷下黄老道家学派的作品（代表人物有李存山、丁原明、白奚、陈鼓应、曹峰、王中江等）。依目前学界的研究进展来看，将《管子》四篇定性为稷下黄老道家作品，是一个比较中肯且为多数人赞同的观点。

二是《管子》四篇心、气思想研究。心、气思想是《管子》四篇迥异于《管子》其他篇章的独特之处，因而对《管子》四篇的研究最早也是从这方面入手的。李存山《中国气论探源与发微》（1990）、白奚《稷下学研究——中国古代的思想自由与百家争鸣》（1998）、杨儒宾《儒家身体观》（1999）以及周贞余的博士学位论文《黄老道家的心与气——以〈管子〉四篇为中心》（2012）等著作，基于心、气关系，探究《管子》四篇的身心修养工夫论，并与《庄子》《孟子》《荀子》的相关思想做比较，发现《管子》四篇心、气思想的源头及其影响。

陈鼓应《管子四篇诠释：稷下道家代表作解析》（2006）、陈政扬的《〈管子四篇〉的黄老思想研究》（2009）、刘智妙的博士学位论文《〈管子〉四篇精气论研究》（2009）、叶树勋的博士学位论文《先秦道家"德"观念研究》（2016）等着重阐发《管子》四篇精气说在黄老道家思想史上的独创性贡献，对其包含的"抟气""心静气理""精气是道的具象化"等新命题做了详细解读。

日本学者赤塚忠所著《道家思想的原初形态》（1968）、丁原明《黄老学论纲》（1997）、张连伟《〈管子〉哲学思想研究》（2008）、匡钊等人所著《〈管子〉"四篇"中的"心论"与"心术"》（2012）对《管子》四篇的道气论、治心之术进行了阐述，并把《管子》四篇心、气思想的研究逐步纳入政治哲学视域中加以考量。

以上研究在《管子》四篇心、气相关概念辨析、命题阐释等方面取得诸多成就，但将其纳入政治哲学视域中加以审视的成果并不多，尤其对于分析"心""气"在身体与政治之间的桥梁连接作用，需要进一步加以探究。

三是《管子》四篇的政治观念研究。作为富有治世精神的黄老道家作品，《管子》四篇的政治观念是其最重要的思想内容，这方面的研究一直是重点。胡家聪《管子新探》（1995）、台湾学者王晓波《道与法：法家思想和黄老哲学解析》（2007）、王海成的博士学位论文《黄老学派的政治哲研究》（2010）、汲广林的博士学位论文《〈管子〉道法思想研究》（2011）、关志国《道家黄老学派法哲学研究》（2016）重点讨论了《管子》四篇中的"道生法"、刑名法术之学、静因之术、君道无为臣道有为等政治思想，强调《管子》四篇把道与刑名法术的结合转化为一种实际政治理论，使其成为在君臣关系场合可以实际操作的君主统治术。

张增田《黄老治道及其实践》（2005）、曹峰《中国古代"名"的政治思想研究》（2017）、郑开《道家政治哲学发微》（2019）等著作基于"名""理"等核心范畴，探讨黄老政治哲学的秩序性议题，并把"帝道"概括为黄老政治哲学的轴心，启发人们从政治的角度思考《管子》四篇中君主与"名""理"的关系问题。中国台湾学者陈丽桂所著《战国时期的黄老思想》（2005）、韩国学者金晟焕《黄老道探源》（2008）、王中江《根源、制度和秩序：从老子到黄老》（2018）、李笑岩《先秦黄老之学渊源与发展研究》（2018）等著作梳理了从老子到战国黄老道家政治思想的演进过程，说明《管子》四篇的政治学说构成其中的重要一环。

以上研究在对《管子》四篇主要内容的概括、哲学命题的阐发、内在思想理路的揭示上皆卓有创获，为本书的研究工作奠定了深厚基础。但如果从政治哲学层面上加以探索和考察，则还有较大的发挥空间。

在研究现状综述之外，我们顺带做一些前瞻性的叙说。尽管目前《管子》四篇的研究取得了较为丰硕的成果，但是依然还有许多研究空间可以开拓，概括起来大致有以下几个方面。

第一，结合《管子》中其他带有黄老思想色彩的篇章进行研究。在《管子》一书中，《形势》《枢言》《宙合》《正》《势》《水地》《九守》诸篇也具有黄老思想的要素，可与《管子》四篇相互辉映。这些篇章中提到"蛟龙得水，虎豹托幽""夜行""主功有素""且怀且威""君出令佚，臣任力劳""与变随化""水是万物之本原，诸生之宗室"等命题，不仅令人耳目一新，而且在黄老学发展史上具有重要意义，值得与《管子》四篇相参照进行一番探研。

第二，与先秦其他诸子思想进行比较研究。要把握《管子》四篇产生的机缘及其思想生成的意义，脱离不开战国时期百家争鸣、交融的文化环境。诸如《老子》《庄子》《孟子》《荀子》《慎子》《韩非子》，都与《管子》四篇有着密切的思想联系。乃至秦汉时期的杂家巨著《吕氏春秋》

《淮南子》，也在不同程度上呈现着黄老学的气质。一些黄老学论题在《管子》四篇中未能得以充分论述的，在《吕氏春秋》与《淮南子》里却得到了丰富和发挥。只有与这些著述建立广泛的比较性视野，我们才能获得对黄老学的详备认识，才能厘定《管子》四篇在战国乃至秦汉之际思想史上的地位。同时，在这种比对分析中，将《管子》四篇相关思想议题的研究推向深处。

第三，从生命科学、心理学、养生学角度挖掘和阐发《管子》四篇的相关思想资源。《管子·内业》中说道："凡食之道，大充伤而形不臧，大摄骨枯而血冱。充摄之间，此谓和成。精之所舍，而知之所生。饥饱之失度，乃为之图。饱则疾动，饥则广思，老则长虑。饱不疾动，气不通于四末。饥不广思，饱而不废。老不长虑，困乃遫竭。大心而敢，宽气而广，其形安而不移，能守一而弃万苛。见利不诱，见害不惧，宽舒而仁，独乐其身，是谓云气，意行似天。"这段话是其养生论的集中论述，涉及饮食、调息、养形、聚气、思虑各个方面。《管子》四篇倡言的心术、内业实际上也是一种心法，在修身养性意义上有着重要价值。此外，它还强调要去智守静、去欲保洁等。黄老道家总是喜欢以养生之道论说治国之理，但我们也可以就养生谈养生，深入挖掘其中的思想精髓。可以运用现代生命科学原理与心理学知识对这些思想资源进行开发，阐释其在现实生活中的应用性意义，从而为纾解现代人的生存困境、增进人的身心健康、提高人的生活品质提供指导。

第四，进行《管子》四篇学术史的研究。经过50年的学术争鸣与研究探索，一方面已经取得了较多的研究成果，另一方面这些成果之间存在学术观点众说纷纭、研究水平参差不齐的状况。因此需要及时加以总结、反思，促使《管子》四篇的研究能够步入一个更加成熟、稳健的新阶段。可以从学术史的角度去审视、总结以往对《管子》四篇的研究，评议其中之研究方法、研究进路、研究结论的得与失、优与劣。对于海量学术成果进行去芜存菁，引导人们去吸收、继承学术精华。

上述这些研究新空间的提出，一部分是笔者所欲进行开拓，并加以实践的研究工作；另一部分则是展望性的，由于个人学识与能力有限，在当下未必能马上兑现，只好先做一番擘画和构想。

第三节 研究方法与章节安排

运用什么样的研究方法、依托什么样的章节框架展开研究，很大程度上决定了研究的成效。

本书将严格遵循历史与逻辑相统一的原则，采用文献研究法、经典诠释法和比较分析法等，从语义学、诠释学、思想史等角度来进行研究，以确保最终研究成果的科学有效性。

任何一部原典的产生大多有其特定的历史语境，因此本书基于相应的时代背景、历史条件考察《管子》四篇的写作时间、成书由来及其哲学思想之所如是的内在逻辑。着眼于《管子》四篇文献本身，挖掘原典中所包含的哲学范畴、命题；同时尽可能全面地占有相关的二手文献资料，作为本书研究的辅助性参考。在对《管子》四篇哲学思想相关范畴、命题的解析与探讨中，一方面与《老子》《荀子》做纵向对比，另一方面基于战国时期的时间轴，将《管子》四篇哲学思想与道家、儒家、法家等学派做横向的对比，力图在比较性研究中，厘定《管子》四篇自身的思想特色及其在先秦思想发展史上的地位。

具体来说，上述研究方法在运用过程中，一是要保证问题论证的展开能够严谨、准确。这是指在文献资料的理解、运用、解释上要力求准确，掌握专业化、科学化的研究手段，并且是以前人的研究作为基础来加以进一步的深化。在论证方法上，首先从《管子》四篇中寻求内证，其次从《管子》其他篇章以及其他诸子文献中寻求外证，达到触类旁通。坚持《管子》四篇传世文献与出土文献之间的互证，两者互为补充、相互印证。处理好局部词句、细节与作品整体意义之间的有机关系，避免以偏概全、捕风捉影、只取一端的做法，需要把各个材料的词句、细节连贯起来加以解读，注意局部需要在整体联系中被理解，整体又要通过局部来具体得到呈现。论证分析要多层次、多角度，同时注重思想史脉络的梳理。从《管子》四篇中一些具有特色的概念、范畴、命题出发，运用语义学的方法加以分析，不仅要分析它们的哲学思想内涵，还要分析它们在黄老思想史演进、话语体系更替过程中的地位与作用。

二是要保证文本的诠释能够贴切、合理。也就是要避免脱离文本、史料支持的生硬附会，在广泛运用诠释学的方法时，努力避免出现穿凿附会与过度诠释。不将作者的发挥和想象强加于古人的思想和文本本身的内容之上。避免主观偏见与先验理念的掺杂与介入，而应该实事求是，从原初文本与第一手资料出发，以翔实有效的资料为根本依据，不作主观臆断。既要注重对作品原意的把握而不至于误解或曲解，也要注重把握作品在特定语境、场合下所被赋予的新意义，而不至于使其内涵拘泥、僵化。我们知道，任何思想都是特定时空下的历史产物。对《管子》四篇文本内涵的阐释，首先要将其置于思想史与时代背景下来加以理解，突出子学与社会政治、思想文化之间的互动关系，只有讲究"知人论世"，充分借助历史的研究方法，才能对文本作出贴合实际的准确阐释，进而探究《管子》四篇在当下现实社会中所应具有的意义与价值。

三是要保证资料占有与使用上的全面、恰当。《管子》四篇与近年出土的黄老思想文献《黄帝四经》《恒先》《凡物流形》《太一生水》等都有不同程度的思想联系。目前学界在《管子》四篇的研究上已积累了较多的研究成果，构成《管子》四篇再研究的二手文献。对于这些出土文献和二手文献，我们应该尽可能全面地占有，同时也要在上述研究方法论的指导下加以恰当地使用。特别是从学术史角度探究《管子》四篇时，要注意甄别相关文献资料的质量，及时加以消化吸收、反思总结，注重整合不同的学术观点，以作进一步的提高和升华。

在章节安排上，本书总体上分为上篇、中篇和下篇，分别对应"文本结构"、"义理阐释"和"思想比较"三大主题。依此三个步骤展开本书的研究工作，主要是基于以下几个方面的考量。一是循序渐进。黄老道家有一种复杂的思想来源、庞杂的思想体系，《管子》四篇也不例外。因此对《管子》四篇展开研究，需要抽丝剥茧，层层打开，各个击破，才能更好地把握其思想精髓、认识其思想特质。二是环环相扣。上述三篇以及之下的各个章节、各个问题之间是存在逻辑关系的，有的是递进关系，有的是因果关系，有的则是顺承关系。因此在研究分析过程中，应当遵循这种逻辑关系，使各个议题、环节之间紧扣，避免产生颠倒、混淆。三是步步深入。义理阐释是建立在文本结构分析的基础之上，而思想比较则是义理阐释的进一步深化探究。通过由表及里、由浅入深的方法，能够让研究的进展更加顺当，研究的步伐更加扎实。

可以看出，"文本结构"、"义理阐释"和"思想比较"三大篇之间构成一个辩证的关系。实际上，这三个步骤的展开也正是本书的研究进路，奠定了本书的基本规模与各个章节的布局安排。

在"文本结构"篇中，主要探讨了《管子》与《管子》四篇的关系、《管子》四篇的篇名意义、《管子》四篇的一体性、《管子》四篇的经解体例、《管子》四篇的作者与学派归属等议题。经由这一系列探究，一是论证《管子》四篇成立的合法性，二是为《管子》四篇这一文本定性，包括作者、写成年代、学派归属等，并通过文体特征来理解它的思想表达方式。在多重视角的连接与切换中，我们试图揭示《管子》四篇的文本结构，它是构成其思想形成、表现和特征塑造的外在逻辑形式。

在"义理阐释"篇中，主要围绕道气关系论、身心修养论、秩序论三个方面展开《管子》四篇义理的分析、诠释。《管子》四篇创造性提出的"精气说"在思想史上具有重要影响，但其中涉及的"道—气"关系问题复杂而容易混淆，有必要加以重新梳理和厘定，从而明确《管子》四篇所确立的一套宇宙生成论。在此基础上，我们又探究了以精气为生命本源，重视身心双重调理的修养论，重点阐发《管子》四篇在处虚静、节欲、守敬方面的思想内涵，形成一套独特的心术学说。进而由心术的内涵入手，过渡到《管子》四篇关于君术、治术等一系列政治思想的研究，彰显其身心修养论对政治思想的意义。从这样一个思想诠释脉络与论证逻辑中，反过来又证明了《心术上》《心术下》《白心》《内业》四篇是成一思想整体的，其内部各思想片段是叶叶相衬的。

在"思想比较"篇中，主要基于《老子》《庄子》《孟子》《荀子》建立与《管子》四篇的比较性视野，试图从他者思想的角度来理解《管子》四篇，包括《管子》四篇的思想来源、思想特点、思想走向及其在先秦思想史上的地位。《管子》四篇与其他诸子思想的比较研究主要依托于相关文句的比对、哲学命题的阐释、思想线索的勾描，力图能够全景式展现当时诸子争鸣、交融的生动面貌。同时，把《管子》四篇放回到原生的思想语境、时代语境之中，有利于激发其思想的内生性意义，彰显其本有的价值。

通过以上三大步骤的研究，我们力图将《管子》四篇的形式与内容、内因与外缘做一个较为彻底的解析和厘清。

在本书末尾，还特别设立了附录部分，主要是《管子》四篇原文和其他一些重要资料的汇编，后者包括司马谈《论六家要指》、张嵲《读管子》、罗根泽《管子探源·叙目》节选、张舜徽《〈管子〉四篇疏证·序》等文章。《管子》四篇原文作为本研究的一手文献，是最经常引用的，我们需要忠实于原文，回到原典中把握《管子》四篇的思想精义。而其他资料则是关于《管子》四篇研究的一些精要阐说，这些文章言简意赅、蕴意丰富，是引导学人进入管学的重要门径，也是研究《管子》四篇时所绕不过去的宝贵资料，因此特意将它们摘录下来，以备读者查阅、研读。

上 篇
文本结构

第一章 《管子》与《管子》四篇

　　《管子》四篇是《管子》的一部分，当我们去探究《管子》四篇时，则不得不先了解《管子》一书的由来。由于《管子》一书思想成分驳杂，在一个较长的历史时期内经过多人之手撮编而成，这决定了《管子》内在文本结构、思想取向的复杂性、多元性。因此，企图对《管子》各篇章的思想进行单线条梳理以及一概而论之，是不可能的，也是不可行的。基于这种文本现状，有必要对《管子》进行分类研究，即将思想价值取向相对一致、成书时间相对接近、作成于同一人（或同一学派）之手的篇章放在一起探究，从而才有可能呈现具有体系性、整全性和逻辑一贯性的思想面貌。而《管子》四篇就是这种分类研究中的成功范例，"《管子》四篇"提法的出现及其所带出的研究，触发了诸多学术生长点，也加深了人们对黄老之学的认识。为了更好地证明《管子》四篇成为一个独立思想门类的合理性，我们在本章中还分析了《管子》四篇的写成年代，以及《管子》四篇是从稷下学宫中走出的黄老学的典型代表。通过这些分析和说明，去认识《管子》四篇是《管子》中独具特色、自成一体的文本丛。

第一节 《管子》其书与分类研究

　　《管子》最初是怎样的一本书？或言之，《管子》最初的文本形态是如何的，以及又如何变成了今日所见这般的篇目体制？当我们面对卷帙浩繁、纯驳不一的《管子》之书，一时找不到研究的下手处时，不禁会发出这些疑问。在刘向叙录中，有这样一段记载：

> 护左都水使者光禄大夫臣向言：所校雠中《管子》书三百八十九篇，太中大夫卜圭书二十七篇，臣富参书四十一篇，射声校尉立书十一篇，太史书九十六篇，凡中外书五百六十四，以校除复重四百八十四篇，定著八十六篇，杀青而书可缮写也……凡《管子》书，务富国安民，道约言要，可以晓合经义。①

通过刘向的叙述可知，当时《管子》一书已经较为广泛地流传开来，但是篇章重复、错杂的情况很严重，文字亦多舛误。经过刘向的删重、董理后，乃有今日所见之定本。

要研究《管子》思想，首先需要有一个可靠的文本基础，必先解决《管子》是如何成书的、《管子》的作者为谁、《管子》的学派归属为何等问题。过去对《管子》的研究不被重视，主要是因为人们对这些棘手问题一筹莫展，也只好对《管子》的研究望而却步了。此类枝连问题非吾才疏学浅者所能一蹴而就，在此只是想梳理几个要点，以明一己之所见，作为论证之据。其余吾力所未能逮者，则存其疑而已。

在汉代刘安组织编撰的《淮南子·要略篇》中说：

> 齐桓公之时，天子卑弱，诸侯力征，南夷北狄，交伐中国，中国之不绝如线。齐国之地，东负海而北障河，地狭田少，而民多智巧。桓公忧中国之患，苦夷狄之乱，欲以存亡继绝，崇天子之位，广文、武之业，故《管子》之书生焉。②

《要略篇》的此番叙事实际上就是把《管子》的作者系之于管仲本人。而司马迁在《管晏列传》的赞语中则说："吾读管氏《牧民》《山高》《乘马》《轻重》《九府》及《晏子春秋》，详哉其言之也。既见其著书，

---

① 黎翔凤：《管子校注》，梁运华整理，中华书局，2004，第3~4页。
② 何宁：《淮南子集释》，中华书局，1998，第1460页。

欲观其行事，故次其传。至其书，世多有之。"① 通过司马迁对管仲其人其书的评价之语可知，他也是将《管子》一书的作者认定为管仲本人。

再者，《汉书·艺文志》将《管子》列入道家，其下有注云："名夷吾，相齐桓公，九合诸侯，不以兵车也，有《列传》。"② 总之，汉代人都认为《管子》一书就是管仲所作。而到魏晋时期，关于《管子》作者与成书过程的问题开始产生了争议，也开启了《管子》一书真伪考辨的学术历程。

北宋史学家刘恕的《通鉴外纪》中引述有傅玄的话说："管仲之书，过半便是后之好事者所加，乃说管仲身后事。其《轻重篇》尤为鄙俗。"③ 傅玄是三国时期魏国人，促使傅玄产生怀疑并一反旧说的，主要是《管子》书中载述了不少管仲死后的事情，这是判定《管子》为管仲自作时不可回避的一个反证。而唐代孔颖达在《左传正义》中也写道："世有《管子》书者，或是后人所录。"④ 但是孔颖达没有太多的申述语言，只是抛出了这样一个论断。与此同时，在《隋书·经籍志》《唐书·艺文志》《宋史·艺文志》这些官方史书里，却依然沿袭《汉书·艺文志》的说法，标注《管子》为管夷吾所撰。可以说，这段时期内有关《管子》作者及其成书问题的两种声音同时并存着。

宋代思想界有一股强烈的疑古思潮，在此思潮下，由来已久的《管子》作者与成书问题也被重新审视。比如，北宋学者苏辙指出：

> 管仲既没，齐国因其遗业，常强于诸侯。至战国之际，诸子著书，因管子之说而益增之。其废情任法，远于仁义者，多申、韩之言，非管子之正也。⑤

苏辙开始从思想内涵上分析《管子》并非管仲所作，认为是战国之际

---

① （西汉）司马迁：《史记》，中华书局，2009，第393页。
② 陈国庆编《汉书艺文志注释汇编》，中华书局，1983，第119页。
③ （宋）司马光编著，（宋）刘恕著，（元）胡三省音注《资治通鉴（上下）：附通鉴外纪》，上海古籍出版社，1987，第16页。
④ （周）左丘明传，（晋）杜预注，（唐）孔颖达正义《春秋左传正义》，浦卫忠等整理，北京大学出版社，1999，第237页。
⑤ （宋）苏辙：《古史》，舒大刚等校点，四川大学出版社，2016，第265页。

诸子附益管仲而形成的。

再如，南宋思想家叶适说：

> 《管子》非一人之笔，亦非一时之书，莫知谁所为。以其言毛嫱、西施、吴王好剑推之，当是春秋末年。又"持满定倾"、"不为人客"等语，亦种、蠡所遵用也……其书方为申、韩之先驱，斯、鞅之初觉，民罹其祸，而不蒙其福也，哀哉！①

叶适"非一人之笔，亦非一时之书"的说法最为引人注目，也多为后世学人所接受和引述。

南宋理学家朱熹也认为《管子》非管仲自著，《朱子语类》载录了一段朱子的评论，其言曰：

> 《管子》之书杂。管子以功业著者，恐未必曾著书。如《弟子职》之篇，全似《曲礼》；它篇有似《老》《庄》。又有说得太卑，真是小意处，不应管仲如此之陋。②

根据朱熹的推理，管仲相桓公之霸业，日理万机，政务繁忙，不像是能够坐下来写书的人，管仲只是以具体的事功著称于世。况且，《管子》书中的一些语段见地卑微、偏陋，不是管仲的大气象所在。

南宋思想家黄震也说：

> 《管子》书不知谁所集，乃庞杂重复，似不出一人之手。③

以上诸家各举一二事例，以为不合常理或史实，进而证成《管子》不是管仲所自作。

总而言之，由于《管子》内容庞杂，不成前后思想连贯之体系；又由

---

① （宋）叶适：《习学记言》，上海古籍出版社，1992，第415页。
② （宋）黎靖德编：《朱子语类》，王星贤点校，中华书局，1986，第3252页。
③ （宋）黄震：《黄氏日抄》卷五十五，收录于纪昀编《文渊阁四库全书》（第708册），上海古籍出版社，2003，第14页。

第一章 《管子》与《管子》四篇

于其书载述一些并非管仲时代或管仲生前的事情,所以引发人们"《管子》非管仲所自著"的质疑。而认为该书更可能是在一个较长的时期内,经过多人之手,最终缀辑、汇编而成的。① 这一看法,现在看来基本上是一个定论了。

如果因为《管子》非管仲所自著,就径直判定《管子》为伪书,或认为该书是真伪相参,则关于《管子》的研究势必因落入真伪考辨的窠臼而停滞不前。在真伪考辨的窒碍下,人们也就难以深入其中,探讨《管子》的思想义理。这也就是为什么在先秦学术史上,《管子》一书一直没有被重视,也未能得到系统性的梳理和研究。② 即便有一些零敲碎打的研究,也多夹带着"伪书""无系统的类书""大杂烩"之类的负面性标签。③

既然《管子》非一时一人所作,内容又如此庞杂,那么《管子》一书还有学术研究的价值吗?要重新发现《管子》的独特价值,需先跳出真伪考辨的窠臼,换一种角度理解《管子》的性质及其形成过程。正如清代著名学者陈澧所指出的"一家之书而有五家之学",④ 他认为《管子》一书包括法家、名家、农家、老子、告子等学问,无异于一座思想宝库。可见,《管子》一书卷帙浩繁、内容庞杂,虽千头万绪遽难理清,但这恰恰

---

① 如果《管子》这一文本是在较长时期内,经过多人之手不断缀辑、累积而成的,那么它似乎就丧失了一种整体性,呈现出分崩离析的样态。对于想要深入探讨《管子》的思想,这种状况是一致命性的打击。
② 台湾学者徐汉昌曾在其《管子思想研究》一书的《自序》中总结说:"历代学人,治其学者不多;即有,亦不过考其真伪、究其训诂而已,于其思想之阐扬,甚少措意,良可慨叹!"参见徐汉昌《管子思想研究》,台湾学生书局,1990,第1页。
③ 例如,梁启超在《汉书艺文志诸子略考释》中认为,《管子》是战国至于汉初"一种无系统之类书而已"。梁氏此后还在《古书真伪及其年代》一书中复述了上面的看法:"乃是杂志体……若认为一部类书,倒还可以,若认为一种专书,那就错了。"专书与类书的区分,后来也被傅斯年先生沿用,并用于《吕氏春秋》《淮南子》成书特点的分析中,认为它们都不是一种成系统的书。此外,徐复观先生在《周官成立之时代及其思想性格》中说:"《管子》可以说是一部丛书,作者非一人一时,内容非一家一派。"而学者吴光认为,《管子》"主要是战国时代齐国稷下学者依托管仲言论事迹而敷衍成文的文章汇编"。参见梁启超《中国近三百年学术史 汉书艺文志诸子略考释》,《饮冰室合集》(第10册),中华书局,1989,第20页;梁启超:《古书真伪及其年代》,《饮冰室合集》(第12册),中华书局,1989,第28页;傅斯年:《傅斯年全集》(第2册),湖南教育出版社,2003,第302~303页;徐复观:《中国经学史的基础 周官成立之时代及其思想性格》,九州出版社,2014,第243页;吴光:《黄老之学通论》,浙江人民出版社,1985,第93页。
④ (清)陈澧:《东塾读书记(外一种)》,三联书店,1998,第235页。

是其蕴藏思想、史料的渊薮。台湾学者徐汉昌就曾一针见血地指出："就书而言，其庞杂亦不失为一可贵之处，即其书保存自春秋以降之诸多思想史资料，此一价值绝不在小，不可因其为依托之书而轻忽之也。"① 而罗根泽先生则认为，《管子》之书"各家学说，保存最夥，诠发甚精，诚战国秦汉学术之宝藏也"②。因此，材料的庞杂性亦不失为一种价值。

阻碍我们深入研究《管子》的，不仅在于其内容的庞杂无系统，还在于其学派定性的困难。对于《管子》的学派归属，或有主道家说，或有主法家说，亦或有主杂家说。但论者亦未敢十分坚确，在断语处往往含混不决、模棱两可，觉得单归一家总有不妥、不安之处。在这里，我们只要列举几家典型的看法，读者便可了解。例如，南宋时期陈振孙说："《管子》似非法家，而世皆称管、商，岂以其操术用心之同故耶？然以为道则不类。今从《隋》《唐志》。"③ 清代严可均说："余观《内业篇》，盖《参同契》所自出，实是道家。余篇则儒家、阴阳家、法家、名家、农家、兵家，无所不赅。今若改入杂家，尚为允当。不然，宁从《汉志》。"④ 民国时期尹桐阳说："《管子》之类于道家者，在其屡言虚静无为之义。盖法家之精义，必审合刑名，其本无不出于虚静，此法家渊源所以繇于道家也……然《管子》之所谓虚静无为者，大抵不外道家秉要执本，清虚自守之意，惟作用则与之殊耳……《管子》言道，言虚静，与老庄颇相类，以其同祖黄帝耳。"⑤ 吕思勉先生则说："今通观全书，自以道法家言为最多。然亦多兵家、纵横家之言，又杂儒家及阴阳家之语。此外又有农家言。《轻重》诸篇论生计学理，大率重农抑商，盖亦农家者流也……而此书错杂特甚，与其隶之道法，毋宁称为杂家；则谓其必本有条理，亦尚未必然也。"⑥

上述诸家在《管子》学派定性上的犹豫难决，本身就表明了研究《管子》的困难所在。当我们在思考《管子》一书的学派定性问题时，首先会想到史料文献中存在的管、商并提的说法。在《韩非子·五蠹》中有言：

---

① 徐汉昌：《管子思想研究》，台湾学生书局，1990，第64页。
② 罗根泽：《管子探源》，山东文艺出版社，2018，叙目第4页。
③ （宋）陈振孙：《直斋书录解题》，上海古籍出版社，1987，第291页。
④ （清）严可均：《严可均集》，孙宝点校，浙江古籍出版社，2018，第268页。
⑤ 尹桐阳：《诸子论略》，广文书局，1975，第76页。
⑥ 吕思勉：《经子解题》，华东师范大学出版社，1995，第150~151页。

"今境内之民皆言治，藏商、管之法者家有之。"① 韩非子将《管子》与法家代表性人物商鞅相提并论。这话也说明了韩非子之时已经有一个《管子》的版本在流传，尽管这一版本未必与刘向编订的、现存的《管子》一样。又见于《吕氏春秋·不侵》中载述公孙弘对秦昭王所说的一番话："能治可为管、商之师。"②

而汉代贾谊也曾将《管子》与商君之学相提并论，做了一番比较："夫立君臣，等上下，使父子有礼，六亲有纪，此非天之所为，人之所设也。夫人之所设，不为不立，不植则僵，不修则坏。《筦子》曰：'礼义廉耻，是谓四维；四维不张，国乃灭亡。'使筦子愚人也则可，筦子而少知治体，则是岂可不为寒心哉！秦灭四维而不张，故君臣乖乱，六亲殃戮，奸人并起，万民离叛，凡十三岁，而社稷为虚。"又言"商君遗礼义，弃仁恩，并心于进取，行之二岁，秦俗日败"③。贾谊认为，与商鞅弃绝礼义、斩断仁恩相比，《管子》充分吸取了礼义廉耻的价值，用以维系人伦社会秩序，有利于国家的长治久安。

商君之学在历史上曾付诸实践，深刻改变了秦国的政治社会面貌，以至于世人皆知。从韩非子到贾谊并提管、商的情况来看，说明《管子》也在当时提供了一种具有较大影响力的治国方案，并且《管子》一书流传甚广。就像前引司马迁所说的"吾读管氏《牧民》《山高》《乘马》《轻重》《九府》及《晏子春秋》，详哉其言之也。既见其著书，欲观其行事，故次其传。至其书，世多有之"④，就很能说明问题。

《韩非子·五蠹》《吕氏春秋·不侵》《新书·俗激》三段话都把《管子》与法家人物相提并论，那么《管子》是否如《商君书》一样，也是属于法家的学说呢？然而传世史料文献中，也有少部分没有管、商并提

---

① （清）王先慎：《韩非子集解》，钟哲点校，中华书局，2013，第448~449页。
② 许维遹：《吕氏春秋集释》，梁运华整理，中华书局，2009，第272页。对于《五蠹》与《不侵》的两段表述，王叔岷分析指出："《吕氏春秋》就管、商之霸业而言，故叙管仲在前，商鞅在后。韩非盖就《商》《管》之书而言，故《商君书》在前，《管子书》在后。盖《管子书》出于《商君书》之后也。"参见王叔岷《先秦道法思想讲稿》，中华书局，2007，第283页。
③ （东汉）班固撰，（唐）颜师古注《汉书》（第8册），中华书局，1962，第2246~2247、2244页。贾谊的这些评述也可见于《新书·俗激》等，参见（西汉）贾谊撰，阎振益、钟夏校注《新书校注》，中华书局，2000，第91~92页。
④ （西汉）司马迁：《史记》，中华书局，2009，第393页。

的，例如《史记·管晏列传》就是将管子与晏子并论。《管晏列传》："故其称曰：'仓廪实而知礼节，衣食足而知荣辱，上服度则六亲固。四维不张，国乃灭亡。下令如流水之原，令顺民心。'……故曰：'知与之为取，政之宝也。'"[1] 司马迁虽然没将管、商并提，但他的记载与贾谊称引《管子》书中的内容有很多相近之处。这体现汉代人对《管子》的基本认知——在标举法治之余，不废礼义，政令顺从民心；强调"四维"，礼法并用，作为维系国家社会的纲纪。而这些内容大多可见于今日的《管子·牧民》。这些认知很大程度上构成了人们对《管子》思想学说的基本印象。

很多学人都在努力为《管子》做一番思想学说辨析，并进而为之定派归类。但这种努力真的可行吗？或者说这种努力的有效性有多少？

《管子》一书本就成分错杂，思想多元汇合，这是其文本形成的基本事实。倘若一定要给它定派归类，在具体思想阐释中只会产生牵强附会的现象，强加在它头上的学派标签只会挂一漏万，不足以赅尽《管子》之全豹。更何况，在汇编之初，《管子》可能也不是冲着成为一家一派的目的去编撰的，以实用性为导向的经世致用或许是它更加直接而重要的创作目的。也就是说，重要的不在于它是什么，而在于它能解决什么现实问题以及如何去解决。这也就可以解释，为什么司马迁、贾谊在其著作中不约而同地称引《管子》中的治世之道。大部头的《管子》一书内容宏富，他们唯独要择取"四维""礼法"这些涉及国家治理、社会秩序维护的思想文段来加以倡言。

实际上，先秦诸子未必都有学派归属的自觉意识。正如徐汉昌指出："先秦诸子竞骋其学争鸣于世，于互较高下之时，均径称其'人'，而无某'家'之名。孟子辟杨、墨、许行，直指其人；荀子解蔽，亦就其人论其学；荀子非十二子与庄子天下，则为就思想相近之一些'人'，综论其得失。直至韩非子显学篇，始有'儒'、'墨'之通称。当时儒墨为显学，备受瞩目，虽然儒分为八，墨离为三，韩非仍视之为一家，称其为某氏之儒与某某氏之墨，然亦正以此之故，韩非讥彼等同尊一祖而取舍相反。韩非子五蠹篇所批评者亦只是'言纵者'、'言横者'、'言谈者'，而非'纵横家'。司马谈论六家要旨，始有阴阳、儒者、墨者、法家、名家、道家等

---

[1] （西汉）司马迁：《史记》，中华书局，2009，第392页。

第一章　《管子》与《管子》四篇

许多学派名称。刘向、歆父子为编目整理之需要，遂分七略，班固因之，乃正式有九流十家等学派之分。"① 如此可见，论辩竞言可能是先秦诸子的主要着力处，只要能够说服对方，让自己的思想方案更加完备，更具有应世的能力，那么就可以博采众长、无所不包，岂会区区拘泥于所谓一家一派，而给自己的思想世界画地为牢？因此，任何一家一派均不足以涵盖《管子》思想内在的丰富性与复杂性。在一个充满竞争的思想市场里，明宗立派往往要让位于思想竞争力、说服力的提升。标签式的学派划分某种意义上是后人为了更好解读、把握前人思想学说的方便法门，带有一种主观先入式的意见。同时，这种学派划分也是目录学上分门别类的需要。

《管子》一书是在不同时空条件下，经过多人之手逐步汇编而成的。汇编者自身的价值取向、思想偏好、行为习惯成为决定该书思想形态、文本特征的重要因素。我们很难想象在较长的时空区间内，参与汇编的多个个体之间能有铁板一块、完全一致的编书创作取向，他们往往只是依照自己的知识水平和理解方式择取相似的篇目，将其统编在一起。至于能否让众多篇目最终立为一家之言，并不是一个必然性事件。② 相比之下，一人一时创作而成的著作才更具有思想的前后照应与逻辑一贯性。此二者之情形不可同日而语。更何况，《管子》书中还存在前后思想矛盾的地方，这种抵牾更是削弱了《管子》能够被归为某个单一学派的可能性。

总而言之，由于《管子》内容驳杂、思想丰富，寄希望于它能形成一个自成体系、前后一贯的思想派别风格恐怕是不太可能的。

《管子》的内容如此驳杂，作者又是多人，为其做学派定性则困难重重，但其在先秦学术史上的独特价值与意义又不可轻忽。而当我们意识到《管子》的独特价值之后，又该如何去擦亮它的价值，以及又该如何更加深入、细致地对《管子》展开研究和探讨？在这个问题上，《四库全书总目》为我们提供了一种方法论上的启迪。

《四库全书总目》根据《管子》书中既有的篇目分类，主张进行文本

---

① 徐汉昌：《管子思想研究》，台湾学生书局，1990，第62页。
② 《管子》虽然与《吕氏春秋》《淮南子》都是内容驳杂的汇编之书，但又有所不同。《吕氏春秋》《淮南子》是在特定时空条件下，由秦相吕不韦、淮南王刘安召集一批文士，做出统一部署，为达成既定的目标而集中编写的。反观《管子》则没有上述情形。因此，假定《吕氏春秋》《淮南子》可以归入杂家，并不代表《管子》也可以。

性质的区分，而不至于滋生疑点，产生混淆，其有言曰：

> 书中称经言者九篇，称外言者八篇，称内言者九篇，称短语者十九篇，称区言者五篇，称杂篇者十一篇，称管子解者五篇，称管子轻重者十九篇。意其中孰为手撰，孰为记其绪言如语录之类，孰为述其逸事如家传之类，孰为推其义旨如笺疏之类，当时必有分别。观其五篇明题管子解者，可以类推。必由后人混而一之，致滋疑窦耳。①

在《四库全书总目》的作者看来，《管子》所有篇目中，既有管仲亲手撰写的，也有记载管仲生前言行的，亦有类似于笺疏文体的发挥、阐释之辞等。如果能理清和划分好这些不同类别，《管子》的研究工作就能更加得心应手。

关锋、林聿时《管仲遗著考》一文中指出：

> 《管子》书中的《经言》各篇，以及《外言》的《五辅》篇，基本上是管仲的遗著（其中有后人掺入的成分）；《外言》除《五辅》篇以外的各篇，以及《内言》各篇，一部分是解释、发挥管仲思想的；一部分是记录管仲的言论和行事，而且是信实可靠的……就说《管子》书的《经言》吧：据我们考证所得的结论，它是春秋前期的书；它到底是"官书"还是私人著作？可以说是管仲私人的著作，也可以说是"官书"。因为管仲是执掌齐国国政的上卿；《经言》中有一部分是针对齐国现实的政论，一部分就是齐国的方策、政令（如《乘马》篇中的一部分内容），这当然可以被当作齐国的国家档案保存下来。至于它是管仲口述、由史官记录下来的（古代有所谓"左史记事，右史记言"），还是管仲亲手写的，那是没有关系的。②

关锋等在《经言》与《外言》《内言》之间做了区分，将《经言》定

---

① （清）永瑢等：《四库全书总目》，中华书局，1965，第847页。
② 关锋、林聿时：《管仲遗著考》，《春秋哲学史论集》，人民出版社，1963，第137、140页。

性为管仲之遗著，并引入遗著与解释的分析架构，这一点对于《管子》的分类研究很有启发。

在《管子》文本形成过程较为复杂、作者多人、思想庞杂的情况下，对所有篇目进行分门别类，再进行思想阐释与研究，是一种较为可行的研究方法。1929 年，罗根泽发表了《管子探源》，在该书中他就采用分组分篇的方式，考证《管子》篇章中的字词、话语，从而论定《管子》每个篇章的年代和学派归属，而不再笼统地谈论其书的真伪与年代。① 罗根泽的考订结论虽然不完全准确，但是他的研究方法却是开了风气之先，在此之后《管子》的研究获得了长足的发展。1954 年，郭沫若在《〈侈靡篇〉的研究》一文中也主张"《管子》书当分析成若干类集以进行研究"②，后来他也把这一方法运用于《宋钘尹文遗著考》的创作中，即将《心术上》《心术下》《白心》《内业》诸篇组合在一起加以探究，并考察它们的思想内涵与学派特征。而我们也知道，郭沫若的这项研究对推动《管子》四篇的研究有着不可磨灭的贡献，在学术界产生了广泛影响。事实上，《管子》四篇也正是《管子》分类研究中最为成功、卓显的一项。在后文中我们将会详细加以论述。

综上所述，《管子》内部存在作者多人、思想多元、逻辑不一贯的文本状况，以至于长期招致"伪书""大杂烩"的诟病，使其应有的价值未能得到发显。要重新发现《管子》的独特价值，需要学人在研究方法上的创新，更需要看待问题视角的更新和转化。

如果要笼统地为《管子》做学派归属，无疑是困难的，也是难以周全的。那么就可以考虑先为《管子》的各个篇章做一分类，然后再加以分析阐释和分别定性。分类研究的方法和进路有助于更加深入、细致地对《管子》展开研究和探讨，形成严密的思想逻辑、建立统贯的思想体系、廓清各自的思想特色。

正如战国时期的改革家商鞅所指出的"治世不一道"③，在治国安邦上

---

① 罗根泽对《管子》各篇的考订结论可见之于《管子探源》的叙目。参见罗根泽《管子探源》，山东文艺出版社，2018，第 5~8 页。
② 郭沫若：《〈侈靡篇〉的研究》，《郭沫若全集·历史编》（第三卷），人民出版社，1984，第 146 页下注。
③ 蒋礼鸿：《商君书锥指》，中华书局，2014，第 5 页。

往往需要多方举措，只要是有利于治理国家的思想方案，就可以海纳百川、广泛吸取，而不必拘泥于条条框框的东西。《管子》一书应该也存在此般情形。可以说，治世目的决定了《管子》的思想形态，其具体的思想内涵可以十分驳杂、多元，但其最终目的十分明确、专一。因而，当我们去理解和把握《管子》思想时，不能忽视其本身相对坚实的目的，而不能被它看似驳杂的论说所打散。只有意识到这一点，才会逐步唤起我们对《管子》之价值的肯定。再者，其内容的驳杂丰富性恰恰表明《管子》可能收录了不少先秦的史料和思想资源，值得后人去发掘、剖析。

第二节 《管子》四篇及其写作年代

上文说到，"《管子》四篇"的提法及其研究，是在分类研究的方法论指导下出现的。这种研究方法是通过建立思想特征相似、文本形成年代相近、作者同一的坐标，试图对《管子》76篇进行差别化、具体化的分析和探究，从而将《管子》的研究推向深处。

因为本书的主要研究对象就是《管子》四篇，因而有必要对"《管子》四篇"的提法先做一番追溯和探源，以明其所自，并知晓"《管子》四篇"之名义是在何种意义上成立的。

所谓《管子》四篇，就是包括《心术上》《心术下》《白心》《内业》四者。最早将《心术上》《心术下》《白心》《内业》统而观之，可追溯到宋代的张嵲。

张嵲指出："《管子》，天下之奇文也，所以著见于天下后世者，岂徒其功烈哉！及读《心术》上下、《白心》、《内业》诸篇，则未尝不废书而叹，益知其功业之所本，然后知世之知《管子》者殊浅也。"[①] 又，南宋晁公武所撰《郡斋读书志》中说："予读仲书，见其谨政令、通商机、均力役、尽地利，既为富强，又颇以礼义廉耻化其国俗。如《心术》《白心》诸篇，亦尝侧闻正心诚意之道。其能一匡天下，致君为五伯之盛，宜

---

① 黎翔凤：《管子校注》，梁运华整理，中华书局，2004，第1544页。

矣。"① 这是目前我们所能见到的，古代文献中最早将《心术》等四篇并观合论的一些论述。

晚近正式出现"《管子》四篇"的提法则见于刘节与郭沫若等人的著述之中。1943年，刘节在《小说月刊》上发表了《管子中所见之宋钘一派学说》② 一文，考订《管子》书中《心术上》《心术下》《白心》《内业》四篇是宋钘一派的著述，并深入探讨"白心"说的内涵、渊源与演进路径，一定程度上得到学界的重视。在此后不久的1944年，《东方杂志》刊载了郭沫若题为《宋钘尹文遗著考》③ 的文章，该文旨在论说《心术》《内业》《白心》《枢言》等篇章应当是宋钘、尹文所作。但是，在同一年度《群众》杂志上发表的《稷下黄老学派的批判》④ 中，郭沫若将《心术上》《心术下》《白心》《内业》归为"《管子》四篇"，没有把《枢言》包括在内，这与《宋钘尹文遗著考》的表述略有出入。然而，郭沫若并没有在文中注明他这一前后表述变化的具体原因。在此后，《管子》四篇受到关注和讨论，其中很多议题都是围绕郭沫若的一些说法和结论来展开的。冯友兰编写中国哲学史独具慧眼，他曾评介郭沫若的这项工作说："指出这四篇在哲学史上的价值，并加以仔细的考订分析，这个功劳属于郭沫若先生的。"⑤

试想，《管子》一书卷帙浩繁，有76篇之多，《心术》《白心》《内业》只是其中的一小部分，其在思想与文本上的重要性、特殊性很容易被忽略。用美国布朗大学罗浩（Harold D. Roth）教授的话来说，就是会被"埋葬"于《管子》之中。⑥ 因此，"《管子》四篇"提法的出现，有利于将这四篇文献从《管子》中提拔出来，引导人们聚焦于此，并将其视为一

---

① 司马朝军编撰《四库全书总目精华录》，武汉大学出版社，2008，第448页。
② 参见刘节《管子中所见之宋钘一派学说》，《古史考存》，人民出版社，1958，第238~258页。
③ 该文最初载《东方杂志》1944年第19号，后载郭沫若《青铜时代》，中国人民大学出版社，2005，第184~204页。
④ 该文最初载《群众》1944年第23、24期，后载郭沫若《十批判书》，东方出版社，1996，第156~191页。
⑤ 冯友兰：《先秦道家所谓道底物质性》，《三松堂全集》（第12卷），河南人民出版社，2001，第124页。
⑥ 详细论述请参见〔美〕罗浩《原道：〈内业〉与道家神秘主义基础》，严明等译，学苑出版社，2009，第4~5页。

个思想整体来加以审视、研究。① 从这一点来看，它无疑是一个极富意义的创举。

《心术上》《心术下》《白心》《内业》四篇或是思想相对一致，或是内中精气说或工夫论具有显著特色，或是创作时间较为接近，或是出自同一人或同一家之手，以至于有做专题讨论的必要性。而在"《管子》四篇"这一理念的贯注下，它们四者无疑被看成一组具有相关性的、逻辑自洽的、内部思想较为连贯的文章集合。"《管子》四篇"名义的成立，其意义也在于引导人们将其看作一个整体，进而去探讨四篇之间的内在思想关联，勾画其思想特征，考究其学派归属，探讨其思想源流。可以看出，一种新名义的提出，必然引出诸多学术讨论点，引发人们的关注和研究。而更重要的是，它促进了人们对于黄老之学的学术自觉。②

《管子》四篇作于何时？这大概是读者拿到《管子》四篇的文本之后最先萌生的疑问。写作时间的判定对于古代思想文本的研究无疑是十分重要的，可以说是开展研究的基本前提。如果对于一个思想文本没有一种时间上的基本感知，我们也就无从探讨文本中相关思想的内因外缘、前因后果和来龙去脉。正所谓"知人论世"，对于一个思想文本来说也是如此，我们要彻底觉解一种思想为何如此、其意义何在、它为何而发，则不得不求之于这一思想所产生的时代背景、社会条件。而思想文本的写作年代，正是构成这一系列研究的重要起点。

如果"《管子》四篇"的提法是成立的，那么这四篇是在何时被写作出来的？它们是在何种时代背景下创作而成的？我们在进入《管子》四篇的具体研究之前，首先来推求下这一问题。

熊十力先生曾做了一番推论："《管子》书虽非其本人所作，要为战国时法家辑录之书，则无疑。其书中多叙述管子当日行于齐国之政，必有所本。其理论部分，往往闳博奥密，而根于经验。非生当战国，历练宏富，则莫能为也。"③ 熊十力先生从事理上加以推断，认为《管子》当成于战国

---

① 当然，有了"《管子》四篇"的提法，紧接着需要回答的问题就是：这一提法何以是成立的？或者说在何种意义上这四篇可以被并观合论？关于这些问题，我们将在本书的第三章"《管子》四篇的一体性"中加以详细论证。
② 这一点我们将在本章的第三节探讨《管子》四篇与稷下黄老之学的关系中会有所呈现。
③ 熊十力：《论六经·中国历史讲话》，中国人民大学出版社，2006，第182页。

时期，不当晚至汉代。但是这只是一个大概的说法，有关《管子》四篇更确切的写作年代有待进一步加以探究。

有关《管子》四篇的写作时间，学界主要存在战国中期说、战国晚期说两种不同看法。让我们先来简单回顾下这两种学术意见。

首先是战国中期说。具有代表性的学者如武汉大学的萧汉明教授，他在一项分析中指出："《心术》上下篇以及《白心》与《内业》的主旨是一致的，都是以卫生之经为主体内容的著作。由于以往的研究多偏重于哲学与政治思想层面，对其中的养生思想完全忽略，其结果是在哲学方面既有欠允当，在师承关系与作者的判定上自然也难以准确把握。笔者认为，就学术属性而言，这几篇著作应属于老学系统中专论卫生之经的著作，是对老子养生思想的继承与拓展。而在老子后学中，着重继承其卫生之经的是杨朱及其后学，且在孟子时代其言盈满天下，因此就作者而言，这几篇著作只能是杨朱后学所作。由于杨朱及其学派的活动时限紧接老子之后，直至孟子、庄子之时尚被视为显学，故这几篇著作的成书时间当在黄老之学兴起之前的战国中期，是黄老之学的前奏，而非黄老之学本身。"①

张固也则认为《心术上》《心术下》《白心》《内业》四篇的写成年代可能略有先后，《白心》篇一般认为较晚，但是大致可以将它们看作同时代的作品，即作于战国中期，是继承和改造老子之学的黄老道家著作。②

其次是战国晚期说。持此观点的代表性学者如台湾的杨儒宾，他指出："《内业》《心术》等篇宏博渊深，可代表战国晚期道家思想的发展。"③ 杨儒宾后来在《儒家身体观》一书中又说："《管子》之《内业》《心术下》两篇与孟子思想契合极深，这两篇事实上属于同一个来源……《管子》两篇的问题意识与解决方式无疑都是继承孟子而来。"④ 后面这段话基本上是对前面年代断定的一个具体性补充说明。再者，学者詹剑峰认为："四篇杂抄道、名、儒、法之言以成篇，而杂抄者文笔又不高明，更显其浅陋……四篇显示道、儒、名、法之言盈天下后的作品，也就是战国末期庸人所辑

---

① 萧汉明：《〈管子〉的卫生之经与杨朱学派的养生论》，载方勇主编《诸子学刊》（第1辑），上海古籍出版社，2008，第168页。
② 参见张固也《〈管子〉研究》，齐鲁书社，2006，第275~277页。
③ 杨儒宾：《先秦道家"道"的观念的发展》，台湾大学出版委员会，1987，第145页注11。
④ 杨儒宾：《儒家身体观》，上海古籍出版社，2019，第55页。

成的篇章。"①

而罗根泽先生在《管子探源》一书中则指出，《心术上》《心术下》《白心》是战国中期以后道家所作，而《内业》则是战国中期以后混合儒道者所作。② 他基本上也是认为《管子》四篇成书于战国时期后半段。

只有少部分学者不认为《管子》四篇是战国时期的作品，而可能更早。比如，华裔澳大利亚学者柳存仁提出，《老子》不仅在思想上承袭了《管子》四篇，而且在文字上也有袭用或模拟的情形，《管子》四篇较《老子》为早，成书年代可以回溯到春秋时期。③ 这一观点在学界的接受度并不高，在这里只是罗列出来备存一说。

无论是战国中期说还是战国晚期说，都只是一个大概的时间判定。若要更加精确地判定《管子》四篇的写成时间，在发现和掌握确凿可靠的历史证据之前，我们只能借助于先秦其他诸子来建立一个相对性的时间概念。比如，在孟子、庄子、韩非子、荀子那里，是否有《管子》四篇相关思想的蛛丝马迹？他们是否有引述、发挥《管子》四篇思想的迹象，或是《管子》四篇接收了来自他们的影响？从他者思想内涵的解剖中力图能够确定《管子》四篇在战国时间轴上的具体位置。当然，这一工作相当艰巨，并且学界在一些具体问题上的看法存在很大的分歧。但这又是一项值得尝试的学术探索，通过思想的辨析和比较，形成时间先后的基本感知，为把握《管子》四篇在先秦思想史上的地位奠立基础。④

判断《管子》中思想的年代时，尤其需要注意的一点是：《管子》书中材料的年代与《管子》结集成书的年代是不同的。《管子》书中材料的年代可能如王叔岷所说的，跨越春秋与战国时期，是在一个较为漫长的时空维度内陆续生成的。⑤ 而这些材料被结集成书（形成《管子》一书）的年代则可能在一个相对集中的、较为短暂的时间内完成的，有可能是战国中后期或秦汉之际。那么，认识到这一点之后，我们在将《管子》四篇与

---

① 詹剑峰：《老子其人其书及其道论》，华中师范大学出版社，2006，第80~81页。
② 罗根泽：《管子探源》，山东文艺出版社，2018，第7页。
③ 参见柳存仁《道家与道术》，载陈鼓应主编《道家文化研究》（第15辑），生活·读书·新知三联书店，1999，第17~20页。
④ 在本书第九、十、十一、十二章中，笔者将《管子》四篇分别与《老子》《庄子》《孟子》《荀子》作思想比较。
⑤ 参见王叔岷《先秦道法思想讲稿》，中华书局，2007，第152、288页。

先秦诸子思想做比较时，需要慎之又慎，判定谁影响了谁，都是需要十分仔细、慎重的。材料的年代与其结集成书的年代所存在的区别，无疑为《管子》四篇的思想研析、比较增添了诸多复杂性，也为判断《管子》四篇的写成年代制造了困难。

《管子》四篇涵容道、法、儒、名等各家思想，从其思想的综合多元性来看，它的成书时间应该不会太早。一种思想流派或学说要为人所称引、吸收、借鉴，一般是在其思想发展较为成熟、影响较为广泛之时。如是，道、法、儒、名等各家思想既为《管子》四篇所采纳、吸收，并加以综合创造，此时很可能已经是在战国中后期了。因为这个时候诸子百家经历了一段时期的思想交锋，相互之间孰高孰下，哪些是各自思想的优胜处，哪些是其短板，已经显现得比较清楚。此时它们的思想也已经发展到一定程度，各家都有较为鲜明的思想旗帜。例如，道家讲论"道""德"，法家倡言法治，儒家推求"仁""义"，而名家则乐言"名"与"因"的观念。这些标志性思想最容易被那些意欲博采众长、兼容并包各家的思想创造者所吸取、引述，《管子》四篇概莫能外也。

再者，我们在判断《管子》四篇的创作年代的时候，不能忽视时代机缘这一因素。任何一种重要思想的产生，大概都有其时代需要，或者是为了回应一定的时代问题。因此，不为时代发声、无病呻吟的思想在先秦时期几乎是没有的，即使有，它也是缺乏生命力的，不可能传之久远，影响至今。对于"务为治""以干世主"的黄老学者来说，更是具有强烈的时代问题意识。今见《管子》四篇乐此不疲地在为君主御臣、治国之术而造说，目的在于帮助君主能够更为有力地治理好国家。《内业》："执一不失，能君万物。君子使物，不为物使，得一之理。治心在于中，治言出于口，治事加于人，然则天下治矣。一言得而天下服，一言定而天下听，公之谓也。"《白心》："圣人之治也，静身以待之，物至而名自治之……内固之一，可为长久。论而用之，可以为天下王。"这都表明，《管子》四篇的思想目的是帮助某一位"明君圣人"整饬社会秩序，实现一统天下。以此反观，可以知道只有战国时期能够为《管子》四篇提供思想蕴生的时代条件。

但是如果继续追问，在这一时期内，哪个地区更有可能催生出《管子》四篇这类思想，那无疑就是齐国的稷下学宫。根据《史记》中《田敬仲完世家》《孟子荀卿列传》的有关记载，在齐宣王、齐襄王时期，稷下

《管子》四篇研究

学宫走向鼎盛,[①] 此时正值战国中后期。《管子》四篇思想综合吸收多家之精粹,需要在一个思想相互激荡、学术交流繁盛的条件下才有可能孕育而生。当时齐王喜欢养士,各路谈说之士期会于稷下,学风空前鼎盛。学术风气的活跃,人才的集聚,思想交流的繁盛,一方面可以凸显各家学说的长处和差异性,另一方面则可以展开最为深入而广泛的思想整合。齐国稷下学宫这种得天独厚的条件,在战国时期的其他地方是不多见的。

《管子》四篇所处理的理论问题及其所关切的核心都脱离不了政治上的实践。西汉桓宽所撰述的《盐铁论·论儒》指出稷下先生是"不任职而论国事"[②]。齐国追求王霸之业,力图增强国家实力,政治上迫切需要行之有效的治国理论的出现,为稷下先生提供了广阔的政治舞台。所以,《管子》四篇极有可能就是在稷下学宫鼎盛时期产生的。

此外,在下一节中,我们还会从《管子》四篇的黄老思想属性出发,分析它与稷下学宫的密切关系。因为齐国的稷下学宫是黄老之学最为重要的发源地,它拥有相应思想产生的文化传统。例如,在"气"观念上,齐国的风土有着浓厚的神仙方术与养生调理的文化特征。关于这一点,日本学者小野泽精一等已有较为深入的讨论。[③] 而在田氏代齐之后,齐国统治者也希望利用黄帝战胜炎帝的传说以及推尊黄帝的相关理论,进行附会、造说,为自己取代姜氏而有天下提供一种合法性依据,而不被指为篡国违礼。这也是黄老思想在齐国流行的一个可能原因。

综上所论,在目前所掌握的史料条件下以及依据《管子》和《管子》四篇本身的文本生成状况,要精确判定《管子》四篇的写成年代是比较困难的。我们只能大致断定:《管子》四篇是写成于战国中后期的作品。在这一时期内,对于《管子》四篇而言,具有充分的思想蕴生条件,包括政治上、思想文化上的。而齐国稷下学宫最有可能是其产生的地域,从《管子》四篇思想的综合性及其黄老学属性等方面来看,都是如此。

---

① 其中,《史记·田敬仲完世家》里记载:"宣王喜文学游说之士,自如驺衍、淳于髡、田骈、接予、慎到、环渊之徒七十六人,皆赐列第,为上大夫,不治而议论。是以齐稷下学士复盛,且数百千人。"(西汉)司马迁:《史记》,中华书局,2009,第318页。
② 王利器校注《盐铁论校注》,中华书局,1992,第149页。
③ 〔日〕小野泽精一、〔日〕福永光司、〔日〕山井涌编《气的思想——中国自然观与人的观念的发展》,李庆译,上海书店出版社,2023,第49~53页。

第三节 《管子》四篇与稷下黄老之学

通过上一节的探究，我们认识到了《管子》四篇的大致写成年代。在本节中，我们则要进一步去了解它的思想属性，即由"黄老"之名的释读来把握《管子》四篇的学派归属和思想特征，并且从稷下学宫中发现《管子》四篇作为黄老学文本的应运而生与思想生成。

黄老道家是什么？这看似是一个很基本的问题，在过去却是一个扑朔迷离的悬案。由于《汉书·艺文志》载录的黄老文献大多佚失，没有基本的思想参照物，史书中关于黄老道家的记载又不如儒、道各家那么翔实、系统，人们一直无法识别黄老道家的真面目。而直到"《管子》四篇"概念的提出和帛书《黄帝四经》的出土，人们对黄老道家的学派属性与思想特征才有了自觉意识，并逐渐进入到广大学人的视野之中。

要把握黄老道家的来龙去脉，以及理解它的内涵、外延，需要从司马谈所写的《论六家要指》说起。《论六家要指》全文如下：

> 《易·大传》："天下一致而百虑，同归而殊涂。"夫阴阳、儒、墨、名、法、道德，此务为治者也，直所从言之异路，有省不省耳。
>
> 尝窃观阴阳之术，大祥而众忌讳，使人拘而多所畏。然其序四时之大顺，不可失也。
>
> 儒者博而寡要，劳而少功，是以其事难尽从。然其序君臣父子之礼，列夫妇长幼之别，不可易也。
>
> 墨者俭而难遵，是以其事不可遍循。然其强本节用，不可废也。
>
> 法家严而少恩，然其正君臣上下之分，不可改矣。
>
> 名家使人俭而善失真，然其正名实，不可不察也。
>
> 道家使人精神专一，动合无形，赡足万物。其为术也，因阴阳之大顺，采儒墨之善，撮名法之要，与时迁移，应物变化，立俗施事，无所不宜。指约而易操，事少而功多。儒者则不然，以为人主，天下之仪表也，君倡而臣和，主先而臣随。如此则主劳而臣逸。至于大道之要，去健羡，绌聪明，释此而任术。夫神大用则竭，形大劳则敝。

《管子》四篇研究

形神骚动,欲与天地长久,非所闻也。

夫阴阳、四时、八位、十二度、二十四节,各有教令,顺之者昌,逆之者不死则亡。未必然也,故曰"使人拘而多畏"。夫春生、夏长、秋收、冬藏,此天道之大经也,弗顺则无以为天下纲纪,故曰"四时之大顺,不可失也"。

夫儒者以六艺为法。六艺经传以千万数,累世不能通其学,当年不能究其礼,故曰"博而寡要,劳而少功"。若夫列君臣父子之礼,序夫妇长幼之别,虽百家弗能易也。

墨者亦尚尧舜道,言其德行曰:"堂高三尺,土阶三等,茅茨不剪,采椽不刮。饭土簋,啜土刑,粝粱之食,藜藿之羹。夏日葛衣,冬日鹿裘。"其送死,桐棺三寸,举音不尽其哀。教丧礼,必以此为万民之率。使天下法若此,则尊卑无别也。夫世异时移,事业不必同,故曰"俭而难遵"。要曰强本节用,则人给家足之道也。此墨子之所长,虽百家弗能废也。

法家不别亲疏,不殊贵贱,一断于法,则亲亲尊尊之恩绝矣。可以行一时之计,而不可长用也,故曰"严而少恩"。若尊主卑臣,明分职不得相逾越,虽百家弗能改也。

名家苛察缴绕,使人不得反其意,专决于名而失人情,故曰"使人俭而善失真"。若夫控名责实,参伍不失,此不可不察也。

道家无为,又曰无不为。其实易行,其辞难知。其术以虚无为本,以因循为用。无成势,无常形,故能究万物之情。不为物先,不为物后,故能为万物主。有法无法,因时为业;有度无度,因物与合。故曰"圣人不朽,时变是守"。虚者,道之常也;因者,君之纲也;群臣并至,使各自明也。其实中其声者谓之端,实不中其声者谓之窾。窾言不听,奸乃不生,贤不肖自分,白黑乃形。在所欲用耳,何事不成。乃合大道,混混冥冥。光耀天下,复反无名。凡人所生者神也,所托者形也。神大用则竭,形大劳则敝,形神离则死。死者不可复生,离者不可复反,故圣人重之。由是观之,神者生之本也,形者生之具也。不先定其神形,而曰"我有以治天下",何由哉?①

---

① (西汉)司马迁:《史记》,中华书局,2009,第758~759页。

第一章 《管子》与《管子》四篇

在这篇精审明达的名篇中，司马谈对于阴阳家、儒家、墨家、名家和法家的思想旨意既给予肯定，又给予一定的批评。但是唯独对于"道家"只有肯定，而无批评。这是因为司马谈本身是站在"道家"的立场上进行评说的。那么，司马谈口中的"道家"又是如何的？是不是我们通常所认知的老庄道家呢？要回答这一问题，我们需要参酌司马迁《史记》和班固《汉书·艺文志》中的一些记载和说法。

首先，《汉书·艺文志》对所谓"道家"是这样界定的：

> 道家者流，盖出于史官，历记成败存亡祸福古今之道，然后知秉要执本，清虚以自守，卑弱以自持，此君人南面之术也……及放者为之，则欲绝去礼学，兼弃仁义，曰独任清虚可以为治。①

如果我们将老子、庄子的一些思想特征和价值主张对照上去，会发现它们与司马谈和《汉书·艺文志》所描述的产生抵牾。倒是像庄子这样的道家，更近乎班固所说的"放者"，并且在班固看来，它们不是道家的正宗。这说明在司马谈和班固眼里，"道家"并不是通常意义上的老庄道家，而是主要表现为一种道、法结合的思想主张，并具体表现为一种"君人南面之术"。

而在司马迁《史记》中，有大量关于"黄老"的称谓及其相应的一些表述。比如，《老子韩非列传》言申不害之学"本于黄老而主刑名"以及说韩非"喜刑名法术之学，而其归本于黄老"，《孟子荀卿列传》则说慎到、田骈等人"皆学黄老道德之术，因发明序其指意"②。可以发现，司马迁有关"黄老"的一些描述和司马谈、班固对"道家"的界谓有着惊人的相似之处。这让我们恍然大悟，原来像司马谈这些汉人口中的"道家"主要就是指称"黄老道家"的。司马谈所生活的时代，黄老道家甚为流行，在思想界占据主导地位，并为官方所倡导。③ 这也可以帮助我们理解司马

---

① 陈国庆：《汉书艺文志注释汇编》，中华书局，1983，第128、129页。
② （西汉）司马迁：《史记》，中华书局，2009，第395、456页。
③ 吴光曾指出："西汉初期，由于黄老之学主张的一套'无为'政治学说，适应着统治阶级积蓄力量的需要，因此受到统治阶级的尊崇而盛行一时。这时，从统治集团的头面人物，到一般官僚、学者，乃至民间士人和卜者，许多人都成了黄老之学的信徒，有的本身就是黄老学派的理论家。"见于吴光《论黄老学派的形成与发展》，《杭州大学学报》1984年第4期。

谈口中的"道家",为什么在很大程度上就是指代黄老道家。

《史记》中还存在"黄老"与"道家"两词互文换用的现象,在《魏其武安侯列传》里讲窦太后"好黄老之言,而魏其、武安、赵绾、王臧等务隆推儒术,贬道家言,是以窦太后滋不说魏其等"①,也可以佐证司马谈所说的"道家"主要是指黄老道家。

但是有人会质问,司马迁是否以"黄老"作为一种学派或思潮的名义而提出来的?这确实是一个值得探究的问题。

上述《史记》里的三处"黄老"词例,与"道德""刑名""法术"相联系,说明司马迁已对"黄老"的内涵有一定的认知和理解,而让我们瞥见黄老这种学问的某些思想特征。事实上,在《史记》之前,没有关于黄、老二字合称的文献记载。而在《史记》中,则有大量"黄老术""黄老言"的说法,例如《田叔列传》言田叔"学黄老术于乐巨公所"②。《袁盎晁错列传》说邓章"以修黄老言显于诸公间"③。《儒林列传》:"……孝文帝本好刑名之言,及至孝景,不任儒者,而窦太后又好黄老之术,故诸博士具官待问,未有进者……及窦太后崩,武安侯田蚡为丞相,绌黄老、刑名、百家之言,延文学儒者数百人。"④《曹相国世家》说曹参"其治要用黄老术,故相齐九年,齐国安集,大称贤相"⑤。《张释之冯唐列传》说王生"善为黄老言,处士也"⑥。"黄老术"的说法偏应用性,强调其作为一种政治术;"黄老言"则偏理论性,强调其作为一种言论学说。这说明司马迁在使用"黄老"一词时,是将其视为兼具理论性与应用性的一门思想学说,而非黄帝、老子二者合言的简称。因此,可以说"黄老"的学派之名最晚在《史记》里已经成立了。⑦

应该注意的是,《史记》的这些载述是司马迁对当时社会上客观存在

---

① (西汉)司马迁:《史记》,中华书局,2009,第622页。
② (西汉)司马迁:《史记》,中华书局,2009,第601页。
③ (西汉)司马迁:《史记》,中华书局,2009,第592页。
④ (西汉)司马迁:《史记》,中华书局,2009,第700~701页。
⑤ (西汉)司马迁:《史记》,中华书局,2009,第357页。
⑥ (西汉)司马迁:《史记》,中华书局,2009,第595页。
⑦ 此外,《史记》还有"黄帝、老子言""黄帝、老子之术"的说法,见于《外戚世家》:"窦太后好黄帝、老子言,帝及太子诸窦不得不读黄帝、老子,尊其术。"《陈丞相世家》:"陈丞相平少时,本好黄帝、老子之术。"参见(西汉)司马迁《史记》,中华书局,2009,第339、369页。

第一章 《管子》与《管子》四篇

的一种思想学术现象的真实描述，并冠以"黄老"之名，"黄老"一词也因此成为一个具有辨识性的学术名称。

此外，《史记·乐毅列传》载："华成君，乐毅之孙也。而乐氏之族有乐瑕公、乐臣公，赵且为秦所灭，亡之齐高密。乐臣公善修黄帝、老子之言，显闻于齐，称贤师。"[1] 而在该列传的赞语中，明确指出"乐臣公学黄帝、老子，其本师号曰河上丈人，不知其所出。河上丈人教安期生，安期生教毛翕公，毛翕公教乐瑕公，乐瑕公教乐臣公，乐臣公教盖公。盖公教于齐高密、胶西，为曹相国师"[2]。这段话列出了当时一部分黄老学者的师承谱系，充分说明这一学派是渊源有自，素有学脉的自觉传承。

光有"黄老"之名还不行，还要有"黄老"之实，这在司马迁生活的时代显然是不成问题的。当时黄老学已经有了属于自己的代表性学者和著作，并在政治实践上得以深入应用，发展相对较为成熟。那么，"黄老"之实是从什么时候开始有的呢？只有名实相副，"黄老"才在真正意义上成为一种独立、完整的思想学派。窃以为，"黄老"之实大概从战国中期以来就已经客观存在了，只是它经历了一个逐步发展、完善的历史过程。对此，我们依然可以从学者、著作、实践三个方面加以考察和阐析。

在《史记·孟子荀卿列传》中，司马迁曾描述了齐国稷下的学术盛况：

> 自驺衍与齐之稷下先生，如淳于髡、慎到、环渊、接子、田骈、驺奭之徒，各著书言治乱之事，以干世主，岂可胜道哉！……慎到，赵人。田骈、接子，齐人。环渊，楚人。皆学黄老道德之术，因发明序其指意。故慎到著十二论，环渊著上下篇，而田骈、接子皆有所论焉。驺奭者，齐诸驺子，亦颇采驺衍之术以纪文。于是齐王嘉之，自如淳于髡以下，皆命曰列大夫，为开第康庄之衢，高门大屋，尊宠之。览天下诸侯宾客，言齐能致天下贤士也。[3]

由于史料缺乏，在司马迁所列举的这些稷下学者中，我们目前无法确说他们一定都是属于黄老学一派的人物。但可以肯定的是，他们之中有很

---

[1] （西汉）司马迁：《史记》，中华书局，2009，第489页。
[2] （西汉）司马迁：《史记》，中华书局，2009，第490页。
[3] （西汉）司马迁：《史记》，中华书局，2009，第456页。

《管子》四篇研究

多人在稷下学宫里受到了来自黄老之学的浸润、影响,并从事有关的著书、立言等活动。① 这也从一个侧面反映,当时的齐国稷下学宫实际存在有黄老学的学者也可能有一定的著述,否则不可能对慎到、田骈、环渊这些人产生如此大的思想影响。

根据我们前面对《管子》四篇写作年代的探究,《管子》四篇大致成书于战国中后期。在这一历史时期内,齐国稷下学宫最有可能为《管子》四篇的思想酝酿、产生提供丰厚的土壤。汇集在稷下的儒家、墨家、道家、法家、名家、兵家等互相争鸣融合,优势互补,极易培育和发展成一种新的学问——黄老之学。稷下学宫催生出黄老之学的情形与后来淮南王刘安推出《淮南子》有近似之处。刘安通过"招致宾客方术之士数千人"②,形成一个多元化的学术中心,进而由这些宾客文士进行著作编撰和思想创造,产生了《淮南子》这一黄老学著作。过去研究《管子》四篇的学者,也大多认可《管子》四篇就是稷下学的典型代表,与稷下学宫这一学术中心密不可分,具有代表性的学者除了前述陈鼓应外,还有白奚、胡家聪、吴光和武内义雄等人。③

再者,1973年长沙马王堆三号墓出土的《老子》乙本卷前古佚书,总共有《经法》《十大经》《称》《道原》四篇,有11000多字。人们认为这四篇就是《汉书·艺文志》里所载述的《黄帝四经》。唐兰通过考证,断定《黄帝四经》应当成书于公元前400年前后,也就是战国中期。④ 这一说法也得到了李学勤、陈鼓应和余明光等人的支持。而绝大部分学者主张《黄帝四经》产生于齐地,⑤ 是当时流传下来的典型的黄老学作品。

---

① 而在陈鼓应看来,"据《史记》所载,七十六位稷下先生之中,有姓名可考的仅六人,而有姓名可稽的六人中即有四人是'学黄老道德之术',亦即研究宣说黄老之学,人数比例不可不谓极高"。参见陈鼓应《管子四篇诠释》,中华书局,2015,第10页。
② (东汉)班固撰,(唐)颜师古注《汉书》(第7册),中华书局,1962,第2145页。
③ 他们的相关著述有白奚《稷下学研究——中国古代的思想自由与百家争鸣》,生活·读书·新知三联书店,1998;胡家聪:《稷下争鸣与黄老新学》,中国社会科学出版社,1998;吴光:《黄老之学通论》,浙江人民出版社,1985;〔日〕武内义雄:《管子的〈心术〉与〈内业〉》,载《支那学》1942年小岛、本田二博士还历纪念号。
④ 参见唐兰《马王堆出土〈老子〉乙本卷前古佚书的研究——兼论其与汉初儒法斗争的关系》,《考古学报》1975年第1期。
⑤ 北京大学王博在《〈黄帝四经〉和〈管子〉四篇》一文中则主张《黄帝四经》产生于楚国,并与吴起变法的历史背景相关,之后才由一些学者带入稷下学宫。这一观点在学界并不占主流。参见王博《〈黄帝四经〉和〈管子〉四篇》,载陈鼓应主编《道家文化研究》(第1辑),上海古籍出版社,1992,第198~213页。

第一章 《管子》与《管子》四篇

除此之外，《汉书·艺文志》道家 37 种里，诸如《黄帝铭》6 篇、《黄帝君臣》10 篇、《杂黄帝》58 篇等，很可能就是黄老学方面的文本。只是由于这些著作大多数已经亡佚，其详情人们不得而知，以至于长期以来人们对黄老之学的认知十分有限。

而在实践层面上，齐国追求富国强兵的国家需要，为这些黄老学者进行思想的实践提供了一定的空间，尽管他们的主张未必完全被齐王采纳和付诸实践。齐王广揽宾客，给予这些稷下学士足够的礼遇，因此他们有机会用自己的学说"以干世主"，并且能够"务为治"，直接朝向实践和时代问题来进行思考，而不是使思想流于空言。

总而言之，根据目前所见的《管子》四篇、《黄帝四经》，可以证明最晚在战国中期，黄老学已经有了自己的代表性学者和著述，并在实践上展开了一种初步尝试。而且，这一学派的产生、发展和扩散，与齐国的稷下学宫这一学术交汇中心密不可分。因此，我们可以断定黄老学在战国中期前后已经是客观存在的，只是当时还没有树立学派意识，[1] 未能用"黄老"之名去指称这一思想流派。

从战国中期到汉代初期，黄老学在这一历史阶段内展开了思想创发与生动实践，使其思想本身具有了一定的流动性和生成性。那么，我们该如何看待这种流动性及其相应的名实问题。

正如高新华所指出的："司马谈对黄老的定义是就汉初已经成熟的黄老之学而言的，战国时期的黄老思想，在不同时间、不同地域，乃至在不同的学者身上，都会呈现出各自的特点。"[2] 因此，我们应当把黄老之学放在一个流动发展的阈限内来看待，使其包含处于早期萌发、稚嫩的思想形态，也能涵容较为成熟、定型的思想形态。事实上，任何一个流派、一种思想的产生发展，大致都有一个从不成熟到成熟、从不自觉到自觉、从不成规制到成规制的过程。那么，我们就不能以相对较为成熟的思想形态去框束或填充较为不成熟的思想形态，也不能以较为不成熟的思想形态去质疑、删削较为成熟的思想形态。这无疑会犯削足适履的错误。而应该更多地看到二者之间的内在联系，把握二者在思想进展上的内在逻辑与实质意

---

[1] 熊铁基认为，在战国后期的《韩非子·显学》里，才有了较为明确的派别划分意识，但也只是提出儒、墨两大派。参见熊铁基《秦汉新道家》，上海人民出版社，2001，第 1~4 页。
[2] 高新华：《战国至汉初的黄老思想研究》，中华书局，2021，第 27~28 页。

义，探讨在什么意义上二者是成其为一个思想流派的。

再者，蒙文通在《略论黄老学》一文中指出："稷下各派学者集合（或融合）而形成了黄老一派；不是先有黄老学，田、慎、宋、尹诸人从黄老出。不是黄老之学在先，而是百家融为黄老。'黄老'本来就是战国后期才形成的学术，是到汉代才有的名称。"[1] 在黄老学问题上，名与实往往是相生的，有时候则会处在有其实无其名的阶段。这也显示了黄老学在战国中期到汉代初期这一历史阶段内，经历了较为复杂的内涵充实与意义生成的过程，进而不断变得成熟，越发成为一种自觉的存在，而为人们所认知。思想本身就是一个非常复杂的存在物，它可能存在变动性、发展性、交叉性，可能会随着思想者本身的一些主观条件而发生改变，更何况是在先秦百家诸子争鸣、交融的时代背景下产生的思想，其内部的复杂、错综更是可以预见。

通过分析黄老学的流动性和生成性，有助于我们理解某些黄老学思想文献为何与其他思想流派的著作存在边界较为模糊的情况，也可以理解为何黄老学的思想成分如此斑驳。这实际上是由于其历史发展所致，是一种客观事实，而毋庸诧异。

但是，"黄老"之名在成立之初，还面临着与"杂家"之名的纠缠问题。这一问题最初导源于《论六家要指》与《汉书·艺文志》中的两段相似表述。我们知道，司马谈在《论六家要指》中说道家（也即是黄老）："因阴阳之大顺，采儒墨之善，撮名法之要"[2]。而班固《汉书·艺文志》中对杂家的定位则是："兼儒、墨，合名、法。"[3] 将这两段话放在一起，很容易就可以发现其中的近似之处，人们不禁会生发"黄老是否就等同于杂家"的疑问。而如果黄老不等同于杂家，那么它们两者之间的区别又何在呢？在此，我们有必要加以辨明，以助于理解黄老之学的基本特征，进而用以把握《管子》四篇的思想内涵与特性。

先来看学界存在的两个影响较大的说法，其一是清代文献学家严可均所说的："余观《内业篇》，盖《参同契》所自出，实是道家。余篇则儒家、阴阳家、法家、名家、农家、兵家，无所不赅。今若改入杂家，尚为

---

[1] 蒙文通：《略论黄老学》，《先秦诸子与理学》，广西师范大学出版社，2006，第192页。
[2] （西汉）司马迁：《史记》，中华书局，2009，第758页。
[3] 陈国庆：《汉书艺文志注释汇编》，中华书局，1983，第154页。

允当。不然，宁从《汉志》。"① 其二是蒙文通所主张的："司马谈说的道家，显然是杂家，这就是黄老。它和庄周一流的道家是不同的。"又说"《管子》书也是杂家，也是黄老一派，而又有不同"②。依他们的观点做进一步推论，黄老、杂家二者之名虽然不同，但其内容是相同的。

诚然，黄老和杂家一样，似乎对于百家之学无所不包，显示了先秦至秦汉之际一种思想混合的发展趋向。但二者实际上是形似神异，不可不辨，否则将妨害对《管子》四篇属类问题的认识。

所谓杂家，是对各家思想理论的简单拼凑，其中没有贯穿着主导性思想，即《汉书·艺文志》所言的"漫羡而无所归心"③，基本上是在做一种思想材料收集、摘抄、汇编的工作。有的学者甚至认为，"杂不成家，未足与议"④。因为杂凑无统贯、缺乏自身的思想创造，在思想史上，杂家很容易被贬低。而黄老学则不然，它是以道、法为理论基础，兼采各家学说之长处，经过提炼萃取、有机融合，建立较为严密、内在自洽的思想逻辑，进而构造一种别开生面的思想理论体系。

黄老之学虽然博采众长，但是却有旨归。它将《老子》的"道"引为根本性的原理，成为一切事物产生、发展、运行的总规律。而它所兼采的各家之言都只是在"道"之下被统合和容纳。各家之言也只是在"道"的某一面向展开其意义生成与思想发挥，"道"构成了兼采各家学说之"善"的内在根据。在东汉王充所著的《论衡·自然》中，对黄老学的思想旨趣有一番概括："黄老之操，身中恬澹，其治无为，正身共己，而阴阳自和，无心于为而物自化，无意于生而物自成。"⑤ 尽管王充的概括未必很全面，但他看到了黄老学的内在精神气质所在，黄老学不是大杂烩或漫无题旨的。在辨识清楚"黄老"与"杂家"的区别之后，我们才能更好地去研究黄老学和《管子》四篇。

在上文辨析、疏通的基础上，我们想再针对黄老道家的基本思想特点做一总结，撮述几点如下。

---

① （清）严可均：《严可均集》，孙宝点校，浙江古籍出版社，2018，第 268 页。
② 蒙文通：《略论黄老学》，《先秦诸子与理学》，广西师范大学出版社，2006，第 192、202 页。
③ 陈国庆：《汉书艺文志注释汇编》，中华书局，1983，第 154 页。
④ 徐文珊：《先秦诸子导读》，台北幼狮书店，1964，第 12 页。
⑤ 黄晖：《论衡校释》，中华书局，1990，第 781 页。

其一，援引天道以证成人道。黄老道家视野中的"道"最初源头是《老子》，它们将抽象邈远、难以捉摸的"道"下降为可以具体把握和运用的人道，而实现这样一种转化的关键环节在于引法入道，也就是所谓的"因道全法"。作为一种客观规律性的，普遍存在于万事万物之中，能够起到支配性、决定性作用的"道"，在黄老道家这里就蜕变为一种可以为明君圣王所把握、操持，用于治国理政的治道。也就是从自然论领域进入到政治领域，显示黄老道家对政治实践、人世治理的关切远远超过对形而上问题思辨的兴趣。

其二，从治身走向治国。凡是黄老道家的思想，内部都存在着一条"治身"与"治国"的逻辑进路，这在《管子·心术》中突出表现为以"心"喻"君"的论说。为什么要以"心"喻"君"呢？我们或许可以透过《淮南子·原道训》中的一段话来获得解答。其有言曰："夫心者，五藏之主也，所以制使四支，流行血气，驰骋于是非之境，而出入于百事之门户者也。是故不得于心而有经天下之气，是犹无耳而欲调钟鼓，无目而欲喜文章也，亦必不胜其任矣。"[①] 如此看来，"心"在身体中的地位、功能与君主居于国家中的主宰地位及其所应发挥的功能是一样的。此外，以"心"喻"君"也可能是强调：在君主治国过程中，治身有其重要性。正如《淮南子·诠言训》中所说的："原天命，治心术，理好憎，适情性，则治道通矣。原天命则不惑祸福，治心术则不妄喜怒，理好憎则不贪无用，适情性则欲不过节。不惑祸福则动静循理，不妄喜怒则赏罚不阿，不贪无用则不以欲用害性，欲不过节则养性知足。凡此四者，弗求于外，弗假于人，反己而得矣。"[②] 通过节制欲望、平理情性，让身体处在一个最佳状态，是君主能够顺当地应务、治国的重要前提。明君圣王只有通过治身才能体道，成为"执道者"，也就是国家的主宰。在黄老道家看来，治身与治国的展开具有相同的原理，并且二者是一体的，是具有内在联系的。

其三，以虚无为本，以因循为用。"虚无"是"道"的特性，君主必须以无为的姿态、不带主观预设的态度去因循、顺应万事万物之理，其中包括对于人性、人情的体察和因循，以及对自然规律的遵循。"因循"是

---

① 何宁：《淮南子集释》，中华书局，1998，第 72 页。
② 何宁：《淮南子集释》，中华书局，1998，第 996~997 页。

黄老道家所建立之君术的操作要领，只有掌握这一法门，君主才能从纷繁复杂、千变万化的事事物物中超脱出来，实现以一应万，以简御繁，事少而功多。与之相配套的还有基于刑名法术、循名责实的督核办法，从而形成高效运行的官僚行政系统。而在因循的前提下，黄老道家还注重时变，即顺应时机，能够根据外界事物的变化及时做出反应和调整。

其四，博采众长，以治为务。黄老道家以道、法为主，又兼涵儒家、墨家、名家、阴阳家等各个流派的思想精髓，构成一个相对庞杂的思想体系，但又能够自成一体、不失桢干。其学说的核心关切在于寻求一种治世的解决方案，使得君人可以南面称王。换言之，只要是有益于治世应务的思想学说，黄老道家都有可能将其吸纳过来，有机融入到自身的思想体系中，显示出一种开放、积极而又富有创造力的思想立场。

综上所述，以司马谈为代表的汉代人所叙说的"道家"，很大程度上就是指黄老道家。当然，汉代人所认识到的，是已经发展较为成熟的黄老道家，但这不妨碍我们以他们的认知线索去梳理、廓清战国中期以来逐渐形成和完善的黄老思想。以前很多人不能理解，思想驳杂的《管子》为何会被《汉书·艺文志》归入道家类？而当我们明白了汉代人对"道家"的定义和基本认识之后，这一归类也就显得有某些合理之处了。

《史记》各篇传记中有关"黄老"的提法有十余处，被如此广泛指称，很难说它不是一种学术现象或学派，黄老之学应该是历史上客观存在的，而非一种后人的拟构。我们还可以从《汉书·艺文志》里钩稽所著录的黄老学著作，并从学者、著作、实践等方面去证实它们的实际存在，使得黄老之学有其名亦有其实。可以说，从战国中期以至汉代初期，黄老之学的思想生成与发展不绝如缕，逐渐获得充实和完善，于政治实践中得到运用，并在司马迁生活的时代走向成熟。以至于"黄老"之名在司马迁《史记》里成为一种自觉的存在。要正确把握"黄老"之名及其思想特征，不能将"黄老"与"杂家"混为一谈。

《管子》四篇文本的意义生成主要是在战国中后期。从社会政治背景、思想文化渊源上可以推定《管子》四篇的产生地域应当是在齐地，并且学术荟萃、多元汇合的齐国稷下学宫是最有可能蕴生黄老学思想的地方。《管子》四篇应是稷下学宫产生出来的典型黄老学作品，并可能对后来黄老学的发展与实践产生较大影响。

第二章 《管子》四篇的篇名意义

　　从春秋到战国这一长段的历史时期内,诸子百家涌现,经典著述迭出,构成了中国历史上一个辉煌灿烂的著书立说时代。先秦时期,在著述上大致经历从"述而不作"到自觉创作著书的过程。比如,春秋时期的孔子就是"述而不作"的典型代表,《论语》只是孔子弟子及其再传弟子根据先师的言行汇编而成的。这就导致其在篇名拟定上表现得较为朴素、简单,《论语》的篇名大多撮取自篇首前两个字,有的像《学而》《述而》《子罕》《尧曰》,两个字都算不上是一个成词。《孟子》一书的篇名情况与《论语》大致一样,都是没有过多的刻意设计与意义赋予的痕迹,其中可供深挖的内涵也就显得单薄。这种篇名基本上只是起到标记的作用,类似于一种序号,使得各篇不至于混淆,文章内容与篇名之间几乎没有实质性的关系。

　　但是到了战国中后期,逐渐开始有了一些自觉创作的图书,并且在篇名选取上表现出不一样的景象。例如,《荀子》一书中的《天论》《礼论》《乐论》《君道》《非十二子》《正名》《性恶》等,文、题高度相应,从区区两字的篇名上基本可以看出该篇文章所谈论的主要内容。这种篇名的出现,显然是由一种写作自觉所致的,它们是经过作者或编者的一番精心设计、构思,乃是有所取义。与《荀子》篇名情况类似的先秦子书还有《韩非子》等,它们的篇名精致、凝练,篇名之下相应的文章内容的专论性也更强。

　　近来,有学者将先秦子书的篇章标题放在一个历史演进与时间序列里加以考察和把握，①从篇名发展的历史特征、篇名拟定的成熟度着眼，大致去判定该著述时间的早晚。一般来说，只有到战国中后期，才会出现精心设计、取义深刻的篇章标题，其下对应的是说理性强的专论文章。以上是我们将篇名作为研究对象，并进行《管子》四篇篇名探析时，所应该有的一个基本认识。

有心的读者会发现，《管子》四篇的篇名本身具有较深的学术内涵。它不像《论语》是把一篇中的前几个字作为篇名，倒是像《荀子》《韩非子》一样，欲以篇名赅括一篇之要旨。②《管子》四篇的篇名是具有哲理性的三个范畴，甚至可以成为一种哲学命题，这让我们相信此四篇文章具有明显的著述意图。因为篇名就是该篇文章论述的中心和重点，文章的具体展开都是围绕篇名，可以说篇名就是题眼。而如果我们把这四篇的篇名放在先秦学术史上加以观照，更是可以发现其中丰富的意义。因此，在进入《管子》四篇的具体内容研究之前，很有必要开辟专门的一节来探讨其篇名的问题，不可轻忽而过。

在本章中，我们将对《管子》四篇的篇名作字义上的解释，分析"心术""白心""内业"话语的来源及其有关学说的发展脉络。通过检索先秦一些重要的文献，查看"心术""白心""内业"在这些文献中的分布情况，从而探讨它们在先秦是如何被使用和赋予意义，以及它们所构成的思想文化语境。此外，我们还要锚定《管子》四篇，深入各篇的文字段落，寻绎各篇的文章大意、思想义理是否有与其篇名相印合的地方，希冀可以窥见《管子》四篇以此三者作为篇名的实际意义。

第一节 说"心术"

首先，我们来探究下"心术"这一篇名。"心术"在先秦是一个高频学术术语，广见于各家文献，如《墨子》《庄子》《荀子》《乐记》等。

---

① 参见刘建臻《先秦篇名的历程——兼论墨子伟大的贡献》，《四川图书馆学报》1988年第2、3期；雷欣翰《先秦诸子文章标题设置的历史演进》，《江西社会科学》2019年第10期。

② 这一点可以作为《管子》四篇成书于战国中晚期的辅证。

《墨子·非儒下》载：

> 孔某与其门弟子闲坐，曰："夫舜见瞽叟就然，此时天下圾乎？周公旦非其人也邪？何为舍其家室而托寓也？"孔某所行，心术所至也。其徒属弟子皆效孔某：子贡、季路辅孔悝乱乎卫，阳货乱乎齐，佛肸以中牟叛，漆雕刑残，莫大焉！①

《非儒下》是一篇对儒家思想、价值进行猛烈批评和责难的文章。该文从儒家创始人孔子身上的一些传闻和附会性历史事件入手，攻击、抹黑儒学的合理性，破坏孔子的形象，讥讽儒者的行为，因而具有人身攻击的嫌疑。文中说孔子的所作所为，都是出于他的心术。在《非儒下》这种批评性的语境下，"心术"一词就带有负面性的含义，表示一种存心的不正当。

在《庄子·天道》中，作者论述说：

> 本在于上，末在于下；要在于主，详在于臣。三军五兵之运，德之末也；赏罚利害，五刑之辟，教之末也；礼法度数，形名比详，治之末也；钟鼓之音，羽旄之容，乐之末也；哭泣衰绖，隆杀之服，哀之末也。此五末者，须精神之运、心术之动，然后从之者也。②

《庄子》中仅见这一处有使用"心术"。在这里，作者认为军队武器、赏罚刑制、度量礼制、物象名称、钟鼓羽旄等只是一些细枝末节，而不是根本、首要的事物。它们要得以施行，必须有精神的运用与心术的推动才可以。"心术"一词在这里出现可能不是一种偶然，因为《庄子·天道》通常被看作具有浓厚黄老学色彩的作品。③

"心术"在《荀子》一书中总共出现五次，在《荀子·非相》有：

> 故相形不如论心，论心不如择术。形不胜心，心不胜术。术正而

---

① （清）孙诒让：《墨子间诂》，孙启治点校，中华书局，2001，第305~307页。
② （西晋）郭象注，（唐）成玄英疏《庄子注疏》，中华书局，2011，第254页。
③ 参见刘笑敢《庄子哲学及其演变（修订版）》，中国人民大学出版社，2020，第271页。

心顺之,则形相虽恶而心术善,无害为君子也;形相虽善而心术恶,无害为小人也。君子之谓吉,小人之谓凶。故长短、小大、善恶形相,非吉凶也。古之人无有也,学者不道也。①

又《荀子·解蔽》:

故为蔽:欲为蔽、恶为蔽,始为蔽、终为蔽,远为蔽、近为蔽,博为蔽、浅为蔽,古为蔽、今为蔽。凡万物异则莫不相为蔽,此心术之公患也……圣人知心术之患,见蔽塞之祸,故无欲无恶,无始无终,无近无远,无博无浅,无古无今,兼陈万物而中县衡焉。是故众异不得相蔽以乱其伦也。②

又见于《荀子·成相》:

治复一,修之吉,君子执之心如结。众人贰之,谗夫弃之形是诘。水至平,端不倾,心术如此象圣人。而有势,直而用抴必参天。③

在《非相》,荀子否定相面术的意义,将其用于对人的甄别,并不能有效识别是非善恶,因而主张"相形不如论心,论心不如择术"。这里虽然出现"心术"的字眼,但实际上荀子是"心"、"术"分言,"心"是指人的内在思想,"术"则是指人立身处世的方法。"术"是由礼义之道培养起来的,在对人的考察时,它比"心"更重要。

荀子在《解蔽》所使用的"心术",泛指一种认识论上的思想方法。具体来说,就是当人知道了事物的某一个侧面,就会忽视或蒙蔽了事物的另一个侧面,从而造成认识上的片面性。在荀子看来,这是人们在认识论领域普遍存在的一种祸患,要通过陈列事物所有方面并进行权衡来加以克服,避免各个差异点、对立面之间互相掩盖、遮蔽。

《成相》的"心术"也大概是指人的心计,以及人内心的思想或所秉

---

① (清)王先谦:《荀子集解》,沈啸寰、王星贤整理,中华书局,2012,第73页。
② (清)王先谦:《荀子集解》,沈啸寰、王星贤整理,中华书局,2012,第375~376、382页。
③ (清)王先谦:《荀子集解》,沈啸寰、王星贤整理,中华书局,2012,第445页。

持的原则。从上面几处的分析，我们大致可以看出荀子是在何种意义上使用"心术"一词，以及它偏重于哪方面的含义，并且已经关涉到认识论、修养论层面。唐君毅甚至认为"《荀子·解蔽篇》有治气养心之术之名，并论及心术之公患，盖《管子》心术之名之所出"①。

再者，儒家典籍《礼记·乐记》中有：

> 夫民有血气心知之性，而无哀、乐、喜、怒之常。应感起物而动，然后心术形焉。是故志微、噍杀之音作，而民思忧。啴谐、慢易、繁文、简节之音作，而民康乐……凡奸声感人，而逆气应之。逆气成象，而淫乐兴焉。正声感人，而顺气应之。顺气成象，而和乐兴焉。倡和有应，回邪曲直各归其分，而万物之理各以类相动也。是故君子反情以和其志，比类以成其行。奸声乱色，不留聪明；淫乐慝礼，不接心术；惰慢邪辟之气，不设于身体。使耳、目、鼻、口、心知、百体，皆由顺正，以行其义。②

一般认为，《乐记》的作者是公孙尼子，诸如钱大昕、康有为、蒋伯潜、钱穆、郭沫若都是持这种看法。③《乐记》所言的"心术"是指人的心灵世界或思想情感。当人心受到外物的感触，思想情感会随之活动起来，而有了相应哀、乐、喜、怒的表现。这其中涉及了感物而动、以类相动的观念。

除了传世文献，出土的先秦文献亦见有"心术"的使用。比如，郭店儒简《性自命出》中有：

> 凡道，心术为主。道四术，唯人道为可道也。④

《性自命出》出自思孟学派之手，对此"心术"，学者刘昕岚注释为：

---

① 唐君毅：《中国哲学原论·原道篇》，中国社会科学出版社，2006，第236页。
② （东汉）郑玄注，（唐）孔颖达疏《礼记正义》，北京大学出版社，1999，第1104、1108~1109页。
③ 相关讨论可以参看薛永武《〈礼记·乐记〉研究》，光明日报出版社，2010，第2~11页；王祎：《〈礼记·乐记〉研究论稿》，上海人民出版社，2011，第53~55页。
④ 荆门市博物馆编《郭店楚墓竹简》，文物出版社，1998，第179页。

第二章 《管子》四篇的篇名意义

"盖心志、心知之所由。"① 把心术理解为心志或心知所运行的路径。这种路径也就是《性自命出》后文提到的诗书礼乐教化所提供的,如此把内在心术的运行与外在的礼乐教化统一起来,二者实际上是同一个过程。赵法生教授在探讨《性自命出》的心术论时,特别将其与《管子》四篇做了对比,"如果说《管子》的心术是'内静外敬';那么以《性自命出》为代表的早期儒家的心术论就是'内诚外敬';诚是对于真情的强调,敬是对于礼义法则的尊重,对于道德法则的实现不是以对情感的否定为前提,而是以对情的适度张扬为条件,因为修养工夫路径在于'理其情而出入之',在于'体其义而节文之',从而达到'美其情'的目的。而《管子》心术的最终目的却是归于恬淡虚无之'静',导致各种情感意志的消解"②。我们在这里只是把有关观点和问题提出来,不再做更多的深究了。在先秦儒家系统内,谈论"心术"可能是受到来自子思学派的影响,关于这一猜测,学者林志鹏在其专著《宋钘学派遗著考论》中有专门的论述和探讨。③

最后,让我们来检视"心术"一词在《管子》中的分布情况,这对于解读《管子》四篇的篇名意义可能更为有益。"心术"一词在《管子》中总共出现五次,分见于《七法》和《心术上》。其中,《管子·七法》说:

则、象、法、化、决塞、心术、计数,根天地之气,寒暑之和,水土之性。人民、鸟兽、草木之生物,虽不甚多,皆均有焉,而未尝变也,谓之则。义也、名也、时也、似也、类也、比也、状也,谓之象。尺寸也、绳墨也、规矩也、衡石也、斗斛也、角量也,谓之法。渐也、顺也、靡也、久也、服也、习也,谓之化。予夺也、险易也、利害也、难易也、开闭也、杀生也,谓之决塞。实也、诚也、厚也、施也、度也、恕也,谓之心术。刚柔也、轻重也、大小也、实虚也、远近也、多少也,谓之计数。不明于则,而欲出号令,犹立朝夕于运均之上,擔竿而欲定其末。不明于象,而欲论材审用,犹绝长以为短,续短以为长。不明于法,而欲治民一众,犹左书而右息之。不明于化,而欲变俗易教,犹朝揉轮而夕欲乘车。不明于决塞,而欲欧众

---

① 转引自李天虹《郭店楚简〈性自命出〉研究》,湖北教育出版社,2003,第147页。
② 赵法生:《心术还是心性?——〈性自命出〉心术观辨证》,《哲学研究》2017年第11期。
③ 参见林志鹏《宋钘学派遗著考论》,复旦大学出版社,2018,第237页。

移民，犹使水逆流。不明于心术，而欲行令于人，犹倍招而必拘之。不明于计数，而欲举大事，犹无舟楫而欲经于水险也。故曰：错仪画制，不知则，不可。论材审用，不知象，不可。和民一众，不知法，不可。变俗易教，不知化，不可。欧众移民，不知决塞，不可。布令必行，不知心术，不可。举事必成，不知计数，不可。①

作者通过列举法来解释什么是"心术"，把通常所谓的老实、忠诚、宽厚、施舍、度量、容让等品行，都归纳进"心术"的范畴内来理解。这显然还不是对"心术"做出一个严格意义上的定义。到了后半段，作者则是在强调"心术"的重要性。如果一个人不明晓"心术"，却想对人们发号施令，这就好比人背着靶子射箭而希望一定可以命中。所以颁布政令，想要实现令行禁止，必须要学会运用心术。不难看出，《七法》所谈论的"心术"，政治意味浓厚，视其为一种可供操持、运用的手段或工具。②

而《管子·心术上》则载：

心之在体，君之位也。九窍之有职，官之分也。耳目者，视听之官也。心而无与于视听之事，则官得守其分矣。夫心有欲者，物过而目不见，声至而耳不闻也。故曰：上离其道，下失其事。故曰：心术者，无为而制窍者也。故曰君。无代马走，无代鸟飞，此言不夺能，能不与下诚也。毋先物动者，摇者不定，趮者不静，言动之不可以观也。位者，谓其所立也。人主者立于阴。阴者静，故曰：动则失位。阴则能制阳矣，静则能制动矣，故曰：静乃自得。

这是《心术上》的一段解文，它用"心术"来注解"君"，认为掌握了心术就可以无为而治。"心"与"九窍"各有分职，"心"可以制"九窍"。也就是说，"心术"实际上是君主所应掌握的一种统治术，实现以静制动，不事事而功成。故张舜徽说："心术者，犹云主术也；君道也。篇

---

① 黎翔凤：《管子校注》，梁运华整理，中华书局，2004，第106~107页。
② 《淮南子·人间训》有："发一端，散无竟，周八极，总一莞，谓之心。见本而知末，观指而睹归，执一而应万，握要而治详，谓之术"，对于"心"与"术"分别给予训释，不妨将其放在这里作为参考材料。参见何宁《淮南子集释》，中华书局，1998，第1237页。

第二章 《管子》四篇的篇名意义

首开端即曰：'心之在体，君之位也。'不啻自释其题旨矣。"① "心术"就是君人南面之术，是一种君主考查、统御臣民之术。但它同时也是一种修养方法，这在《管子》四篇的其他文段里会有所论及。前者是要使君主能够遵循静因之道进行布政御人，后者的含义在于使人内心保持虚素清明的状态，因而这两方面含义也有其统一性。

通过以上这些列举和分析，说明了"心术"一词在先秦传布甚广，大凡儒、墨、道各家文献里多多少少都有使用。而真正将"心术"一词的意义发挥得淋漓尽致的，应该是战国中后期流行开来的黄老道家，使得"心术"一词越来越成为黄老道家的专用术语。

第二节 说"白心"

再来看"白心"。当谈到《白心》时，人们很容易想到《庄子·天下》中"不累于俗，不饰于物，不苟于人，不忮于众，愿天下之安宁以活民命，人我之养，毕足而止，以此白心。古之道术有在于是者，宋钘、尹文闻其风而悦之"②。但是，两个"白心"名同实异，不可不辨。《庄子·天下》所言的"白心"，"白"是作为一个动词，意为表白，"白心"就是表白心意。除此之外，没有更多的哲理内涵，它不是一个专门的学术术语。而《管子·白心》的"白"却是一个形容词，具有黄老道家的特定思想内涵，意谓当内心扫除造作智巧、不良情欲的干扰之后所具有的一种虚白状态。也就是对应《白心》中所讲的"去辩与巧"以及《管子·心术上》的"虚素""虚其欲""洁其宫"，或者类似于《庄子·人间世》中讲到的"虚室生白"。③ 王叔岷先生就认为，"白心，盖取《庄子·人间世篇》'虚室生白'之义。'虚室'，喻心"④。此外，《庄子·外篇·天地》中"机心存于胸中，则纯白不备。纯白不备，则神生不定。神生不定者，

---

① 张舜徽：《周秦道论发微 史学三书平议》，华中师范大学出版社，2005，第211页。
② （西晋）郭象注，（唐）成玄英疏《庄子注疏》，中华书局，2011，第561页。
③ （西晋）郭象注，（唐）成玄英疏《庄子注疏》，中华书局，2011，第82页。
④ 王叔岷：《先秦道法思想讲稿》，中华书局，2007，第154页。

道之所不载也"① 一句，也可以作为解释《管子》"白心"一词的注脚。

近来，学者林志鹏提出，"白心"观念的形成最早可以追溯到某种宗教仪式，用以祛除邪秽、清洁病疫。心是精神的宫室，当然也有清洁的必要。② 可备一说。又有学人注意到，上海博物馆藏战国楚竹书《彭祖》中的"远虑用素，心白身怿"③ 说和《管子》"白心"存在关联，有关情况可以参看周凤五先生的研究成果。④

"白"字是先秦道家或黄老道家常用的一个隐喻词，多用来形容人经过一番身心修炼得道所获得的一种心灵存在状态，可以译释为纯白或精白。除了上述所列举的几个辞例，还可见于《老子·第四十一章》：

上德若谷，大白若辱。⑤

再者，马王堆汉墓帛书《二三子问》：

能精能白，必为上客。能白能精，必为古正。以精白长众者，难得也。⑥

以及上海博物馆藏战国楚竹书《凡物流形》载：

闻之曰：心不胜心，大乱乃作；心如能胜心，是谓少彻。奚谓少彻？人白为执。奚以知其白？终身自若。能寡言乎？能一乎？夫此之谓少成。⑦

---

① （西晋）郭象注，（唐）成玄英疏《庄子注疏》，中华书局，2011，第235页。
② 参见林志鹏《宋钘学派遗著考论》，复旦大学出版社，2018，第240页。
③ 马承源主编《上海博物馆藏战国楚竹书（三）》，上海古籍出版社，2003，第307页。
④ 周凤五：《上海博物馆楚竹书〈彭祖〉重探》，载庆祝钱存训教授九五华诞学术论文集编辑委员会编著《南山论学集——钱存训先生九五生日纪念》，北京图书馆出版社，2006。
⑤ （魏）王弼注，楼宇烈校释《老子道德经注》，中华书局，2011，第115页。另按：黎翔凤认为，"'白心'之'白'，即《老子》'大白若辱'，心清静也"。参见黎翔凤《管子校注》，梁运华整理，中华书局，2004，第788页。
⑥ 参见裘锡圭主编《长沙马王堆汉墓简帛集成（三）》，中华书局，2014，第3~162页。
⑦ 参见马承源主编《上海博物馆藏战国楚竹书（七）》，上海古籍出版社，2008，第221~300页。

在这些道家或黄老道家文献里,"白"字的出现无一不与"心"联系在一起,《管子》四篇"白心"一词的用法和意义大概也是处在这一思想脉络里。

第三节 说"内业"

说起《管子》"内业",很多人都会想到《汉书·艺文志》在"儒家"类目下著录有"《内业》十五篇",可惜后者已经亡佚,今不得见。那么,这二者是否存在关联?历来学者说法不一。清人马国翰认为,"《内业》一卷,周管夷吾述。《汉志》儒家有《内业》十五篇,注不知作书者,《隋唐志》皆不著录,佚已久。考《管子》第四十九篇标题《内业》皆发明大道之蕴旨,与他篇不同类,盖古有成书而《管子》述之。案《汉志·孝经》十一家有《弟子职》一篇,今亦在《管子》第五十九。以此例推,知皆诵述前人,故此篇在区言五,《弟子职》在杂篇十,明非《管子》所自作也。兹据补录,仍釐为十五篇,以合《汉志》,不题姓名,缺疑也。"① 马国翰以《管子·内业》就是《汉书·艺文志》中所著录的"《内业》十五篇"。

在马国翰之前,则有宋人王应麟为之倡言,他在《汉艺文志考证》中说:"《管子》有《内业篇》,此书恐亦其类。"② 马国翰之后,还有梁启超在《汉书艺文志诸子略考释》中主张:"《管子》书乃战国末人杂掇群书而成,《内业篇》纯属儒家言,当即此十五篇中之一篇。"③

将《管子》的《内业》篇与《汉书·艺文志》的《内业》视为同一篇文章,大概是事出有因。因为今天所能见到的《管子·内业》多儒家之言,是《管子》四篇中儒家思想色彩最为浓烈的一篇,由此引发了学人的联想和猜测。比如,张舜徽就说《内业》"与《管子》书中《心术》上下

---

① (清)马国翰:《玉函山房辑佚书》(第4册),广陵书社,2004,第2507页。
② (宋)王应麟:《汉制考 汉艺文志考证》,张三夕、杨毅点校,中华书局,2011,第202页。
③ 梁启超:《中国近三百年学术史 汉书艺文志诸子略考释》,载《饮冰室合集》(第10册),中华书局,1989,第10页。

及《白心篇》，实相表里，皆为君道而发……其间精义要旨，足与道德五千言相发明……孔子之言主术，亦无远于道德之论。则《汉志》儒家有《内业》，不足怪也"①。而马非百还专门对《管子·内业》的儒家思想做了一番析绎，他说《内业》"也有和《孟子》《大学》《中庸》互相雷同的地方，但意义却不尽一致。《孟子》言'万物皆备于我'，'是非由外铄我也，我自有之也'，本篇则言'万物备存'，只是'抟气如神'的结果，乃自'外来'而非'固有'。《大学》'定'先于'静'，本篇则'静'先于'定'。和《中庸》相雷同的地方特多。但《中庸》言'道'是抽象的，而本篇的'道'，则指'精气'而言，是具体的。《大学》引用过《秦誓》，证明是秦人的著作。《中庸》则迟至秦始皇统一之后才成书，（书中言'今天下车同轨，书同文，行同伦'云云，又提到华山，便是一证。）这样，本篇和《孟子》《大学》《中庸》，也有个谁抄谁的问题！篇中又提到'止怒莫若诗，去忧莫若乐，节乐莫若礼，守礼莫若敬，守敬莫若静。'比《心术》下多了'止怒莫若诗'和'守敬莫若静'二句。说明本篇所受儒家思想之影响比《心术》下更深。基于以上论述，我初步认为本篇是用道家的唯物主义观点来对《孟子》《大学》《中庸》加以改造的。因此，它的著成年代，应当在《孟子》《大学》《中庸》等书之后"②。《管子·内业》与儒家存在思想相似性诚其然也，但是尚未见有确凿无疑的证据可以证明它就是《汉书·艺文志》所著录的"《内业》十五篇"或只是其中一部分。

也因此，我们同样可以找出《管子·内业》中与儒家思想迥然有别的地方，证明它不是《汉书·艺文志》"《内业》十五篇"。林志鹏就通过比对儒简《性自命出》与《管子·内业》有关"内业"的思想旨趣，发现二者间的差异，进而提出反对意见，认为《管子·内业》与儒家类的《内业》十五篇不是一回事。他说："在《性自命出》中'内业'与'美情''性善''德''道'等并举，偏重内在的含意，与《内业》以精气说为基础，主张内外兼修，意旨迥异。从这点来看，颇令人怀疑《管子·内业》应非《汉志》儒家类的《内业》十五篇，而儒家《内业》佚书可能即子

---

① 张舜徽：《汉书艺文志通释》，湖北教育出版社，1990，第 262~263 页。
② 马非百：《〈管子·内业〉篇之精神学说及其他》，《管子学刊》1988 年第 4 期。

第二章 《管子》四篇的篇名意义

思一派学者所作。"①

以上两种不同意见都是悬而未决,难以完全说服人。事实上,两个文本或图书同名并不一定说明二者就是同一的,先秦文献中存在同名的现象并不少见。有图书情报方面的学者专门做过统计,发现"《孟子》《荀子》《董子》《庄子》《景子》《吴子》《商子》《田子》《鹖子》《刘子》《桓子》《张子》《韩子》《徐子》《墨子》《毛公》《王孙子》《容成子》《鹖冠子》《尉缭子》《淮南子》《平原君》《太玄经》等各有 2 种;《贾子》《苏子》《务成子》等各有 3 种,《邹子》《李子》各有 4 种,《孙子》有 5 种,《公孙子》有 7 种"②。这是学人所得到的先秦两汉时期的一个基本情况,而其后魏晋南北朝时期同名异书的现象更是普遍。古时图书信息不灵通,书籍流传不广,可供学人翻检的图书目录类书籍又毕竟有限,一般人难以完全掌握整个国家的图书目录,也就容易造成书名、题名的雷同。

当然,还有一种来自顾实所提供的可能性,即"《管子》有《内业篇》,古书多重复,或此书包彼书也"③。即两个文本同名而内容有部分重复,既不能说它们完全是同一的,也不能说它们完全无关。

再者,正如上文提到郭店儒简《性自命出》出现有"独处而乐,有内业者也"④,说明"内业"一词并不是《管子》四篇的专利品,其他学派或文献里如果也有使用它,并不奇怪。

《汉书·艺文志》记载有儒家类《内业》十五篇,与今天可以看到的《管子·内业》同名,这至少反映了当时儒道交融的实况,恰恰能够说明《管子·内业》受到了儒家思想的影响。至于二者是不是一回事,因为《汉书·艺文志》没有更多的载述,我们不得确知,也就不敢妄加判断。

在上文中,我们花费了较多的篇幅讨论了《内业》的由来及其与《汉书·艺文志》"《内业》十五篇"的可能关系。最后还想再说明下"内业"的基本意义。在张舜徽看来,"内犹心也,业犹术也。名篇既与《心术》

---

① 林志鹏:《宋钘学派遗著考论》,复旦大学出版社,2018,第 197 页。
② 马刘凤:《古籍同书异名与同名异书原因探析》,《图书馆理论与实践》2013 年第 10 期。
③ 顾实:《汉书艺文志讲疏》,广文书局,1970,第 105 页。
④ 释文参考周凤五之说。参见周凤五《上海博物馆楚竹书〈彭祖〉重探》,载庆祝钱存训教授九五华诞学术论文集编辑委员会编著《南山论学集——钱存训先生九五生日纪念》,北京图书馆出版社,2006,第 15 页。

义近，故所言亦表里相依"[1]。但是若进入到具体文本中做一番细究，可以发现《内业》偏重于治身问题，《心术上》则侧重于讲治国问题。[2] 所以，赵守正说："《内业》的意思即是内在成就。它涉及个体修身养性，保持精气的功夫……尽管该书作者指出适当饮食、运动的重要性，最根本、最着眼处完全在于内心。因此，他称之为《内业》。"[3] 总之，"内业"主要是指内心的修养，包括如何修心聚气，如何心形双修、形德交养，以及如何节制欲望和保持正静等功夫。这些思想命题在后世有着深远的影响。

第四节 结论

探讨作为篇名的"心术""白心""内业"三者之意义，一方面要将其放在纵向的先秦思想史里加以审视，寻绎其来龙去脉，发掘其思想渊源，冀能索其背后的深层意涵。另一方面则是要结合《管子》四篇本身的文本语境、思想内涵来加以理解和把握，进行语义分析，明白其被拣择立为篇名的取义和指向。

经过上面的一番探究，我们大致可以得到如下几方面的认识。其一，围绕"心术""白心""内业"等术语所产生的思想议题，构成了先秦儒、道思想交锋、渗透、融合的重点，其中所反映出的思想关联性并不是单线的，而是交错。其二，"心术""白心""内业"并不是简单的一组名词，而是蕴含有丰富哲学意义的术语，是带有一定学派特征的话语。其三，"心术""白心""内业"的基本语义和内涵都与"心"有关，并且他们把"心"形象地理解成一种馆舍或容器。这是理解《管子》四篇思想特色的一个重要侧面。

---

[1] 张舜徽：《周秦道论发微 史学三书平议》，华中师范大学出版社，2005，第304页。
[2] 当然，治身与治国本是黄老思想的一体两面，也就是《庄子》所说的"内圣外王"。
[3] 赵守正：《管子通解》，北京经济学院出版社，1989，第121页。

第三章 《管子》四篇的一体性

要研究《管子》四篇，一个前置性的条件是必须论证或承认《心术上》《心术下》《白心》《内业》四篇是成为一体的。否则，这四篇就无法统一地成为被研究的对象，其他一些内在的探讨也都将失去意义。而这种一体性可以是多方面的，比如四篇是在一个相对集中的时间内出自同一作者之手、四篇之间的思想存在较强的耦合性、四篇的旨趣贯注着某一学派的主要思想倾向等。

为什么一体性在《管子》四篇这里成为一个问题？首先是由于这四篇所处的文献丛环境——《管子》是由涉及政治、经济、哲学、军事等各类话题的材料集合而成的，各个篇章的属性可能具有较大的差异。因而要将这四篇单独拎出来加以研究，无论如何都是要十分谨慎小心的。

那么，《管子》四篇是不是成为一体的？学界对此的答案并不都是肯定的。在这之中，反面的声音尤其需要我们加以关注和回应。

第一节 反面的声音及其回应

《心术上》《心术下》《白心》《内业》四篇在《管子》中的篇章分布未能集中在一起，而且"《管子》四篇"概念的提出及其研究，也主要是近几十年间的事情。从"《管子》四篇"概念出现之初，它就可能面对着反面的质疑。它们如何能从《管子》七十六篇中抽离出来，成为一个独立的、自成一体的文本群？在这方面，提出反对性意见并具有代表性的主要有祝瑞开、朱伯崑、杨儒宾等人，分述如下。

祝瑞开教授认为，《管子》四篇中"表达了两种不同而且针锋相对的观点，其中《心术上》《白心》是一派，《心术下》《内业》是又一派。战国时同类著作区别上、下，往往表示学派内的不同派别。《心术上、下》可能是经文，而《白心》《内业》，则可能分别是其说文"①。他进而展开具体的论说，指出《心术上》派的得道之方在于"虚"，《心术下》派的得道之方则在于"精气"。二者在社会政治观上亦有所不同，前者主张无为之治、臣治、法治，后者则倡导神明之治、君治、礼治。他还认为，《心术上》《白心》体现了道家与法家的结合，而《心术下》《内业》则是道家与儒家的结合。②

可是，《心术上》分明在说："虚其欲，神将入舍。扫除不洁，神乃留处。""神"指的就是"精气"。那么，得道之方也就是通过"虚"达致"精气"的留存，实际上与《心术下》所讲的得道之方是一回事。《心术下》："是故曰：无以物乱官，毋以官乱心，此之谓内德。是故意气定然后反正。气者，身之充也。行者，正之义也。充不美，则心不得。行不正，则民不服。"《心术上》侧重讲要排除情欲、思绪的负面性干扰，实现"虚"的状态。在此基础上，《心术下》则讲要以正面性的精气充实身心。《心术》上、下一反一正，一虚一实，恰成相互呼应。

至于两者在社会政治观上的差别，并不是枘凿冰炭，完全不能相容，只是在论述中各有偏重罢了。黄老道家本身就是一个吸收、容纳较多思想成分的流派，我们不能期望它前后思想是单线条的、一成不变的。同样的，对于《管子》四篇也是如此。

在今天所见到的刘向编订的《管子》中，《心术上》《心术下》《白心》三篇毗邻相连，而《内业》则与之远隔开来。朱伯崑在谈到《管子》四篇的一体性问题时就说："《心术》《白心》既谈养生，又谈刑名，而《内业》只谈养生，不谈刑名。据此，不能将此四篇混为一谈。《管子》一书的编者，将《心术》上、下和《白心》编为一组，同《内业》区别开

---

① 祝瑞开：《先秦社会和诸子思想新探》，福建人民出版社，1981，第192页。
② 参见祝瑞开《先秦社会和诸子思想新探》，福建人民出版社，1981，第193~200页。

第三章 《管子》四篇的一体性

来,是有眼力的。"① 朱伯崑从《管子》篇章的分合以及四篇中的主要思想构成出发,主张将《心术上》《心术下》《白心》三者与《内业》相区分开来。笔者以为,刘向编订的次序也可能带有主观上的个人意图,不一定是作为内在思想联系性的文本秩序本身,故以此来考察《管子》四篇的一体性,是不足为据的。

中国台湾学者杨儒宾在《管子》四篇一体性问题上经历了一番转折,他说:"笔者原来也接受'《管子》四篇'的提法,但目前则较接受一种逐渐扩散的论点,这种论点主张《管子》四篇的内容并不是同质的,它至少可分为两组,其中《内业篇》或《内业》加上《心术下》两篇可视为独立的单元,它们的思想与《白心》《心术上》不同。"② 他还在《论〈管子〉四篇的学派归属问题——一个孟子学的观点》中主张《心术上》《白心》属于早期黄老学派的作品,《心术下》《内业》则是孟子后学所作。

对《管子》四篇的一体性提出质疑的主要是以上三家,更多的研究者倾向于把四篇看成是具有内在关联性的一组材料。最早者有宋代张嵲、晁公武等,③ 晚近对先秦诸子学派问题的探究以及中国哲学史上一些哲学议题的旁涉,唤起了人们对《管子》四篇的再一次关注,意识到其独特性。比如知名黄老学专家陈丽桂说:"在今本《管子》八十六篇中,《心术上、下》《白心》《内业》等四章是较为特殊的篇章。这四篇一方面弥漫着浓厚的唯物主义色彩,另一方面又充满道、法融合的气味。"④

他们有的还从学派属性、思想特征、价值旨趣等方面去研析,找到《心术上》《心术下》《白心》《内业》四篇之间存在的同质性与关联性,以证成《管子》四篇的一体性。在下一节中,我们将对这一问题做出正面的说明和论证。

---

① 朱伯崑:《再论〈管子〉四篇》,《朱伯崑论著》,沈阳出版社,1998,第435页。
② 杨儒宾:《儒家身体观》,上海古籍出版社,2019,第235页。关于这一问题,杨儒宾有专文加以详细论说,参见杨儒宾《论〈管子〉四篇的学派归属问题——一个孟子学的观点》,《鹅湖学志》1994年第13期。
③ 参见黎翔凤《管子校注》,梁运华整理,中华书局,2004,第1544页;司马朝军编撰《四库全书总目精华录》,武汉大学出版社,2008,第448页。
④ 陈丽桂:《战国时期的黄老思想》,联经出版事业股份有限公司,1991,第113页。

第二节 《管子》四篇一体性之理据

《管子》四篇的一体性构成了本书研究得以展开的重要前提。在对几个反对性意见做出回应之后,我们还应该从正面入手,提出《管子》四篇具有一体性的理由和根据。

我们应当看到《心术上》《心术下》《白心》《内业》这四篇在《管子》七十六篇中是比较特殊的。此四篇特别重视心性问题与形上学问题的探讨,这是其他篇目所无法比拟的。《宙合》《枢言》虽亦有所涉及,但终究不如《管子》四篇这般深入、明达。尤其是《心术》分为上、下两篇,使人更加确信它们是同一个体系的分篇,而非互不隶属、各自孤立的。

思想的表达必须借助于一定的范畴和命题。如果几个部分是构成一个思想整体的,那么它们除所运用的核心范畴必然存在诸多相同外,所关切的主要思想命题也必然可以相互映衬。再者,几个部分在文字使用、语句表达上也有可能存在蛛丝马迹,可以看出它们是出于具有相当同等知识水平与表达习惯的人员。如果它们的篇章取名能够透露出思想取向上的一致性,则更能说明问题。上述这些常识性、规律性认识,成为探讨某些篇章具有一体性的入手处。

之所以说《管子》四篇能够成为一个思想整体,主要是基于以下几方面的理由,分别论述如下。

第一,《管子》四篇篇名都是关乎内在性的。篇名是我们进入《管子》四篇的第一道门,是一个思想文本给予读者的第一印象,篇名往往能够概括性地反映文本的主要内容。关于《管子》四篇篇名的主要含义,我们在第二章中已有详细的讨论,在此我们主要申说其内在性问题。

《管子·白心》:"内固之一,可为长久。论而用之,可以为天下王。"唐代尹知章注云:"既固于心,度时论用,如此,可以为天下王。"[1] 可见,"内"字可训为"心"之义。所以"内业"意即"心之业",可以看成是"心术"的另外一种表达式。张舜徽也说:"内犹心也,业犹术也。名篇既

---

[1] 黎翔凤:《管子校注》,梁运华整理,中华书局,2004,第807页。

第三章 《管子》四篇的一体性

与《心术》义近，故所言亦表里相依。"① 无论是"内业"之"内"，还是"心术""白心"的"心"，它们都指向一种向内的心灵世界，体现对内在性的关注。

如果仅从篇名的字词上来讲还比较抽象，理由也略显单薄，那么我们就进入这四篇的具体内容中，看是不是也是如此。且见下面四段文字：

虚其欲，神将入舍。扫除不洁，神乃留处……天曰虚，地曰静，乃不伐。洁其宫，开其门，去私毋言，神明若存。纷乎其若乱，静之而自治。（《心术上》）

形不正者德不来，中不精者心不治。正形饰德，万物毕得。翼然自来，神莫知其极。昭知天下，通于四极。是故曰：无以物乱官，毋以官乱心，此之谓内德。是故意气定然后反正。气者，身之充也。行者，正之义也。充不美，则心不得。行不正，则民不服……岂无利事哉？我无利心。岂无安处哉？我无安心。心之中又有心。意以先言，意然后形，形然后思，思然后知。凡心之形，过知失生。是故内聚以为原。泉之不竭，表里遂通。泉之不涸，四支坚固。（《心术下》）

故曰：有中有中，孰能得夫中之衷乎？……内固之一，可为长久。论而用之，可以为天下王……故曰：欲爱吾身，先知吾情。君亲六合，以考内身。以此知象，乃知行情。既知行情，乃知养生。左右前后，周而复所。执仪服象，敬迎来者。今夫来者，必道其道。无迁无衍，命乃长久。和以反中，形性相葆。一以无贰，是谓知道。（《白心》）

凡心之刑，自充自盈，自生自成。其所以失之，必以忧乐喜怒欲利。能去忧乐喜怒欲利，心乃反济。彼心之情，利安以宁。勿烦勿乱，和乃自成。折折乎如在于侧，忽忽乎如将不得，渺渺乎如穷无极。此稽不远，日用其德……凡道无所，善心安爱，心静气理，道乃可止……定心在中，耳目聪明。四枝坚固，可以为精舍。（《内业》）

上述文字很明白地向我们展示《管子》四篇已经形成了一个相对集中的论说域，那就是朝向内在世界，注重内心的调节、清洁与修养，从而能

---

① 张舜徽：《周秦道论发微 史学三书平议》，华中师范大学出版社，2005，第304页。

够使精气充满、身体坚固、明白四达,进而可以得道。我们可以说,"心术"的实质性内涵就是"内业",修养内心之业目的是成就内心之术。而"白心"之义亦复如是。

在现代新儒家的代表性人物中,徐复观、唐君毅均曾从《管子》四篇的篇名着眼,进而深入四篇的具体内容加以分析阐释,形成了诸多非常精彩的论述,很值得一读。徐复观在《中国人性论史·先秦篇》中是这样说的:"《管子》一书中的《心术》、《内业》诸篇,因儒道两家的互相影响,而将心的把握向前推进了一步。从人性论上,通儒道两家之邮,与以后之人性论以影响。这亦可另称一派。"① 他还说:"《管子》书中的《心术上》第三十六,《心术下》第三十七,及《内业》第四十九,也是在'心'上找人生的根据;这应算是战国末期道家思想中的另一支派。此一支派的最大特色为受了儒家更多的影响。"②

而唐君毅则在《中国哲学原论》中指出:"《管子》书中各篇,成书在何时初不易定,叶水心谓此书'汉初学者,讲习尤盛;贾谊、晁错,以为经本'。则此书当是晚周及秦汉之际之书。其中之《心术》《内业》二篇,则多兼申老庄之义,而非只解老庄,而其特重养心之术,名为《内业》,即别于外业。此可谓为意在建立一道家内心之学者。"③ 徐、唐二人的见地是深刻的,有心的读者可以仔细玩味下,乃能有所得。

第二,《管子》四篇之间存在文本上的混同、相似现象。历来研究《管子》四篇的学者都会注意到,四篇之间存在诸多文段的雷同或近似的地方,尤其是《心术下》与《内业》两篇之间。他们也尝试从多个方面去解释这种现象产生的原因,比如底本与副本的关系、错简的缘故、同一本师不同弟子的抄录等。但无论实际原因为何,当我们在面对这些大量的混同文字时,恐怕都不能将其单独看待,亦不能视其相互之间是没有丝毫联系的。

为方便读者比对查看,我们将《心术下》与《内业》两篇的相关混同文字以表格形式抄录如下。

---

① 徐复观:《中国人性论史·先秦篇》,上海三联书店,2001,第 371 页。
② 徐复观:《中国人性论史·先秦篇》,上海三联书店,2001,第 396 页。
③ 唐君毅:《中国哲学原论·原道篇》,中国社会科学出版社,2006,第 236 页。

第三章 《管子》四篇的一体性

表 3-1 《心术下》与《内业》两篇的比较

	《心术下》	《内业》
1	形不正者德不来，中不精者心不治。正形饰德，万物毕得。翼然自来，神莫知其极。昭知天下，通于四极。是故曰：无以物乱官，毋以官乱心，此之谓内德。	形不正，德不来。中不静，心不治。正形摄德，天仁地义，则淫然而自至。神明之极，照乎知万物，中守不忒。不以物乱官，不以官乱心，是谓中得。
2	专于意，一于心，耳目端，知远之证。	四体既正，血气既静，一意抟心，耳目不淫，虽远若近。
3	能专乎？能一乎？能毋卜筮而知凶吉乎？能止乎？能已乎？能毋问于人而自得之于己乎？故曰：思之思之。不得，鬼神教之。非鬼神之力也，其精气之极也。	能抟乎？能一乎？能无卜筮而知吉凶乎？能止乎？能已乎？能勿求诸人而得之己乎？思之思之，又重思之。思之而不通，鬼神将通之。非鬼神之力也，精气之极也。
4	一气能变曰精，一事能变曰智。慕选者，所以等事也。极变者，所以应物也。慕选而不乱，极变而不烦，执一之君子，执一而不失，能君万物。日月之与同光，天地之与同理。圣人裁物，不为物使。心安是国安也，心治是国治也。治也者，心也。安也者，心也。治心在于中，治言出于口，治事加于民，故功作而民从，则百姓治矣。	一物能化谓之神，一事能变谓之智。化不易气，变不易智，惟执一之君子能为此乎？执一不失，能君万物。君子使物，不为物使，得一之理。治心在于中，治言出于口，治事加于人，然则天下治矣。
5	人能正静者，筋肕而骨强。能戴大圆者，体乎大方。镜大清者，视乎大明。正静不失，日新其德，昭知天下，通于四极。	人能正静，皮肤裕宽，耳目聪明，筋信而骨强。乃能戴大圜而履大方，鉴于大清，视于大明。敬慎无忒，日新其德，遍知天下，穷于四极。
6	全心在中不可匿，外见于形，可知于颜色。善气迎人，亲如弟兄。恶气迎人，害于戈兵。不言之言，闻于雷鼓。全心之形，明于日月，察于父母。昔者明王之爱天下，故天下可附。暴王之恶天下，故天下可离。故赏之不足以为爱，刑之不足以为恶。赏者，爱之末也；刑者，恶之末也。	全心在中，不可蔽匿。和于形容，见于肤色。善气迎人，亲于弟兄。恶气迎人，害于戎兵。不言之声，疾于雷鼓。心气之形，明于日月，察于父母。赏不足以劝善，刑不足以惩过。
7	凡民之生也，必以正平。所以失之者，必以喜乐哀怒。节怒莫若乐，节乐莫若礼，守礼莫若敬。外敬而内静者，必反其性。	凡人之生也，必以平正。所以失之，必以喜怒忧患。是故止怒莫若诗，去忧莫若乐，节乐莫若礼，守礼莫若敬，守敬莫若静。内静外敬，能反其性，性将大定。
8	心之中又有心。意以先言，意然后形，形然后思，思然后知。	心以藏心，心之中又有心焉。彼心之心，意以先言。意然后形，形然后言，言然后使，使然后治。

《管子》四篇研究

续表

	《心术下》	《内业》
9	凡心之形,过知失生。是故内聚以为原。泉之不竭,表里遂通。泉之不涸,四支坚固。能令用之,被服四固。	精存自生,其外安荣。内藏以为泉原,浩然和平,以为气渊。渊之不涸,四体乃固。泉之不竭,九窍遂通。乃能穷天地,被四海。
10	是故圣人一言解之。上察于天,下察于地。	道满天下,普在民所,民不能知也。一言之解,上察于天,下极于地,蟠满九州。

在《心术下》与《内业》不长的篇幅里,竟然有多达十处的混同文字! 它们有的完全雷同,有的则是存在部分相似,有的则是此对彼的引申发挥。无论如何,都表明着它们之间存在紧密的联系。

至于《心术下》与《内业》到底是一种怎样的关系,是《心术下》仿抄《内业》,还是《内业》因袭《心术下》? 对此,郭沫若曾提出一番看法:

> 《心术下篇》是《内业篇》的副本,这是我的一个副次的发现。我曾经把《内业》来做底本,把《心术下篇》和它相同的节段比附上去,便发现了除一首一尾无可比附之外,《心术下篇》只是《内业篇》的中段,而次序是紊乱了的。依着《内业》所得的新次序,比原有的次序读起来更成条贯。因此,可知《心术下篇》只是《内业》的另一种不全的底本,因为脱简的原故,不仅失掉了首尾,而且把次第都错乱了。①

对于郭沫若的意见,我们在此持保留态度。在没有发现确凿的证据之前,未敢多置一词。但可以肯定的是,我们在研读《心术下》《内业》任何一篇时,是无法将另外一篇割裂开,必须要互相参照着读才可以。

由于《心术》分上、下两篇,人们很容易将这两篇等量齐观,联系在一起看待。以上、下分篇,是先秦文献中的常见现象。比如《孟子》一书有《梁惠王上、下》《告子上、下》,《韩非子》一书有《说林上、下》《内储说上、下》,《墨子》一书则有《尚同上、中、下》《兼爱上、中、下》《天志上、中、下》。然而,篇名虽分上、下,但二者实际上是可以看

---

① 郭沫若:《宋钘尹文遗著考》,《青铜时代》,中国人民大学出版社,2005,第189页。

第三章 《管子》四篇的一体性

成为一个整体，其中论说的内容是相对集中的。因此，很少有人会去否定《心术》上、下之间的联系性。而前证《心术下》与《内业》存在诸多文本上的混同、相似现象，这又让《心术上》与《心术下》《内业》沟通、联系在一起了。

其实，《白心》也存在与《心术下》《内业》相似的文段。比如，《白心》中提到"故曰：有中有中。孰能得夫中之衷乎？"这与《心术下》"心之中又有心"、《内业》"心以藏心，心之中又有心焉"是貌异神合的。《白心》中雷同的文段虽然不多，但它更多是在思想义理层面与《心术上》《心术下》《内业》相通相联。关于这一点，我们将在下文专门加以论述。

通过以上分析，我们可以看出《心术上》《心术下》《白心》《内业》在文本段落与思想内容上是连环相扣、成为一体的。其中存在文段的雷同、相似绝不是一种巧合现象，它们可能表征着该文本创作者、创作过程、创作思路等诸多属性的密切关联。

第三，《管子》四篇的思想表达具有共同的核心范畴。《管子》四篇之间不仅有文段上的相似雷同，还有一些共同的核心范畴。从事思想史研究的学人都知道，一种思想的表达必然是要借助于一系列的范畴，并由范畴产生思想命题，组合成思想体系。范畴是某一学派、某一思想群体进行思想创造与表达的基本元素，范畴中蕴含着该思想流派的一些思想特色、价值旨趣。因此，可以通过核心范畴的归纳、比对，去探究《管子》四篇之间是否存在着一定的联系。

在表3-2里，我们标注了《管子》四篇核心范畴的出现次数，这些核心范畴在《心术上》《心术下》《白心》《内业》各篇中都有所出现，并且出现频率还比较高。

表3-2 《管子》四篇核心范畴的出现次数

单位：次

核心范畴	《心术上》	《心术下》	《白心》	《内业》
精气	4	3	2	11
道	26	3	11	22
心	9	16	1	35
静	11	3	1	11

在表 3-2 中所列的核心范畴中，"道"的出现最普遍，这也在意料之中；① 而"精气"的出现则最具特色，成为《管子》四篇思想的一个标志性符号。②"心""静"等范畴在《管子》四篇中都有不同程度地出现。基于共同的范畴，某种程度上会形成思想视域的交融，产生一定的思想联系。这为《心术上》《心术下》《白心》《内业》之间产生联系性提供一定的理论依据。

第四，《管子》四篇主要思想命题存在联系与相通。有了前面三个步骤的探讨作为基础，我们可以进一步深入到《管子》四篇相关思想命题的分析中。思想命题是用来判断《管子》四篇是否具有一体性之最为直接、最为根本的方式，它影响到《管子》四篇的整体面貌。如果我们把范畴比作一个思想体系的细胞，那么命题就应该是这一思想体系的器官组织，它直接决定了这一思想体系的功能发挥。借助于相关思想命题，某一思想体系才得以传达自身的思想内容，表现自身独特的思想旨趣，并构筑起具有内在统一性的思想形态。而思想命题的联系与相通是深入肌理的，这对于《管子》四篇的哲学阐释具有可能性更为重要。同时，对于《管子》四篇哲学思想的体系化建构也是关键的一步。

《管子》四篇中包含有很多思想命题，并且具有鲜明的黄老学之特色，比如有：道论、精气说、心论、因循论、名法思想、礼论、虚静说等。我们通过分析发现，《管子》四篇的许多思想观念相涉很深，对于一些问题的处理方式具有共同点，同一思想命题在《心术上》《心术下》《白心》《内业》中都有不同程度、不同角度的阐说，并且几大思想命题在《管子》四篇这一文本群中形成了内在联系与呼应。

为了分析上的方便起见，我们先从"道"与"精气"两大方面出发，进而旁及其他思想命题。

《心术上》的解文说："世人之所职者，精也。去欲则宣，宣则静矣。静则精，精则独立矣。独则明，明则神矣。神者，至贵也。故馆不辟除，

---

① 王叔岷曾说过："《管子》书内容驳杂，而《汉志》列之于道家，盖由《心术上、下篇》《白心篇》《内业篇》皆深受老、庄思想之影响。"王叔岷的说法在某种意义上可以解释《管子》四篇"道"的范畴为何会成为高频词，即四篇有一个共同的思想源头，对其浇溉之、影响之。参见王叔岷《先秦道法思想讲稿》，中华书局，2007，第 152 页。
② 如果我们联系先秦思想史上相关哲学范畴、命题，越能发觉《管子》四篇精气说在其中所具有的独特性。

则贵人不舍焉。故曰：'不洁则神不处。'"认为人们所禀赋的精气是用来维系生命的，通过扫除不当的情欲、虑念，可以使精气留驻。这是延续了《内业》精气论的观念，《内业》："凡物之精，此则为生。下生五谷，上为列星。流于天地之间，谓之鬼神。藏于胸中，谓之圣人……有神自在身，一往一来，莫之能思。失之必乱，得之必治。敬除其舍，精将自来。精想思之，宁念治之，严容畏敬，精将至定。得之而勿舍，耳目不淫。心无他图，正心在中，万物得度。"可以说，《心术上》《内业》在精气说上的论述是交相辉映的。

《心术上》的经文说："道不远而难极也，与人并处而难得也。虚其欲，神将入舍。扫除不洁，神乃留处……天曰虚，地曰静，乃不伐。洁其宫，开其门，去私毋言，神明若存。纷乎其若乱，静之而自治。"《心术上》很大一部分内容是在讲君王治理国家应当遵循"道"，看似在转向另外一个不同的论域。但其对"道"的描摹却带有浓厚的精气说色彩，实与《内业》的相关思想一脉相承。确切地说，精气观念依然是《心术上》把握得道之方的入手处，即通过"虚其欲""扫除不洁"，达致"神将入舍""神乃留处"。《心术上》强调虚欲可以让精气留存，从而得道。虽然"虚"的观念是《内业》所没有的，但这可以看成是《心术上》对《内业》精气说的进一步延伸与阐释。

此外，《心术上》行文中有关"精""神""神明"的表述实际上是因袭《内业》的"精气"。因为《内业》也有"神"的说法，例如"有神自在身，一往一来，莫之能思。失之必乱，得之必治。敬除其舍，精将自来"。在这段话里，"神"指的就是"精气"。再比如《内业》："一物能化谓之神，一事能变谓之智。化不易气，变不易智，惟执一之君子能为此乎。"所谓"一"就是"道"，"道""神""精气"处在同一个语脉里，为我们明示了它们所具有的相同含义。

而《心术下》的精彩处在于以"德"论"道"，将抽象渺远的"道"落实下来。《心术下》："无以物乱官，毋以官乱心，此之谓内德。是故意气定然后反正。气者，身之充也。行者，正之义也。充不美，则心不得。行不正，则民不服。是故圣人若天然，无私覆也。若地然，无私载也。私者，乱天下者也。"所谓"意气定""充美""行正""民服""无私"是圣人体道之后的"内德"。其中，《心术下》有关圣人"无私"的说法，在《心术上》也能找到对应的表述,即"去私毋言,神明若存",它们都在强调去私才能留驻精气,这是对天地之道的一种效法。

那么,《白心》是如何论"道"的呢?《白心》载:

> 天或维之,地或载之。天莫之维,则天以坠矣。地莫之载,则地以沉矣。夫天不坠,地不沉,夫或维而载之也夫。又况于人,人有治之。辟之若夫雷鼓之动也。夫不能自摇者,夫或摇之。夫或者何,若然者也。视则不见,听则不闻。洒乎天下满,不见其塞。集于颜色,知于肌肤。责其往来,莫知其时。薄乎其方也,韕乎其圆也,韕韕乎莫得其门。故口为声也,耳为听也,目有视也,手有指也,足有履也,事物有所比也。当生者生,当死者死。言有西有东,各死其乡。

又云:

> 道之大如天,其广如地,其重如石,其轻如羽。民之所以知者寡。故曰:何道之近,而莫之与能服也。弃近而就远,何以费力也?故曰:欲爱吾身,先知吾情。君亲六合,以考内身。以此知象,乃知行情。既知行情,乃知养生。左右前后,周而复所。执仪服象,敬迎来者。今夫来者,必道其道。无迁无衍,命乃长久。和以反中,形性相葆。一以无贰,是谓知道。将欲服之,必一其端,而固其所守。责其往来,莫知其时。索之于天,与之为期。不失其期,乃能得之。故曰:吾语若大明之极。大明之明,非爱人不予也。同则相从,反则相距也。吾察反相距,吾以故知古从之同也。

透过上文可以看出,《白心》一方面讲论无形之道主宰世界,另一方面探讨如何使心与道合,这依然是在《心术上》《心术下》《内业》的思想脉络下所进行的思考。只是《白心》有关"心"的阐述寥寥,仅见于上面一处。从大的方面来讲,《心术下》《内业》在道论之下侧重谈心论、精气论,《心术上》《白心》则是在道论之下着重讲"名""法"之思想。前者向内穷究道论,后者则是向外推演道论,内圣与外王、治身与治国联璧,正好形成呼应,凸显了作为黄老之学的思想特征。

另外，《心术上》《心术下》集中谈论了因循思想，而《白心》则在此基础上径直讲"名""法"，后者构成了因循思想的具体应用之方。我们不能因为《白心》讲了"名""法"，而没有讲到"因循"，就认为《白心》与《心术上》《心术下》是割裂开的。而应该看到其各自进行思想叙述的侧重点，以及相互之间存在的思想逻辑。

最后，我们想借用知名黄老学研究专家丁原明的一段话来结束本部分的探讨，他说："而在《管子》书中，真正构成黄老学体系的就是我们前面提到的《心术》上下、《白心》、《内业》四篇，它们从综合稷下黄老学的视界对其作了比较系统的阐述。尽管这四篇中每篇的内容各有侧重，但其哲学观点大体相同，诸如修养内心、保蓄精气、抱虚守静、排除嗜欲与成见等，几乎为它们所共同论及；并且其基调则讲治身与治国、内治与外治的统一，从特定层面对原始道家的内在结构进行了调整，将其指向了入世的领域。因此，《心术》等四篇应是稷下黄老学的代表作，不管它们出自谁人之手，但都属于同一个思想体系。"[①]

第三节 结论

尽管《心术上》《心术下》《白心》《内业》四篇之间存在着一些差异性，比如《内业》思想上精深，文字上粹美，为其他各篇所不及。这种差异性的存在，表明它们不是一气呵成地创作出来的。它们可能不是出于同一人之手，也不是在一个较为集中的时间段内完成的。《管子》四篇也不像《老子》《孟子》此类著作文辞富丽、气势充沛、笔中运意，它可能也做不到前后完全一贯、浑然一体。

但是由于《管子》四篇的思想逻辑具有内在一致性，关注的话题具有共同性，则基本上可以认定它们是属于同一个学派的，具有一定的思想自觉，在此意义上它们是一体的。认定《管子》四篇是否具有一体性，一方面要着眼于表层上的，诸如文字词句的使用、思想的表达形式等；另一方面更应该深入到思想机理上去分析、考释，把握其内在的联系。后者有时

---

① 丁原明：《黄老学论纲》，山东大学出版社，1997，第142页。

候是更为关键的,对于一个思想文本来说更具有意义。

　　《管子》四篇之间思想上具有相对一致性,是成体系的,它们共同反映了某一学派的主要思想倾向,形成独具风格、自成一体的思想特征。这也表明它是发育较为成熟的黄老思想。尤其是在与《管子》中其他带有黄老色彩的篇章的比较中,更是能认识到这一点。这些篇章如《法法》《任法》《明法》《形势》《水地》《枢言》等。①

　　在后文关于《管子》四篇学派归属问题的讨论中,会帮助我们进一步加深对《管子》四篇一体性问题的认识。因为,如果《管子》四篇确实是属于某一个学派的著作,那么它的一体性也就不证自明了。但是,一体性问题的探讨,又为学派归属问题的厘定提供了一个先决条件。因此,一体性问题的探讨是必不可少的。

---

　　① 丁原明曾对这些篇章做了比较性研究,参见丁原明《黄老学论纲》,山东大学出版社,1997,第141~142、154页。

第四章 《管子》四篇的经解体例

对于一个作品或文本来说，语言文字的组织、思想的表达离不开一定的文体形式。文体形式的选择会对思想的建构产生影响，从中也可以看出思想的创作来源与脉络文理。在此意义上，文体不只是一种文体，也是一种思想展开方式，思想通过特定的文体形式来加以言说、传达，并进而被理解和接受。

对于《管子》四篇而言，其文体形式主要是采用了经解体例。但它又与《形势》《形势解》这类经解体例不同，有着自身独特的表现形态和形成原因。而《内业》到底有没有运用经解体例，一直以来是一个争议颇大的问题。在本章中，我们试图对这些问题做一分析和理清。

第一节 说"经"与"解"

何谓"经"？许慎在《说文解字》中说："经，织纵丝也。"[①] 刘熙在《释名》中说："经，径也，常典也，如径路无所不通，可常用也。"[②] 刘勰在《文心雕龙》中则说："经也者，恒久之至道，不刊之鸿教也。"[③] "经"原指丝织物上的纵线，由于纵线上下贯串，连接维系诸多事物，所

---

① （东汉）许慎撰，（清）段玉裁注《说文解字注》，上海古籍出版社，1988，第644页。
② （东汉）刘熙撰，（清）毕沅疏证，（清）王先谦补《释名疏证补》，祝敏彻、孙玉文点校，中华书局，2008，第211页。
③ （梁）刘勰著，范文澜注《文心雕龙注》，人民文学出版社，1958，第21页。

以被赋予恒常规律性的意义,"经"也就被视为是一种常道。

那么,何谓"解"?《说文解字》里说:"解,判也,从刀,判牛角。"①很简单,"解"就是分解、剖析的意思。

但是如果从文本的意义上来说,"经"是指具有根源性、典范性和权威性的文本。而"解"则是一种解说性、阐释性的文本。经文文字一般较为凝练简短、晦涩难懂,而解文的文字则较为绵长铺展、简单明白。"解"是用来解读"经"的文字,它一方面要忠实于"经"的基本内涵和主旨,另一方面又有进一步的发挥与阐释。因此,"经"在价值上优胜于"解",在时间逻辑上也先在于"解"。凡是属于"经"的文本,它们或者是经过一段历史时期的优胜劣汰、脱颖而出并被证明是具有较高价值的文献,或者是在某个思想流派内属于最为精粹,具有原发性、典范性的作品,或者是属于某一个时期内最具代表性、品相最为完美的成果。

在浩如烟海的先秦典籍中,有许多图书是可以被称为"经"的。而这之中有的是在严格意义上使用"经"之名,也有在宽泛意义上使用"经"之名的。在严格意义上,只有儒家的传统典籍诗、书、礼、易、春秋称五经。而在宽泛意义上,墨家有《墨经》,包括《经上》《经下》《经说上》《经说下》《大取》《小取》六篇。《管子》一书中有"四经"、"经言"②的提法,《国语》中有所谓"兵经",术数家有"星经",医家有所谓"医经"等。凡此种种,不一而足。

第二节 《管子》中的两种经解体例

在《管子》一书中,具有经解体例的篇章主要有:《牧民第一》与《牧民解第六十三》、《形势第二》与《形势解第六十四》、《立政第四》与《立政九败解第六十五》、《版法第七》与《版法解第六十六》、《明法第四十六》与《明法解第六十七》,以及《宙合第十一》、《心术上第三十六》,总共七组。

---

① (东汉)许慎撰,(清)段玉裁注《说文解字注》,上海古籍出版社,1988,第186页。
② "四经"的提法见于《管子·戒》,其有言:"内不考孝弟,外不正忠信,泽其四经而诵学者,是亡其身者也。""经言"则是《管子》的一个类目。参见黎翔凤《管子校注》,梁运华整理,中华书局,2004,第510页。

第四章 《管子》四篇的经解体例

而从经、解的编排方式上看,可以将《管子》一书中的经解体例分为两种。其一是经解合二为一,《宙合第十一》和《心术上第三十六》属于此类。所谓经解合二为一,是指前经后解,把经与解合并放在同一篇文章中。例如,《心术上》有经文云:

> 心之在体,君之位也。九窍之有职,官之分也。心处其道,九窍循理。嗜欲充益,目不见色,耳不闻声。故曰:上离其道,下失其事。毋代马走,使尽其力;毋代鸟飞,使弊其羽翼;毋先物动,以观其则;动则失位,静乃自得。

其对应的解文则是:

> 心之在体,君之位也。九窍之有职,官之分也。耳目者,视听之官也。心而无与于视听之事,则官得守其分矣。夫心有欲者,物过而目不见,声至而耳不闻也。故曰:上离其道,下失其事。故曰:心术者,无为而制窍者也。故曰君。无代马走,无代鸟飞,此言不夺能,能不与下诚也。毋先物动者,摇者不定,趮者不静,言动之不可以观也。位者,谓其所立也。人主者立于阴。阴者静,故曰:动则失位。阴则能制阳矣,静则能制动矣,故曰:静乃自得。

解文基本上是对经文逐段逐句的解读,并且都在《心术上》一篇之中。在《管子》76篇里,唯独《宙合》《心术上》两篇是将经解合二为一的。从文体结构形成演变上来看,这两篇文章可能成文时间较为接近、作者相同抑或相关,从而采用了同样的经解写作体例。而且这两篇通常也被看成是具有稷下黄老道家思想色彩的文本。陈鼓应认为,"本篇(指《宙合》。——引者注)与《白心》、《内业》、《心术》、《形势》及《枢言》等思想一致,尤其末章论气、论应、论当,均见于《内业》、《心术》、《白心》。"[1] 总之,《宙合》《心术上》经解体例的一致性及其思想旨趣上的近似,说明二者之间关系是较为密切的。

---

[1] 陈鼓应:《管子四篇诠释》,中华书局,2015,第217页。

其二是经解分判为二。《管子》中属于这类体例的有:《牧民第一》与《牧民解第六十三》、《形势第二》与《形势解第六十四》、《立政第四》与《立政九败解第六十五》、《版法第七》与《版法解第六十六》、《明法第四十六》与《明法解第六十七》。这五篇解文也就是通常所说的《管子解》。其中,《牧民解第六十三》已亡佚,今不得见。《立政》全篇包括"三本""四固""五事""首宪""首事""省官""服制""九败""七观",共九节。《立政九败解》只是对"九败"一节的阐释,而非针对《立政》之全部。这类经解体的特点是经与解分属于不同篇章,能够各自独立成篇。

与《宙合》《心术上》不同的是,这五组经解虽然在经解体例上较为统一,但是各组的思想内容、价值取向存在较大差别。《形势解》侧重讲君道在于善用权力与威势,而根本在于能和谐上下,得民心才能权势稳固;《立政九败解》则历数九种导致国家衰败的根由;《版法解》融合了儒、道、法的思想,但主要是站在法家的立场上叙说的;《明法解》阐释了法、术、势相结合的观念,与韩非子的思想颇为接近。张固也教授认为,《管子解》无疑是《管子》全书中写作年代最晚的,应当是战国晚期齐法家的作品。[①] 因为经文的思想如果是较为晚出的,那么其解文则应该更晚。

在对以上两种经解体例有一个基本了解之后,我们可以进一步比较其同异,以加深对二者的认识。池万兴认为,从形式、内容和作者三个方面来讲,上述两种经解体例并没有什么实质性的差别。[②] 这个看法有一定道理,它主要是看到"解"都是对"经"的解说,这一根本属性与基本功能在任何一种经解体例中都是没有改变的。但如果完全取消这两种经解体例的差别,那么就有些草率了。

从直观印象上看,当经文与解文同在一个篇章中,解文好比作为附录置于经文之后。如此,解文成了经文的附属物,具有很强的附属性质。而当经文与解文分列,各自独立成篇时,解文的专门性更强,用来解释、阐释经文的目的性也更明显。这种解文很可能是在一个相对集中的时间内,按照某个既定的目标和要求创作出来的。

"经"与"解"在思想表达上各有其着力点。读"经"可以掌握"解"

[①] 参见张固也《〈管子〉研究》,齐鲁书社,2006,第351~365页。
[②] 池万兴:《〈管子〉研究》,高等教育出版社,2004,第350~351页。

第四章 《管子》四篇的经解体例

的核心精髓与实质内涵，读"解"可以明了"经"的主要含义与延伸性内容。在研读"经""解"之文时，既可以分别视之，寻绎其思想的来龙去脉；又可以合而观之，"经""解"联璧，让相关思想能够得以完整呈现。

本节的论述行将接近尾声，我想引述民国时期学人石一参的一段分析来作结，以供学人研究时参考斟酌。其有言曰：

> 《管子解》之传于今者，除《牧民解》旧注已亡外，有《形势》、《版法》、《明法》三篇尚完，《立政·九败》存"九败"耳，《明法解》辞稍不类。然书中如《宙合》、《心术》二篇，皆前经后解，朗然无疑。《牧民》篇亦经言与解义混合为篇，殆由后学者乱之。
>
> 以文体辨之，若《宙合》，若《版法》，若《势》篇中之一二段，若所目为《九守》者，文义质奥，信乎非解不明，且不类东周以后之词。又书中各篇往往有"故曰"，"故曰"者溯其所自出之词，则亦经言之旁见而错出者也。
>
> 余谓《牧民解》实未亡，特为后之治《管》书者混而合之。《立政》、《乘马》诸篇亦犹是也。古人治经之法，本经自经，传自传，解自解。后世为便讲读，乃有分经系传之法。《管》书之混解入经，沿分经系传法也。惟系解分为二式：一则每篇先列本经全文，后列解语，如《宙合》、《心术》是也；一则逐段分析经文，夹入解语，则《牧民》、《乘马》诸篇是也……《七法》、《九守》亦然。惟《形势》、《版法》二篇及《九败》，今犹经自经，解自解，未失旧观。其解之最无义例者，莫如《明法解》一篇。《明法》在《管》书中与《法法》、《重令》、《任法》诸篇同于论说之文，绝异《经言》，无解说之必要。旧编虽多缪乱，亦尚未杂置《经言》之中，观解语每段结以"故《明法》曰"云云，亦与诸解文体不类。①

石一参点评《管子解》之语颇有见地，卓然提出"混解入经"一说。虽然我们未必对石一参的每个具体观点都赞同，但无妨我们去倾听他的学术声音。

---

① 石一参：《管子今诠》，中国书店，1988，第19~20、113页。

第三节 《心术上》经解成因之蠡测

在上文中,我们分别就《管子》中存在的两种经解体例做了分析、说明。总的来说,这两种经解体例既有相同之处,又有差异之处。在本节中,我们将聚焦《管子》四篇之《心术上》,从其篇章中的文字及其所属时代的学术环境入手,做更加具体化的分析,探究其前经后解体例形成的实际原因。

前文已经说到,"经"与"解"相对,"解"是在"经"的基础上作出的阐释性文字,一般逐句分析、说解文义。从"经"与"解"的这层关系来看,《心术上》等篇的"经""解"文字不可能出自同一人之手。因为不可能有人会故意造难,写出难以理解的经文,然后又要煞费苦心地写出解文,去解释明白自己的经文。这岂不是叠床架屋,自找麻烦!故《心术上》等篇的"经""解"可能分别出自师、徒之手,前者是老师讲授或著述的内容,后者可能是弟子的记录、传述或解说。因此,解文在内容上不保证是对经文的忠实传述,而有另外的延展性言语。

此外,"解"的文字会不时地援引经文,从《心术上》来看,援引的经文主要在解文之前。这和《管子》中同样作为解体文字的《形势解》《版法解》不同,后者先摆出一大段解文,然后再援引一段经文在末尾作结。在此,我们把《心术上》与《形势解》的部分经解之文分列如下,以作比观。首先是《心术上》(见表4-1)。

表4-1 《心术上》的部分经文和解文

《心术上》经文	《心术上》解文
虚无无形谓之道,化育万物谓之德。君臣、父子、人间之事谓之义。登降揖让、贵贱有等、亲疏之体谓之礼。简物小大一道,杀僇禁诛谓之法。	天之道,虚其无形。虚则不屈,无形则无所位迕。无所位迕,故徧流万物而不变。德者,道之舍,物得以生生,知得以职道之精。故德者,得也。得也者,谓得其所以然也。以无为之谓道,舍之之谓德。故道之与德无间。故言之者不别也。间之理者,谓其所以舍也。义者,谓各处其宜也。礼者,因人之情,缘义之理,而为之节文者也。故礼者,谓有理也。理也者,明分以谕义之意也。故礼出乎义,义出乎理,理因乎宜者也。法者,所以同出不得不然者也,故杀僇禁诛以一之也。故事督乎法,法出乎权,权出乎道。

续表

《心术上》经文	《心术上》解文
天曰虚，地曰静，乃不伐。洁其宫，开其门，去私毋言，神明若存。纷乎其若乱，静之而自治。强不能徧立，智不能尽谋。物固有形，形固有名，名当谓之圣人。故必知不言、无为之事，然后知道之纪。殊形异埶，不与万物异理，故可以为天下始。	天之道虚，地之道静。虚则不屈，静则不变，不变则无过，故曰：不伐。洁其宫，阙其门。宫者，谓心也。心也者，智之舍也，故曰宫。洁之者，去好过也。门者，谓耳目也。耳目者，所以闻见也。物固有形，形固有名。此言不得过实，实不得延名。姑形以形，以形务名，督言正名，故曰圣人。不言之言，应也。应也者，以其为之人者也。执其名，务其应，所以成之应之道也。无为之道，因也。因也者，无益无损也。以其形因为之名，此因之术也。名者，圣人之所以纪万物也。人者，立于强，务于善，未于能，动于故者也。圣人无之。无之，则与物异矣。异则虚。虚者，万物之始也。故曰：可以为天下始。

再者是《管子》中的《形势》与《形势解》。

表4-2　《形势》部分经文与《形势解》部分解文

《形势》部分经文	《形势解》部分解文
山高而不崩，则祈羊至矣；渊深而不涸，则沈玉极矣。天不变其常，地不易其则，春秋冬夏不更其节，古今一也。①	山者，物之高者也。惠者，主之高行也。慈者，父母之高行也。忠者，臣之高行也。孝者，子妇之高行也。故山高而不崩，则祈羊至。主惠而不解，则民奉养。父母慈而不解，则子妇顺。臣下忠而不解，则爵禄至。子妇孝而不解，则美名附。故节高而不解，则所欲得矣，解则不得。故曰："山高而不崩，则祈羊至矣。" 渊者，众物之所生也，能深而不涸，则沈玉至。主者，人之所仰而生也，能宽裕纯厚而不苛忮者，则民人附。父母者，子妇之所受教也，能慈仁教训而不失理，则子妇孝。臣下者，主之所用也，能尽力事上，则当于主。子妇者，亲之所以安也，能孝弟顺亲，则当于亲。故渊涸而无水，则沈玉不至。主苛而无厚，则万民不附。父母暴而无恩，则子妇不亲。臣下随而不忠，则卑辱穷贫。子妇不安亲，则祸忧至。故渊不涸则所欲者至，涸则不至。故曰："渊深而不涸，则沈玉极。" 天覆万物，制寒暑，行日月，次星辰，天之常也。治之以理，终而复始。主牧万民，治天下，莅百官，主之常也。治之以法，终而复始。和子孙，属亲戚，父母之常也。治之以义，终而复始。敦敬忠信，臣下之常也。以事其主，终而复始。爱亲善养，思敬奉教，子妇之常也。以事其亲，终而复始。故天不失其常，则寒暑得其时，日月星辰得其序。主不失其常，则群臣得其义，百官守其事。父母不失其常，则子孙和

---

① 黎翔凤：《管子校注》，梁运华整理，中华书局，2004，第21页。

续表

《形势》部分经文	《形势解》部分解文
	顺，亲戚相欢。臣下不失其常，则事无过失，而官职政治。子妇不失其常，则长幼理而亲疏和。故用常者治，失常者乱。天未尝变其所以治也。故曰："天不变其常。"
地生养万物，地之则也。治安百姓，主之则也。教护家事，父母之则也。正谏死节，臣下之则也。尽力共养，子妇之则也。地不易其则，故万物生焉。主不易其则，故百姓安焉。父母不易其则，故家事办焉。臣下不易其则，故主无过失。子妇不易其则，故亲养备具。故用则者安，不用则者危，地未尝易其所以安也。故曰："地不易其则。"
春者阳气始上，故万物生。夏者阳气毕上，故万物长。秋者阴气始下，故万物收。冬者阴气毕下，故万物藏。故春夏生长，秋冬收藏，四时之节也。赏赐刑罚，主之节也。四时未尝不生杀也，主未尝不赏罚也。故曰："春秋冬夏，不更其节也。"
天覆万物而制之，地载万物而养之，四时生长万物而收藏之，古以至今，不更其道。故曰："古今一也。"①

有经有解的文本在先秦并不鲜见。比如，传世文献《韩非子》中的《解老》《喻老》就是对《老子》的解说。而新出土的马王堆帛书《五行说》是对《五行》的解说。值得注意的是，《五行》文字在前，《五行说》的文字居后，这一点与《心术上》的前经后解体例相同。

比较可知，同在《管子》一书中，《心术上》与《形势解》的经解体例有所不同。这种差异可能反映了两种解文在形成过程与实质意义上的不同。《心术上》的解文虽然有的也使用"故曰"来引出经文，但并不是一贯如此。它也不是逐字逐句进行解释，而是有选择性的。② 比如在解释完"开其门"之后，径直跳到对"物固有形，形固有名"的解释，对于"去私毋言，神明若存。纷乎其若乱，静之而自治。强不能徧立，智不能尽谋"一大段则没有过多的阐释。而《形势解》则始终使用"故曰"来引出经文，解文显得非常规整有序，并与经文对应得很清楚。由此看来，同样作为解说性文本，《形势解》的专业性比《心术上》更强，对经文《形势》进行针对性阐释、发挥的意图也更强。与之相比，《心术上》虽然也

---

① 黎翔凤：《管子校注》，梁运华整理，中华书局，2004，第1166~1169页。
② 这种选择性解释可能是出于作者自身认知上的考虑，自认为比较难以理解的经文词句则做一些解释，而相对不难理解的就不再赘言。

第四章 《管子》四篇的经解体例

在阐说经文，但目的性不如《形势解》明显。而在具体内容上，《形势解》在经文基础上进行自由发挥、阐释的空间似乎张得更大，而《心术上》的解文则在较小的口径内进行言说。这说明《心术上》的解文可能出自弟子的课堂笔记或日常传述，故在行文上带有较大的随意性和不规整性。而《形势解》则可能是由某一个人带着先在的目的性，专门有意撰写而成的。

上面这种推测并不是孤曲，前人也多有所论及。我们先来了解下前人的一些看法。首先是郭沫若的观点，他认为："《心术》本分为上下二篇，上篇分经分传，前三分之一为经，后三分之二为传。经盖先生所作，传盖先生讲述时，弟子所录。文极奥衍，与《道德经》无殊。"① 也就是说，《心术上》"经""解"的分野就在于创作者是老师抑或是学生，师生间的传述与发挥构成了"经""解"的思想张力。在《管子集校二》中，郭沫若对"经""解"的分辨有更进一步的阐释，他说："经乃先生学案，解乃讲习录"，又说"尹谓解文非管氏之辞，然经文亦非管氏之辞。此乃宋钘师弟在稷下学宫之传授录，亦非韩非之论也"②。郭沫若的相关看法主要就是这些。

而胡家聪也认为："稷下先生们编成了《管子》（原本）之书，接着才有讲授《管子》各篇的讲义录，即编在今本《管子》之内的《管子解》。"③ 胡家聪同样是把"解"看成是稷下的讲义录。

那么，具体说来，《心术上》这类经解体产生的原因会是什么呢？周勋初提供了一种较为可信的解释，他认为"大约与当时的辩说之风有关。《心术》等文出于齐国的稷下黄老学派，而在齐国的稷下学宫中，长期保持着学术上争鸣的好风气。《史记·田敬仲完世家》：'［齐］宣王喜文学游说之士，自如驺衍、淳于髡、田骈、接予、慎到、环渊之徒七十六人，皆赐列第，为上大夫，不治而议论。是以齐稷下学士复盛，且数百千人。'而在这些'议论'之中，各家都有独特的论点，如邹衍的五德终始和大九州之说。他们在宣讲或辩难时，势必要先提纲挈领地列出论点，然后加以解释和发挥，这样记录成文时，也就成了《心术》等论文中所表现出来的

---

① 郭沫若：《宋钘尹文遗著考》，《青铜时代》，中国人民大学出版社，2005，第189页。
② 郭沫若：《管子集校二》，《郭沫若全集·历史编》（第六卷），人民出版社，1984，第403、413页。
③ 胡家聪：《稷下学宫史钩沉》，《文史哲》1981年第4期。

'经''说'了"①。争鸣与论辩在先秦思想界是普遍存在的，许多思想材料都是在这种环境下催生而来的。

经解体的出现，一方面是学术论辩的产物，另一方面也可能是师徒传授讲学所累积而成的。在先秦时期，学派众多，思想活跃，聚徒讲学也是一种很常见的现象，是当时学术思想传播的基本方式。在这种教学方式之下，众多学生可以一同聆听到老师的讲说。久而久之，老师所讲的内容成为"经"，而学生的课堂记录、根据自身理解所引申发挥的内容就积累成为"解"。

如果对照上述《形势解》与《心术上》解文的比较来看，《心术上》解文更加接近课堂记录或讲义录的形式，因为它带有更多的随发性、不规整性，更像是在讲学过程或课堂里生成的文字。而规整有序、讲求章法、逐句解读的《形势解》，让人相信它是为了某个确定的目的而专门创作的，尽管这种目的也有可能是论辩或讲学。

最后，从学术思想发展史上来看，经解体（或曰经传体、经说体）的出现也是一种必然趋势，是有其客观需要的。比如，从上古文字到秦汉文字，一定是发生了很多变化，上古文字古奥晦涩，加上文笔简质，秦汉人已经开始有些看不懂、理解不明了。同时，由于时代相隔久远，人们的思维方式、言说方式有异，后人对于先秦典籍里的思想就会产生不同的理解，甚至产生偏差，这就迫切需要有一个渠道可以帮助人们去把握先秦的思想世界。如此，在"经"的基础上衍生出"解"，是有其必要性的。再者，先秦各类典籍无论属于何家何派，大多被后世视为该学派的原典。后世欲有进行思想创发者，无不需要在原典的基础上进行一番思想阐释，或者说绕不开原典进行论说。因此，从思想阐释与创造新思想的角度上来看，解说体的出现也是有其现实原因的。

第四节　《内业》有无经解的争论

《内业》虽不足两千言，却是《管子》四篇中一篇重要的文章。该文

---

① 周勋初：《〈韩非子〉札记》，江苏人民出版社，1980，第215~216页。

所阐释的"精""气"[①] 是思想史上极具思想潜力的范畴,其对于"心"之功能、"节食""调息"之法的讨论在后世留下深刻烙印。此外,《内业》还包含有"赏刑""诗、礼、乐""内静外敬""反其性"的论述。一时间要理出一条思想脉络与逻辑线索,殊为不易,以至于人们在阐释与比较研究《内业》思想时,很容易产生穿凿附会。诚如张舜徽在《管子四篇疏证》中所指出的:"惟近世述周、秦哲学者,鲜见齿及《内业》。间有究绎及此,则亦牵引唐宋以来理学诸儒复性、主静之说以附会之。且谓某语为周子主静之说所自出;某语为李翱复忄生之书所由成;朱子得某语而为主敬之义,程子得某语而为定性之论。穿凿惑乱,莫甚于此。"[②] 可以说,张舜徽洞见了人们研究《内业》时所存在的通病。

《内业》一文,倘若从头到尾读下来,并不能获得一种思想上的连贯性,就是一些句子与句子之间也是跳跃式的表述,个别地方还有非常突兀的论述。举例而言,有"天主正,地主平,人主安静。春秋冬夏,天之时也。山陵川谷,地之枝也。喜怒取予,人之谋也。是故圣人与时变而不化,从物而不移。能正能静,然后能定"一段,"天主正,地主平,人主安静"一句本来可以直接接续"能正能静,然后能定",偏偏中间要穿插进"天之时""地之枝""人之谋"的话,让整段话的中心大意一下子就被截断了。而且,《内业》这段中讲到"天主正,地主平,人主安静……能正能静,然后能定。定心在中,耳目聪明。四枝坚固,可以为精舍",而在《内业》后段又提到"人能正静,皮肤裕宽,耳目聪明,筋信而骨强……"这意思多少是有些重复了。

再比如,"心气之形,明于日月,察于父母。赏不足以劝善,刑不足以惩过。气意得而天下服,心意定而天下听"一段,首尾都是在讲"心""气",为何中间突兀地冒出了"赏""刑"的论述?

此外,《内业》中有关"道"之特点与功能的问题,以不同的语句重复论说,也让人诧异。有一处说:

夫道者,所以充形也。而人不能固,其往不复,其来不舍。谋乎

[①] 在《内业》中,"精"字总共出现12次,而"气"字总共出现多达18次。
[②] 张舜徽:《周秦道论发微 史学三书平议》,华中师范大学出版社,2005,第304页。

莫闻其音，卒乎乃在于心，冥冥乎不见其形，淫淫乎与我俱生。不见其形，不闻其声，而序其成，谓之道。

紧随上文之后，又有一处说：

凡道无所，善心安爱，心静气理，道乃可止。彼道不远，民得以产。彼道不离，民因以知。是故卒乎其如可与索，眇眇乎其如穷无所。彼道之情，恶音与声。修心静音，道乃可得。道也者，口之所不能言也，目之所不能视也，耳之所不能听也，所以修心而正形也。人之所失以死，所得以生也。事之所失以败，所得以成也。凡道，无根无茎，无叶无荣，万物以生，万物以成。命之曰道。

可以发现，这两处对于"道"的论说，有很多方面意思是重复的，都是讲"道"是无声、无形，难以捉摸的，又能够自然而然地生成万物，成为万物生存发展的根据。但这两处文字却是前后相随，读者阅读之后，总觉得很繁碎、啰唆，有些文字显得多余。

而在后文又有两处说："道满天下，普在民所，民不能知也"、"凡道，必周必密，必宽必舒，必坚必固。守善勿舍，逐淫泽薄。既知其极，反于道德。"这些表述内容还是和上面两处有所重复。

《内业》文本的这种情况，让很多初学者茫然不知所措，难以找到研究的下手处。但是，当我们将它转入到经解有无的讨论中，还能看到些许的眉目与问题的症结。

在《管子》四篇中，对于《心术上》有经有解，历来人们是确信不疑的。但对于《内业》是否有经解，人们却说法不一。这其中主要有两个争论点较为突出，第一个争论点是《内业》本身是否有经有解？第二个争论点是《内业》与《心术下》是否存在经解关系？围绕这两个争论点，构成了《内业》经解议题的基本面。

有的学者认为，《内业》之所以存在词句淆乱不堪、思想逻辑未能顺畅连贯的文本现象，是因为其中夹杂着经文与解文。比如，陈升通过区分《内业》的原作者与作解人，主张《内业》有经有解，并提出四条用以辨别"经"与"解"的根据，包括有韵为"经"，无韵为"解"；押韵句在

第四章 《管子》四篇的经解体例

后,无韵句在前,当为错简;"解"中有引文;严守主旨的为"经",偏离主旨的为"解"。① 而张固也则持反对意见,他说:"《内业》虽韵语与散文夹杂,但二者间并无解释与被解释的关系,说明这是其特殊文风。即使无韵者真是后人加入的,也只能说是窜进的后人的论述,而非解文。"② 《内业》的义不连贯、文无条理到底是不是因为经解体例使然?我们查看各位学人所做出的论说之后,并没有发现较为坚确、可靠的证据可以为之提供支撑。这些见解更多的是一种猜测,因而也就存在着两种截然相反的意见。

假如《内业》本身没有包含解文,那么外部是否有它的解文?确切地说,《内业》与《心术下》是否构成经与解的关系?对于这一问题,最早发声的可能是《管子析疑》一书的作者何如璋。他主张《心术下》本是《内业解》,因为错卷而被附在《心术》之后。③ 而学者吴光认可了这一观点,他指出:"《心术下》为《内业》之散简,或为《内业解》。"④ 郭沫若也曾提出过类似的见解,阐述了他对《内业》与《心术下》之关系的看法,他说:

> 《心术下篇》是《内业篇》的副本,这是我的一个副次的发现。我曾经把《内业》来做底本,把《心术下篇》和它相同的节段比附上去,便发现了除一首一尾无可比附之外,《心术下篇》只是《内业篇》的中段,而次序是紊乱了的。依着《内业》所得的新次序,比原有的次序读起来更成条贯。因此,可知《心术下篇》只是《内业》的另一种不全的底本,因为脱简的原故,不仅失掉了首尾,而且把次第都错乱了……二篇两两对照,虽互有详略,而大抵相同,亦有可以比附之语而错杂于中,无法割裂者……这是因为两家弟子记录一先生之言,有详有略,而亦有记忆不确、自行损益的地方。这和墨家三派所记录的《尚贤》《尚同》诸篇一样,虽然每篇分为上中下,而实则大同

---

① 陈升:《试论现存〈内业〉为"经"、"解"合一文体》,《管子学刊》1997年第2期。
② 张固也:《〈管子〉研究》,齐鲁书社,2006,第352~353页。
③ 郭沫若:《管子集校二》,《郭沫若全集·历史编》(第六卷),人民出版社,1984,第430页。
④ 参见吴光《黄老之学通论》,浙江人民出版社,1985,第98页。

小异。①

郭沫若通过比对，主张《心术下》是《内业》的副本，二者各有详略之处，是脱简的缘故。但正如郭沫若所说的，《心术下》和《内业》同是弟子对先生的一种记录，二者之间并不存在所谓的经解关系。

而陈鼓应对于《心术下》与《内业》之间的关系，做出了总结性概括，他认为不外有三种可能性：

其一，《心术下》可能是《内业》的摘录，并加上摘录者个人的论点。因为《心术下》有多处与《内业》文字相同，且冠以"故曰"字样。而"故曰"中所引，即见于《内业》；其二，《内业》可能是根据《心术下》扩充而成，然而这种假设较难成立，因《心术下》文章极不完整，疑是残卷，而《内业》则立论完整；其三，两文可能皆是稷下学士聆听稷下先生讲课所作的笔记，也即是说，此两文可能另有祖本。

根据现存文献来看，我们以为《心术下》乃《内业》之副本。郭沫若即以为："此篇即《内业》篇别本之散简，前后遗失，仅余其中段而简次凌乱。"（见《管子集校》）②

马非百的持论则较为谨慎，他认为《内业》"把《管子·心术》下全文都包括进去了，只是'排列次序'和'少数字句'略有不同。也有少数字句和《心术》上相雷同。是谁抄谁？还不敢断定"③。马非百阙疑的学术精神是值得肯定的，他也是意识到没有足够充足的证据可以说明《内业》与《心术下》之间的关系。④

当我们在这些不尽相同而又争论不休的学术意见中徘徊之时，李克教

---

① 郭沫若：《宋鈃尹文遗著考》，《青铜时代》，中国人民大学出版社，2005，第189页。
② 陈鼓应：《管子四篇诠释》，中华书局，2015，第147页。
③ 马非百：《〈管子·内业〉篇之精神学说及其他》，《管子学刊》1988年第4期。
④ 在此之外，还存在另一种声音，就是认为《心术下》是《心术上》的传文，而不是和《内业》联系起来。中国台湾青年学人林志鹏就认为："《心术上》由经、解两部分组成，《心术下》则是对《心术上》经文的进一步发挥，可视为其'传'，故附于经、解之后。"参见林志鹏《宋鈃学派遗著考论》，复旦大学出版社，2018，第171页。

第四章 《管子》四篇的经解体例

授对《内业》之文本形成的分析，为我们提供了一个颇有建设性的风向标。李克教授来自美国宾夕法尼亚大学，长期以来致力于《管子》四篇与早期道家的研究。他认为："《管子·内业》篇在最后写成文本之前，只是一种存在已久的，一套口头传承材料的本子，而当公元前一世纪，刘向在长安校书时，至少有两种或可能更多的本子。'韵'是经常用作帮助记忆的手段，而且《内业》表现为由相对短的，可以单独存在的句子构成，这件事不仅证实了它是一种口头传承，而且还使它随着时间的进展，便于增补附加的材料。"① 也就是说，由于《内业》具有"口头传承材料"的性质，其文本形态也就具有流动性，不仅可能存在多个本子，而且在一段时间内可能会逐渐附益、增补。这些变动性因素在《内业》正式定本前都是可能存在的，并且交相作用于《内业》之中，从而造成了我们现在所看到的《内业》义不连贯、文无条理的情况。

行文至此，到了做出总结和评议的时候了。笔者以为，把《心术下》当作《内业》的解文，显得有些牵强，二者难以构成严格意义上的经解关系。而目前对于《内业》是否包含有解文，相关见解既无法证实，也无法证伪，只能是停留在主观推测层面。

但是这些学术争论与文本疑点的客观存在，也让我们看到了一些问题的实质。比如，《管子》四篇的经解体例问题实际上反映了其成书的复杂过程，该文本可能经历了多重外力的作用，诸如记录、传抄、错简、散乱，或者是口传、附益、添补等。与之相关的有些问题不可能一概而论，而应该分组加以讨论，具体加以探析。特别是对于其中存在的分经分解的文段、重复性语句、引申性段落、相互错杂的语词、近似性词组文段等，不付出一番抽丝剥茧的功夫，恐怕很难见到庐山真面目。

《管子》四篇的经解体例问题确实是一个富有探索性与挑战性的学术课题，理应在古代文体演变史上占有一席之地。像《韩非子》一书的文体就可能受到《管子》经解体的影响，并加以发展，变得更为成熟。因此，深入研究《管子》四篇的经解体例有着重要的学术意义。

---

① 〔美〕李克：《〈管子·心术〉四篇探源》，郭明光译，索介然校，载《管子学刊》编辑部编《管子与齐文化》，北京经济学院出版社，1990，第149页。

第五章 《管子》四篇的作者与学派归属

对有关文本的作者与学派归属的探究，立足于辨析其思想性质、考镜其思想源流，使其建立与同一学派思想文本的联系。长期以来，围绕《管子》四篇的作者与学派归属问题，学界聚讼纷纭，产生了诸多说法。然而，这又是一个绕不过去的议题，只有明确了《管子》四篇的学派归属，才有可能厘定其在先秦思想史上的位置，勾勒、梳理其思想的来龙去脉，阐释其思想的内涵和价值。学派归属好比是一座航标，指引着《管子》四篇思想内容阐释、思想价值揭示、哲学体系建构、思想比较研究的方向。如果学派归属判定出现差错了，那么后面的系列研究则会谬以千里。

对于《管子》四篇的作者与学派归属问题，有的学者持论较为大胆，有的则较为谨慎，目前至少存在宋钘尹文说、慎到田骈说、管仲学派说、稷下黄老说等不同看法。在本章中，我们将历数这些说法的主要代表性学者，说明他们是如何展开论证的、主要依据哪些材料、同一说法不同学者持论有哪些差别，评议他们论证展开的可取与不足之处。通过罗列诸说，评议其得失，我们试图总结以往《管子》四篇学派归属问题研究的成果，为之后打开研究的新局面积累经验、铺垫基础。

第一节 宋钘尹文说

宋钘尹文说是关于《管子》四篇学派归属问题的最早的一种说法。因

第五章 《管子》四篇的作者与学派归属

而不管人们是否赞同,在其后的研究中,这一说法为人称引最多,引发的争议也最大。

首先,认为宋钘、尹文二者自成一派,最早源于《庄子·天下》中的一段评述,其文如下:

> 不累于俗,不饰于物,不苟于人,不忮于众,愿天下之安宁以活民命,人我之养,毕足而止,以此白心。古之道术有在于是者,宋钘、尹文闻其风而悦之。作为华山之冠以自表,接万物以别宥为始。语心之容,命之曰心之行。以聏合欢,以调海内,请欲置之以为主。见侮不辱,救民之斗,禁攻寝兵,救世之战。以此周行天下,上说下教,虽天下不取,强聒而不舍者也。故曰:上下见厌而强见也。虽然,其为人太多,其自为太少,曰:"请欲固置五升之饭足矣。"先生恐不得饱,弟子虽饥,不忘天下,日夜不休。曰:"我必得活哉!"图傲乎救世之士哉!曰:"君子不为苛察,不以身假物。"以为无益于天下者,明之不如已也。以禁攻寝兵为外,以情欲寡浅为内,其小大精粗,其行适至是而止。①

因为《天下》篇是先秦学术批评的权威文本,因而学人大多也都信服其说,将宋钘、尹文视为同一个派别,这大概是没有问题的。另见于《吕氏春秋·正名》篇里尹文与齐王的对话,其中提到"虽见侮而不斗,未失其四行也"与"深见侮而不敢斗者,是全王之令也"②,正与《天下》篇的"见侮不辱,救民之斗"相应。于是"见侮不辱,救民之斗"成为后人看待宋钘尹文学派思想的一个基点。③

宋钘尹文说之首倡者当属刘节、郭沫若二人。1943 年刘节撰文《管子中所见之宋钘一派学说》,以及稍后 1944 年郭沫若写成的《宋钘尹文遗著考》,均力主《心术》等四篇是宋钘、尹文一派的遗著。至于刘节、郭沫

---

① (西晋)郭象注,(唐)成玄英疏《庄子注疏》,中华书局,2011,第 561~563 页。
② 许维遹:《吕氏春秋集释》,梁运华整理,中华书局,2009,第 429 页。
③ 《荀子·正论》中却引述为:"子宋子曰:'明见侮之不辱,使人不斗。'"《正论》与《天下》《吕氏春秋·正名》之间称述的差别,我们在这里无暇介入而做更多的辨析、考证。但是,这些文献记载也足以说明宋钘、尹文之间存在密切的思想联系。参见(清)王先谦《荀子集解》,沈啸寰、王星贤整理,中华书局,2012,第 331 页。

若二人的立论依据和论证展开，我们在这里不过多引述，读者只要翻检其文章便可知晓。①

在1957年出版的《中国思想通史》"杨朱学派的贵生论和宋尹学派的道体观"一章中，侯外庐接受了郭沫若等人的观念，将研究宋尹学派的文献依托在《管子》四篇。② 1962年，杜国庠在《荀子从宋尹黄老学派接受了什么?》一文中，肯认了郭沫若的看法，并进一步探讨荀子、宋钘思想之间的关系，借以揭示荀子是如何批判接受了宋尹学说的积极因素。③ 在这之后，赞同宋钘尹文说，并进一步加以申说、论证的学人有李锦全、潘富恩、金德建、林之达、李学勤、孙开泰等。④ 近来，还有学人林志鹏承沿此说，完成专著《宋钘学派遗著考论》，对宋钘学派的思想与文本作出系统的考证和辨析。⑤

但是，《荀子·非十二子》中却是将宋钘与墨子并称：

> 不知壹天下、建国家之权称，上功用、大俭约而僈差等，曾不足以容辨异、县君臣；然而其持之有故，其言之成理，足以欺惑愚众，是墨翟、宋钘也。⑥

说明在《荀子·非十二子》的作者眼里，宋钘的思想和墨家学派更为近似或相同。持宋钘尹文说的学者并不能非常有力地回应《荀子·非十二

---

① 参见刘节《〈管子〉中所见之宋钘一派学说》，《古史考存》，人民出版社，1958，第238~258页；郭沫若：《宋钘尹文遗著考》，《青铜时代》，中国人民大学出版社，2005，第184~204页。
② 参见侯外庐、赵纪彬、杜国庠编著《中国思想通史》（第一卷），人民出版社，2011，第315~317页。
③ 参见杜国庠《荀子从宋尹黄老学派接受了什么?》，《杜国庠文集》，人民出版社，1962，第134~157页。
④ 参见李锦全《宋尹思想初探》，载中国社会科学院哲学研究所《哲学研究》编辑部、中国哲学史研究室编《中国哲学史研究辑刊》第一集，上海人民出版社，1980；潘富恩、施昌东：《论宋尹学派形而上学的思想特征》，《复旦学报》1980年第5期；金德建：《宋钘、尹文三论》，《先秦诸子杂考》，中州书画社，1982；林之达：《〈管子·心术篇〉的心理学思想》，《西南师范大学学报（人文社会科学版）》1982年第3期；李学勤：《〈管子·心术〉等篇的再考察》，《管子学刊》1991年第1期；孙开泰：《关于侯外庐先生论〈管子·白心〉等篇著者问题的一次谈话》，《中国哲学史》1994年第3期。
⑤ 参见林志鹏《宋钘学派遗著考论》，复旦大学出版社，2018。
⑥ （清）王先谦：《荀子集解》，沈啸寰、王星贤整理，中华书局，2012，第91~92页。

子》与《庄子·天下》在对待宋钘思想上的差别,也就无法确切地给宋钘、尹文定性是属于哪一个学派。既然宋钘、尹文自身性质都不定,也就无法可靠地用来判定《管子》四篇的学派归属问题。郭沫若说:"假使我们肯细心地把这几篇来和庄子的批评对照着读,我们可以知道它们之间简直有如影之随形,响之应声,差违的地方,差不多连丝毫也找不出的。"① 这应该是做不到的。

再者,《庄子·天下》所述的"禁攻寝兵""不为苛察""不以身假物""情欲寡浅",在《管子》四篇中是看不到的。《管子》四篇喜言的"静因之道",显然是需要假借于外物之形名,进而循名责实,这与所谓"不以身假物"不符。四篇虽言"虚素""虚其欲",但并不是止步于清心寡欲,而是希望具备一种更好的身心状态去因应外物,从而以更高超的方式出场,并能积极作为。此外,《庄子·天下》等传世文献有关宋钘、尹文的记载中,只字未提"法"。② 而《管子》四篇却盛言"法",比如《心术上》:"登降揖让、贵贱有等、亲疏之体谓之礼,简物小大一道,杀僇禁诛谓之法。"《心术上》:"因也者,舍己而以物为法者也。"《白心》:"然而天不为一物枉其时,明君圣人亦不为一人枉其法。"《白心》:"名正法备,则圣人无事。"从这一点来看,《管子》四篇与宋钘尹文的基本思想是存在较大差别的。

虽然现在看来,宋钘尹文说论据牵强,未能成立,但其主要贡献在于:破除当时人以为《管子》为管仲所作的固见,而将其置于战国时代,并展开有关战国何人所作的探究。与此同时,还引起学界对《管子》四篇的关注和重视,从而推进这方面的研究。在这些方面,宋钘尹文说的倡导者是功不可没的。

第二节　慎到田骈说

在《庄子·天下》和《荀子·非十二子》中都把慎到与田骈看作同一

---

① 郭沫若:《宋钘尹文遗著考》,《青铜时代》,中国人民大学出版社,2005,第189页。
② 这一情况也比较符合《汉书·艺文志》对宋钘、尹文的归类。《汉书·艺文志》将《宋子》《尹文子》分别归入小说家、名家,而没有划入道家或法家。

个学派。其中《庄子·天下》说：

> 公而不党，易而无私，决然无主，趣物而不两，不顾于虑，不谋于知，于物无择，与之俱往。古之道术有在于是者，彭蒙、田骈、慎到闻其风而悦之。齐万物以为首，曰："天能覆之而不能载之，地能载之而不能覆之，大道能包之而不能辩之。"知万物皆有所可有所不可，故曰："选则不遍，教则不至，道则无遗者矣。"是故慎到弃知去己，而缘不得已，泠汰于物，以为道理。曰："知不知，将薄知而后邻伤之者也。"謑髁无任，而笑天下之尚贤也；纵脱无行，而非天下之大圣；椎拍輐断，与物宛转；舍是与非，苟可以免。不师知虑，不知前后，魏然而已矣。推而后行，曳而后往。若飘风之还，若羽之旋，若磨石之隧，全而无非，动静无过，未尝有罪。是何故？夫无知之物，无建己之患，无用知之累，动静不离于理，是以终身无誉。故曰："至于若无知之物而已，无用贤圣。夫块不失道。"豪桀相与笑之曰："慎到之道，非生人之行，而至死人之理。"适得怪焉。田骈亦然，学于彭蒙，得不教焉。彭蒙之师曰："古之道人，至于莫之是、莫之非而已矣。其风窢然，恶可而言？"常反人，不聚观，而不免于魭断。其所谓道非道，而所言之韪不免于非。彭蒙、田骈、慎到不知道。虽然，概乎皆尝有闻者也。①

而《荀子·非十二子》说：

> 尚法而无法，下修而好作，上则取听于上，下则取从于俗，终日言成文典，反纠察之，则倜然无所归宿，不可以经国定分；然而其持之有故，其言之成理，足以欺惑愚众，是慎到、田骈也。②

但是在《汉书·艺文志》中，《慎子》被列入法家，而《田子》则归入道家，二者被分割开来。这一点是慎到田骈说的持有者应该回答的一个

---

① （西晋）郭象注，（唐）成玄英疏《庄子注疏》，中华书局，2011，第 563~566 页。
② （清）王先谦：《荀子集解》，沈啸寰、王星贤整理，中华书局，2012，第 92~93 页。

第五章 《管子》四篇的作者与学派归属

问题。主张慎到田骈说的学人主要有蒙文通、朱伯崑、裘锡圭等。

蒙文通前后的研究心得较为复杂，波动较大。他先是在《儒家哲学思想之发展》一文中提出《心术》《内业》等篇的作者与荀子大致处在同一个时代，"其持论旨要，殆亦由道家之旨而入于儒家者乎！"① 而在《杨朱学派考》一文中，他说"《心术》《内业》义合于慎到，实管书之有取于慎子。"② 在《略论黄老学》中，蒙文通一方面重申了《心术》《内业》等篇的学说与慎到、田骈相合，尤其是从因循论上来看。③ 另外，他又调整了先前的一些看法："《管子》中的《心术》《内业》《白心》各篇，我以前认为是慎到、田骈的学说，也有同志从'白心'二字着眼，认为这几篇书是宋钘、尹文的学说，如果从或使论来看，也可以说是接予的学说。总的来说，这些学者都是黄老派，他们同在稷下，互相学习，互相影响，我们说这几篇书是黄老派的学说就可以了，似不必确认其定是何人的作品。"④ 从慎到田骈说转变到黄老学派说，蒙文通采取的是一种折中的办法，不在急于要敲定为何人所作，而是意识到稷下各家相互影响所带来的思想复杂性。

朱伯崑在《〈管子〉四篇考》一文中主张："《心术》等篇是齐国稷下学士中从道家分化出来的法家慎到一派的著作，因而被保存在《管子》书中。这四篇不一定是慎到本人写的，其内容各有重点，体裁也不尽同。《心术》和《内业》有经有解，同《慎子》的文体也有区别，很可能出于慎到后学之手。"⑤ 他首先基于现存《慎子》七篇及其佚文，围绕"君道无为""圣人贵因""礼法并行""因时制法""关于养生"五大思想命题，与《管子》四篇展开思想特征的比对，得出二者之间具有相同或相通之

---

① 《儒家哲学思想之发展》一文最早刊载于《论学》1937年第4期特大号，其后又有所增补。参见蒙文通《先秦诸子与理学》，广西师范大学出版社，2006，第49页。
② 《杨朱学派考》原分题为《杨朱考》《黄老考》，刊载于《灵岩学报》1946年创刊号。后来合编修订发表于《图书集刊》1948年第8期。参见蒙文通《先秦诸子与理学》，广西师范大学出版社，2006，第116页。
③ 《略论黄老学》写成于1961年，因为各种原因一直未能公开发表，直到1997年经蒙默加以整理编校，才得以完整发布。参见蒙文通《先秦诸子与理学》，广西师范大学出版社，2006，第193页。
④ 蒙文通：《略论黄老学》，《先秦诸子与理学》，广西师范大学出版社，2006，第214页。
⑤ 朱伯崑：《〈管子〉四篇考》，载《哲学研究》编辑部编《中国哲学史论文集》（第1辑），山东人民出版社，1979，第113页。

处。此外，朱伯崑还辅之以《庄子·天下》《荀子·天论》《荀子·非十二子》中有关慎到的评论与载述，进一步认定《管子》四篇是慎到一派的著作。此外，他还判定《管子》四篇思想是处在道家转向法家的中间阶段，因而兼具道、法的思想色彩。然而，朱伯崑后来在《再论〈管子〉四篇》一文中放弃了这一观点。①

裘锡圭提出"道法家"的概念，主张"《心术上》和《白心》似应是慎到、田骈一派的著作。这两篇文章可能是慎到、田骈的学生写定的"。并且，他认为《心术上》《白心》与长沙马王堆出土的乙本卷前古佚书很接近，"却看不到阴阳家思想的成分。这两篇作品的时代应该早于采用了阴阳刑德说的乙本佚书。它们也许可以看作道法家早期作品的代表"②。大概12年后，裘锡圭在《稷下道家精气说的研究》一文中调整了自己的立场："现在看来，无论把《心术》等四篇定为宋钘、尹文学派著作，还是定为慎到、田骈学派著作，证据都嫌不足。"③

吴光在《黄老之学通论》一书中则说："《管子》四篇的作者问题，诸说不一，因为史料缺乏，现在很难断定。从其内容与稷下道家学派'学黄老（应为学老子）道德之术，因发明序其指意'的倾向一致分析，四篇应是稷下道家学者所作。再从其缘道德、兼礼法的倾向与《天下》、《非十二子》所论田骈慎到思想具有共同特点来看，则四篇有可能是田骈、慎到学派（或为田慎之后学欤？）的作品。但究竟作者是谁？不敢妄断，且存疑以待贤者深考。"④ 显然，吴光也未能下一个非常肯定的论断。

通过上面的陈述，我们可以发现持慎到田骈说的学者主要是基于《庄子·天下》等文献中关于慎到、田骈思想的概括，用来和《管子》四篇相参照比对，从而得出相应结论。思想比对的方法固然可以找出两个主体之间的相关性或相似性，但未能拿出确切的证据可以证明一定是慎到田骈一

---

① 朱伯崑：《再论〈管子〉四篇》，《朱伯崑论著》，沈阳出版社，1998。
② 裘锡圭：《马王堆〈老子〉甲乙本卷前后佚书与"道法家"——兼论〈心术上〉〈白心〉为慎到田骈学派作品》，载《中国哲学》（第2辑），生活·读书·新知三联书店，1980，第83页。
③ 裘锡圭：《稷下道家精气说的研究》，载陈鼓应主编《道家文化研究》（第2辑），上海古籍出版社，1992，第167~168页。亦可参见裘锡圭《文史丛稿：上古思想、民俗与古文字学史》，上海远东出版社，2012，第17页。
④ 吴光：《黄老之学通论》，浙江人民出版社，1985，第99页。

第五章 《管子》四篇的作者与学派归属

派所作。所以，这也导致后来蒙文通、朱伯崑、裘锡圭均放弃了此说。因此，慎到田骈说在学界的影响并不大，呼应者也较少。

第三节 管仲学派说

前述宋钘尹文说、慎到田骈说是从先秦学案类文献（诸如《庄子·天下》、《荀子·非十二子》）出发，建立起相应的学派属类与分析思路。而管仲学派说则是发前人所未发的，基本上是一个从无到有的新提法。《管子》常常被看作后人依托管仲之名而汇编成的图书，这些汇编者有可能是推崇管仲功业的人员，也有可能是继承、发扬管仲思想的人员。因而，《管子》里的文本思想或多或少都会与管仲存在一定的联系。管仲学派说的倡导者主要有余敦康、张岱年、胡家聪三人。

余敦康率先提出"管仲学派"的概念，他认为在刘向所编订的《管子》之前，应该存在一本具有明确思想体系、能和其他学派区分开来的《管子》之书，此书称得上是管仲学派的著作。而刘向后来将齐国旧档案所保存的稷下先生的作品一起掺杂编入，使得现在所见的《管子》之书既包括管仲学派的著作，又包括稷下先生的著作。

对于"管仲学派"这一新提法，余敦康是这样界定的："管仲学派是战国时期齐人继承和发展管仲的思想而形成的一个学派。这个学派根据齐国的具体情况和文化传统，总结齐国社会改革的经验，为封建统治者提供了一个完整的政治哲学体系。它和与鲁文化有渊源关系的孟荀学派（即儒家学派）以及产生于三晋的商韩学派（即法家学派）有着明显的不同。概括地说，这三个学派相互区别的主要标志在于他们对待宗法制的不同态度。"[1] 但是，对于今天我们所关注的《管子》四篇是管仲学派所作还是稷下先生所著，余敦康没有更多的讨论。

1982 年，张岱年在《中国哲学史史料学》一书中明确指出《管子》四篇是战国时期齐国管仲学派的著作，并对宋钘尹文说、慎到田骈说进行

---

[1] 余敦康：《论管仲学派》，载《中国哲学》（第 2 辑），生活·读书·新知三联书店，1980，第 39 页。

了反驳。① 而在1992年发表的《〈管子〉的〈心术〉等篇非宋尹著作考》一文中，张岱年具体指出郭沫若的宋钘尹文说理由不充足、所举证据不充分，而且存在原始资料的误读。他认为，刘向所校雠《管子》书三百八十九篇，"这原来的三百八十九篇，都称为'管子'书，必然都标上了'管子'二字，刘向是不可能将未标明'管子'二字列入的。这些篇章都是依托管仲的，所以称为管子学派的著作。《心术》上下、《白心》、《内业》等篇所以说是管子学派的哲学著作，而不可能是宋钘尹文的遗著"②。

胡家聪也持有类似看法，精通道家之言的刘向在校编《管子》一书时，不可能将宋钘、尹文、田骈、慎到的著作掺杂、编入进来，当时《宋子》《尹文子》《慎子》《田子》这些专著都已经在世上独自流传开来，"《心术》上下等道家四篇，其作者归属于管子学派，均不署名。佚名就是佚名，不必追究著作权属于谁"③。

主张管仲学派说的学者主要是看到了《管子》中有诸多篇章反映了管仲的遗说。他们认为，《韩非子·难三》篇中所称引的管仲的话可以与今本《管子》中的《权修》《牧民》对应上。此外，贾谊《新书·俗激》中体现的管仲的"四维"思想也可见于今本的《管子·牧民》。因此，应当承认《权修》《牧民》保存了管仲的遗说，记录了他的一些思想，尽管它们不一定是管仲亲自写就的。再者，《史记·管晏列传》言之凿凿，"吾读管氏《牧民》《山高》《乘马》《轻重》《九府》及《晏子春秋》，详哉其言之也。既见其著书，欲观其行事，故次其传。至其书，世多有之"④。所谓《山高》就是今天所看到的《形势》，司马迁也肯定上述几篇是管仲的著作，这更加坚定了他们秉持管仲学派说的想法。

但是，若仔细推究，落实到《管子》四篇上来看，这一说法无论在具体立论还是在"管仲学派"这一提法上，实则皆难成立。因为并没有更多传世文献关于《心术上》《心术下》《白心》《内业》的文字转述，《韩非子》《新书》的称引主要是与《权修》《牧民》等篇章相关。而且，《管

---

① 参见张岱年《中国哲学史史料学》，生活·读书·新知三联书店，1982，第48~50页。
② 张岱年：《〈管子〉的〈心术〉等篇非宋尹著作考》，载陈鼓应主编《道家文化研究》（第2辑），上海古籍出版社，1992，第325页。
③ 参见胡家聪《管子新探》，中国社会科学出版社，1995，第307页。
④ （西汉）司马迁：《史记》，中华书局，2009，第393页。

子》四篇具有自身的思想特殊性，很可能自成一体，而与《权修》《牧民》等篇不同。因此，如果就此草率地认为《管子》四篇也是反映管仲学派的思想，未免有些以偏概全了。

再者，笔者以为"管仲学派"作为一个新提法也难以成立。管仲身处春秋衰乱之世，一生汲汲于辅佐齐桓公成就霸业，未曾像孔孟一样授徒讲学，更未曾有意于著书立说，他只是倾心于具体而实际的事功建设。后世即便有仰慕管仲者、称述管仲之言者、仿效管仲之行者，亦与管仲不构成严格意义上的师承关系，也就不能称其为一种"学派"。

第四节 稷下黄老说

无论是宋钘尹文说，还是慎到田骈说，他们考论、辩说工作的一大贡献在于：将《管子》四篇逐步引到黄老之意的视野中，这为人们后期的深入研究铺垫了道路。因而也就有了后来的稷下黄老说，也是当下学界最为流行、接受度最高的一种说法。

"稷下学"是20世纪初才出现的一个学术概念，对其研究具有开创性贡献当归于金受申所著《稷下派之研究》①一书，这是第一次将稷下学士当作一个整体来探讨。而在此之后的1935年，钱穆撰写了《先秦诸子系年》，里边就有《稷下通考》②一文，对于稷下学宫的地望、始末、兴衰、人物、行谊、学风都做了翔实的考证和论述，使稷下学宫的基本面貌得以浮出水面，为后人开展稷下学研究奠定了重要基础。

实际上，"稷下学"是一个较为宽泛的学术概念，它几乎可以涵盖战国中后期所有知名的思想人物和学派，比如上述宋钘、尹文、田骈、慎到等人，事实上他们都是稷下学士。稷下学成为战国中后期一股思想最为活跃、影响最为广泛的学术力量，并对秦汉以后的学术走势产生深刻影响。

而黄老学派又是战国时期表现极为突出的一个学派，正如蒙文通指出的："百家盛于战国，但后来却是黄老独盛，压倒百家。"③ 黄老学在战国

---

① 此书初版是在1930年左右，参见金受申《稷下派之研究》，台湾商务印书馆，1971。
② 钱穆：《先秦诸子系年》，商务印书馆，2001，第268~272页。
③ 蒙文通：《略论黄老学》，《先秦诸子与理学》，广西师范大学出版社，2006，第206页。

中后期成为一门显学，并一直持续到秦汉时期。这代表了当时学术思想发展的一种趋向，即通过兼综百家、汇合融通的方式，开出新的学问。

有了上面的一些基本认识，我们再回到"稷下黄老说"上来。这是一个以地域加学派的方式界定的说法，不仅指出了某一思想的产生地区，也表明了其思想的基本特点。而《史记》所记载的战国之季学黄老之术者，也大多是稷下的一些学士。这为"稷下黄老说"的说法提供了一种合理性。

主张稷下黄老说具有代表性的学人主要有：冯友兰、李存山、陈鼓应、白奚、陈丽桂。

冯友兰在《中国哲学史新编》中认为《管子》四篇思想体现了治身与治国的一体两面，属于稷下黄老之学。[1]

李存山在《〈内业〉等四篇的写作时间和作者》一文中说："我们似可以推论《管子》四篇是从庄子学派内部分裂出去的一部分稷下黄老学者的作品。"[2]

陈鼓应从"以虚无为本""以因循为用""形神养生"三方面入手，分析说明《管子》四篇是稷下黄老学的代表作。[3]

白奚《稷下学研究——中国古代的思想自由与百家争鸣》是一部系统研究稷下学的专著。在他看来，黄老之学产生并成熟于稷下，《管子》四篇是战国黄老之学成熟时期的主要代表作。至于具体作者为谁，白奚只说是佚名的齐人学者。[4]

陈丽桂教授面对莫衷一是的学派归属问题，更加愿意相信稷下黄老学派的作品一说，并倡言不必过分追究其学派问题，而应该把重心放在有关思想论题的分析上。[5]

稷下黄老说在被提出之后，得到众多学人的接受与认可，踵其说者有

---

[1] 参见冯友兰《中国哲学史新编（修订本）》（第2册），人民出版社，1984，第198~199页。
[2] 李存山：《〈内业〉等四篇的写作时间和作者》，《管子学刊》1987年第1期。
[3] 参见陈鼓应《管子四篇诠释》，中华书局，2015，第18~21页。
[4] 白奚：《稷下学研究——中国古代的思想自由与百家争鸣》，生活·读书·新知三联书店，1998，第92~96、220~221页。
[5] 陈丽桂：《战国时期的黄老思想》，联经出版事业股份有限公司，1991，第113~116页。

第五章 《管子》四篇的作者与学派归属

陈政扬、张连伟、匡钊、叶树勋等,① 影响颇广。

稷下黄老说是学界经历前期大量的考证研究与学术争鸣之后沉淀下来的。这一说法虽然较宋钘尹文说、慎到田骈说、管仲学派说来得笼统,但它是一个比较稳妥、易于为人所广泛接受的说法,也是一个敞开式的断语。笔者同样是赞同稷下黄老说,并以之作为研究的基本预设。无论是宋钘尹文,还是慎到田骈,都曾与齐国稷下学宫产生联系,就是"管仲学派"的提法亦不离齐国的范围。在没有一些新的直接而可靠的证据出现之前,不必要运用一些似是而非的论据去强作臆断是何人所作的,认定其为稷下黄老学的作品即妥,而应该把更多的目光投注在四篇自身思想的研究与阐释上。与其妄加猜测,产生一大堆既无法证实也无法证伪的意见,不如多做些更加务实、具有建设性的工作。

除了以上四种说法外,还存在一些其他的学术声音,但在学界影响较小,未能引起广泛的讨论。出于完整呈现学术进展的考虑,我们将这些学术观点综述如下,以备查阅。

罗根泽先生在《管子探源》一书中主张:"《心术上》第三十六,《心术下》第三十七,《白心》第三十八,并战国中世以后道家作……《内业》第四十九,战国中世以后混合儒道者作。"②

祝瑞开所著《先秦社会和诸子思想新探》一书认为《心术》上下分别为道家、法家与儒家之结合,绝非宋尹学派之书。③

萧汉明认为,"《心术》上下篇以及《白心》与《内业》的主旨是一致的,都是以卫生之经为主体内容的著作。由于以往的研究多偏重于哲学与政治思想层面,对其中的养生思想完全忽略,其结果是在哲学方面既有欠允当,在师承关系与作者的判定上自然也难以准确把握。笔者认为,就学术属性而言,这几篇著作应属于老学系统中专论卫生之经的著作,是对老子养生思想的继承与拓展。而在老子后学中,着重继承其卫生之经的是杨朱及其后学,且在孟子时代其言盈满天下,因此就作者而言,这几篇著

---

① 参见陈政扬《稷下黄老思想初探》,《鹅湖月刊》第25卷第10期,2000;张连伟《论〈管子〉四篇的学派归属》,《管子学刊》2003年第1期;匡钊、张学智《〈管子〉"四篇"中的"心论"与"心术"》,《文史哲》2012年第3期;叶树勋《〈管子〉四篇中"心"的构造理论》,《天津社会科学》2023年第3期。
② 罗根泽:《管子探源》,山东文艺出版社,2018,第7页。
③ 祝瑞开:《先秦社会和诸子思想新探》,福建人民出版社,1981,第262~268页。

作只能是杨朱后学所作。"①

　　杨儒宾认为,《内业》《心术下》两篇的年代当晚于孟子,应该是孟子后学所作,他说:"孟子的身心理论是相当有原创性的理论,《管子》两篇(指《内业》《心术下》。——引者注)与它如此相近,绝非偶然。我们如果假设这两篇的作者原本就是孟子后学,这两篇原本就是为发挥孟子的内圣之学而作,那么,两者间的相似继承就不足怪异了。"②

　　总之,《管子》四篇学派归属问题的争论还在持续不断,《管子》四篇的研究也在走向深处。

---

① 萧汉明:《〈管子〉的卫生之经与杨朱学派的养生论》,载方勇主编《诸子学刊》(第1辑),上海古籍出版社,2008,第168页。
② 杨儒宾:《儒家身体观》,上海古籍出版社,2019,第59~63页。在后来的专文中,杨儒宾延续了这一观点,见杨儒宾《论〈管子〉四篇的学派归属问题——一个孟子学的观点》,《鹅湖学志》1994年第13期。

——— 中 篇 ———
义理阐释

第六章 《管子》四篇道气关系论辨正

《管子》一书非作于管仲一人,亦非成书于一时。《管子》中的《心术上》《心术下》《白心》《内业》这四篇文意隽永,规模上与《老子》一书相当,有六千余言,从这四者的篇名就可以直观看出它们与"心""气"等问题有着密切的联系。在郭沫若发表《宋钘尹文遗著考》一文后,此四篇渐成一个整体而集中得到学界的关注,并通常认为四篇之间在思想上具有相对一致性,是成体系的。[①] 如今,将其定位为黄老道家的作品几成学界之共识——它是齐国稷下学宫的学术产物,因此撰写的时间大致可以确定在战国时期,是受《老子》道家哲学影响所催生出来的黄老作品。前人披荆斩棘所获得的研究成果,对我们进一步深入探讨《管子》四篇的思想无疑有着巨大的帮助。

至于《管子》四篇的作者,郭沫若认定是宋钘、尹文的学说,而裘锡圭等人则反对这种说法,认为《心术上》《白心》等应该是慎到、田骈一派道法家的作品,[②] 蒙文通早前同是这样认为的,但后来他在《略论黄老

---

① 目前所见的研究中,祝瑞开教授认为,《管子》四篇中表达了两种针锋相对的观点,其中《心术上》《白心》是一派,《心术下》《内业》又是另一派。但《心术上、下》可能是经文,而《白心》《内业》则分别可能是其说文。参见祝瑞开《先秦社会和诸子思想新探》,福建人民出版社,1981,第192~208页。关于这一问题的总结性研究还可以参见陈丽桂《战国时期的黄老思想》,联经出版事业股份有限公司,1991,第113~116页。

② 参见郭沫若《宋钘尹文遗著考》,《青铜时代》,中国人民大学出版社,2005,第184~204页;裘锡圭:《马王堆〈老子〉甲乙本卷前后佚书与"道法家"——兼论〈心术上〉〈白心〉为慎到田骈学派作品》,载《中国哲学》(第2辑),生活·读书·新知三联书店,1980,第83页。

学》一文中又修正了自己的立场,而认为创作《管子》四篇的这些学者"都是黄老派,他们同在稷下,互相学习,互相影响,我们说这几篇书是黄老派的学说就可以了,似不必确认其定是何人的作品"①。与蒙文通持有类似看法的还有陈鼓应、丁原明、白奚等。② 笔者在这里同样赞同这种观点,认定其为稷下黄老学的作品即妥,在没有一些新的直接而可靠的证据出现之前,没必要运用一些似是而非的论据去强作臆断是何人所作的,而应该把更多的目光投注在《管子》四篇自身思想的研究与厘定上。

《管子》四篇作为形成于战国时期的黄老道家作品,其创造性提出的"精气说"在先秦思想史上具有重要影响,但其中涉及的"道—气"关系问题复杂而容易混淆,有必要加以重新梳理和厘定。从黄老道家的基本特征以及《管子》四篇内部相关文献出发,我们发现《管子》四篇中的"道—气"关系既不是一种二元论结构,也不是所谓二而一的同一结构。"气"是"道"借以生成万物的衍生体,"道"要进入万物就必须借助于"气"这个由其产生、具有弥漫性、非有非无、即有即无的介质来加以实现,它们之间构成了"气"从属于"道"之一元论的宇宙生成模式。

第一节 宇宙生成论中的"道—气"关系问题

《管子》四篇中的道气关系所涉及的是宇宙生成论的问题,是研究四篇中其他一切思想命题的基本前提。现有的一些研究成果颇有斩获,但还是存在一些偏误。因此,不论对《管子》四篇的思想本身还是对于研究者和读者,对其有一个准确的理解与把握是很有必要的。

作为黄老道家作品的《管子》四篇,《老子》自然是其进行思想创造的最重要资源。我们知道,《老子》以"道"作为天地万物的本原,但它是一种"不知其名"③的存在,并且老子将"道"化生万物高度抽象地勾

---

① 蒙文通:《略论黄老学》,《先秦诸子与理学》,广西师范大学出版社,2006,第214页。
② 参见陈鼓应《管子四篇诠释》,中华书局,2015,第15页;丁原明《黄老学论纲》,山东大学出版社,1997,第142页;白奚《稷下学研究——中国古代的思想自由与百家争鸣》,生活·读书·新知三联书店,1998,第187~195页。
③ (魏)王弼注,楼宇烈校释《老子道德经注》,中华书局,2011,第65页。

第六章 《管子》四篇道气关系论辨正

勒为"道生一,一生二,二生三,三生万物"① 的一个过程。因此,他只说明了万物的生成来源问题,却无法讲明万物的具体生成和运化,以及万物之间在本体层面上是怎样被规定的一种关系问题。《管子》四篇的精气说则是试图在这方面能有所突破。

一方面,《管子》四篇对道—气关系问题的意识首先产生于《老子》之中。而另一方面,我们也可以说,《管子》四篇中"道"与"精""气"之间的关系之所以容易给人留下不清不明的印象,其潜在根源也是起于《老子》中对"道"的描述:"道之为物,惟恍惟惚。惚兮恍兮,其中有象;恍兮惚兮,其中有物。窈兮冥兮,其中有精;其精甚真,其中有信。"② 以及《老子·第四十二章》:"道生一,一生二,二生三,三生万物。万物负阴而抱阳,冲气以为和。"③ 从这两章中我们可以发现,在"道之为物"与"道生万物"的过程中,"精"和"气"到底在其中起着什么作用,二者是否有参与到"道之为物"与"道生万物"的具体过程中来,这是《老子》所没能直接点明的,其语焉不详对我们用它来理解《管子》四篇的道—气关系问题造成了困难。道—气之关系不明,则《管子》四篇的宇宙生成论不立。因此,很有必要对此问题进行一番详细的探究和考订。

在这一问题上,台湾学者王晓波认为,《管子》四篇中"道"与"气"是"一个二元论结构的哲学理论,以最高原理原则的'道'和'其细无内'的物质性的'气',共同来说明宇宙万物的形成"④。我们认为,将"道"与"气"的关系理解为二元结构的论断是很成问题的,它不仅不符合《管子》四篇的原义,而且也与黄老哲学的一些基本特征相违背,兹试举以下几点来展开证明。

首先,稷下黄老学说的一个显著特征应该如韩非子所指出的:"因道全法,君子乐而大奸止。"⑤ 即以道家"道"的哲学来论证"法"的来源、根据及其合理性等问题,最终为黄老治术的确立提供依据。"因道全法"的特征在《心术上》表现得尤为明显:"法者,所以同出不得不然者也,

---

① (魏)王弼注,楼宇烈校释《老子道德经注》,中华书局,2011,第120页。
② (魏)王弼注,楼宇烈校释《老子道德经注》,中华书局,2011,第55页。
③ (魏)王弼注,楼宇烈校释《老子道德经注》,中华书局,2011,第120页。
④ 王晓波:《道与法:法家思想和黄老哲学解析》,台大出版中心,2007,第233页。
⑤ (清)王先慎:《韩非子集解》,钟哲点校,中华书局,2013,第209页。

故杀僇禁诛以一之也。故事督乎法，法出乎权，权出乎道。"可见，"道"是"法"获得其规定性的唯一形上来源，这就要求法令必须是统一颁布的，具备绝对的权威性，从而保证在实际执法运作中能够达到令行禁止、一以贯之的效果。因此，在以"道"论证"法"的理论追求中，最高的哲学概念只能是"道"而不是其他，更不可能有两个并列的最高哲学概念，因为这样根本无法达成论证上所需要的确定性。

其次，黄老之治术重在定于一，即寄社会之治乱于法术这一统绪，法是社会治理的最主要选择。《管子·任法》里也指出："黄帝之治也，置法而不变，使民安其法者也。"① 国家能有一套相对稳定不变的法是社会稳定、民心安定的可靠前提。"过在自用，罪在变化"（《心术上》），不因循法之治术而自用己智，导致国家管理政策多变而无常法，这正是黄老之学所要特别规避的，非不如此，则无以最终实现"名正法备，则圣人无事"（《白心》）的理想状态。因此，从强调社会治理之法的稳定性来看，《管子》四篇不太可能在本体层面上安排一个容易让人产生左右摇摆选择的二元论，作为智囊团的稷下学者更应该会捧出一个具备单一性的哲学体系，才能受到君王的青睐和采纳，从而适应战国至秦汉以来要求中央集权、结束纷乱局面、实现长治久安的时代需要。

最后，大凡是黄老之学就是力主尊君崇道的，这几乎成了他们进行哲学建构的一个基本理论模型。例如，长沙马王堆汉墓出土的《黄帝四经》②是研究黄老学最可靠而直接的资料，其在行文中就将君主称为"执道者"。对此，曹峰教授指出："对'执道者'而言，'道'有着三方面的意义。第一，'道'是统治者认识和行动的总根源、总依据。第二，'执道者'必须采取与'道'相应的'无形'的姿态去把握'有名'、'有形'的对象，从而最终达到'无为'的境界。第三，存在于天地四时的运行法则中的'道'是'执道者'必须参照遵循的准则。"③ 可见，"道"对于黄老政治学说之意义是极深的。同样的，《管子·心术上》里也强调："心之在体，

---

① 黎翔凤：《管子校注》，梁运华整理，中华书局，2004，第901页。
② 1973年长沙马王堆汉墓出土的《老子》乙本卷前有《经法》《十大经》《称》和《道原》四篇佚书，唐兰推定它们就是《汉书·艺文志》中所载录但亡佚已久的《黄帝四经》。参见唐兰《马王堆出土〈老子〉乙本卷前古佚书的研究》，《考古学报》1975年第1期。
③ 曹峰：《〈黄帝四经〉所见"执道者"与"名"的关系》，《湖南大学学报（社会科学版）》2008年第3期。

君之位也。九窍之有职，官之分也。心处其道，九窍循理。嗜欲充益，目不见色，耳不闻声。故曰：上离其道，下失其事。毋代马走，使尽其力；毋代鸟飞，使弊其羽翼；毋先物动，以观其则；动则失位，静乃自得。"君主之于百官万民所应占据的位势，如心之于五官九窍，君主应该执持"道"而居于上位，不先物动，静观其变，一切皆遵循着道术而行，这也就是黄老静因之术的体现。如此，作为国家中最高的君主与本体论上最高的"道"实现了全然对应，在这里"气"并没有作为与"道"相并列的本原的角色出场，而不构成二元的本体论结构。

第二节　"道"与"气"是否二而一？

如上所论述，《管子》四篇不可能会设定两个本体（"道"与"气"）来实现宇宙万物与社会秩序的安顿，而一旦设定一个二元的本体论只会适得其反。既然二元论是不可能的，那么"道"与"气"二者是否又会是二而一的一元论呢？我们该如何看待《管子》四篇中经常出现的"道"与"气"之难舍难分的关系？

在这方面，学界对《管子》四篇中的道—气关系还存在着一种看法，即认为道气是合一的，这其中最具代表性的当如陈鼓应，他认为《管子》四篇"将原本抽象渺远之道具象化而为精气……'精气'与'道'是异文同义"[1]。和陈鼓应持有同一看法的学者还有很多，他们还通过比较得出：较之于《庄子》，《管子》四篇在"精""气""神"三者上是不分别的。[2] 而当我们仔细去揣摩时就会发现，力主道气合一的学者通常都会抓住这样的两段文献来做比较，得出"道"与"气"是一回事的结论，[3] 这两段文献分别是《心术下》的"气者，身之充也"，以及《内业》中的"夫道者，所以充形也"。通过对比，他们认为两段文献都在说同一个问

---

[1] 陈鼓应：《管子四篇诠释》，中华书局，2015，第45页。
[2] 例如李道湘《从〈管子〉的精气论到〈庄子〉气论的形成》，《管子学刊》1994年第1期。
[3] 持有此类观点的研究成果例如有李景林《论〈管子〉四篇的"道—气"一元论》，《管子学刊》1989年第4期；陈丽桂：《战国时期的黄老思想》，联经出版事业股份有限公司，1991，第121~122页。

题，即道与气都是填充人之身形的一种物质性存在，因此没有道理把二者区分开来，只不过有时候作者在不同篇章的行文中换了个名词与说法罢了，这与郭沫若的提法如出一辙，即"《内业》和《心术》……反复咏叹着本体的'道'以为其学说的脊干。这'道'化生万物，抽绎万理，无处不在，无时不在，无物不有，无方能囿。随着作者的高兴，可以称之为无，称之为虚，称之为心，称之为气，称之为精，称之为神"①。这样的一种理解未免失之于随意武断，实际上已经混淆了"道"与"气"乃至"精""神"之间的关系，而不能做出有效的区分。因此，这些观点都是值得进一步商榷的。

要理解这两段话的真正含义，有必要研读一下它的前后文，通过整体的语境来把握它们，避免断章取义。这两段完整原文如下：

> 形不正者德不来，中不精者心不治。正形饰德，万物毕得。翼然自来，神莫知其极。昭知天下，通于四极。是故曰：无以物乱官，毋以官乱心，此之谓内德。是故意气定然后反正。气者，身之充也。行者，正之义也。充不美，则心不得。行不正，则民不服。（《心术下》）

> 夫道者，所以充形也。而人不能固，其往不复，其来不舍。谋乎莫闻其音，卒乎乃在于心，冥冥乎不见其形，淫淫乎与我俱生。不见其形，不闻其声，而序其成，谓之道。（《内业》）

虽说黄老学是"因道全法"的，从天道上去论证治道，但这个"天道"还不是《老子》中的自然之道，否则非但不能为其治道提供论证，反而会自相矛盾，因为《老子》的自然之道根本上就是反对造作营为的，所谓"道化生为天地，是自然而然、无有目的、无有用心的，天地化生万物也是自然而然、无有目的、无有用心的"②。可见，黄老学的刑名法术在老子道论中是没有一席之地的。但不可否认的是黄老学就是从老子哲学中脱胎换骨出来的，其要实现理论自洽就必须相应地在道论上做出一定的改造与调适，"它们下降老子的'道'去牵合刑名，为'刑名'取得合理根

---

① 郭沫若：《宋钘尹文遗著考》，《青铜时代》，中国人民大学出版社，2005，第197页。
② 罗安宪：《论老子哲学中的"自然"》，《学术月刊》2016年第10期。

第六章 《管子》四篇道气关系论辨正

源,也用'刑名'去诠释老子的'无为'。继承并改造老子的雌柔哲学,转化为正静、因时的政术"①。这可以说点明了黄老学者一般在改造老子道论、建构其自身哲学体系上的基本手法。而在《管子》四篇这里,作者提出的精气说也使得"道"实现了这样的一个"下降"。比如,就"心静气理,道乃可止"(《内业》)一句来说,保持心气上的虚静和顺有助于我们对"道"的把握,这时"道"不再变得那么抽象邈远、难以捉摸,而是可以通过心气的调理,使其驻足于人,实现人对"道"的贴合。有了人对"道"的体认与把握,在这基础上他们所向往的"圣人之治"不外乎就是要依据刑名之术,静身待之,而能因任应变、与时相随,即"圣人之治也,静身以待之,物至而名自治之。正名自治之,奇身名废。"(《白心》)通过中国哲学逻辑结构论的分析,我们也可以了解到"'道'与'气'这两个范畴既相联系,又有区别。'道'是较'气'高一层次的范畴,故'气'为象实范畴,'道'为象虚范畴"②。这说明"道""气"两个范畴之间具有较为明晰的逻辑演变进程,而不容有所含混,才能符合人的思维螺旋式前进的规律。

在《管子》四篇中,"气"是充形的固然没错,但因为"气"的概念是从属于"道"的,它相对于"道"是次一级的概念(这一点我们将在下文中也会有所证明),因此所谓的气充形充身,当然也就可以讲成道充形充身了。此外,还需要弄明白的一个问题是:《内业》这里为什么要特意改换成"道"来讲充形的问题呢?笔者以为,这是为了突出"道"与"心"的关系,强调要把"道"内化落实于"心",即要"能固"、要"卒乎乃在于心"。也因此开启了《管子》四篇对心形问题的探讨——既重视"心"的修养也重视"形"的强健,主张心形双修交养,这是《管子》四篇中一个很重要的特点。

"一气能变曰精,一事能变曰智。"(《心术下》)当人专一抟聚其气而能随顺应变,称之为"精";当人专一于某事上而能善变应对,称之为"智"。这里所讲的"精"是指经过抟气修养之后所达致的心境精粹纯明、随顺应变的状态。《心术下》的这一说法也见于《内业》:"一物能化谓之

---

① 陈丽桂:《战国时期的黄老思想》,联经出版事业股份有限公司,1991,第4页。
② 张立文:《中国哲学逻辑结构论》,中国社会科学出版社,1989,第143页。

神，一事能变谓之智。化不易气，变不易智。惟执一之君子能为此乎！"只不过作者在这里改用了"神"而不是用"精"来指涉这种状态，更加突出在这种状态下人所具有的神妙能力。值得特别关注的是，它还提出了"化不易气"的命题，也就是说事物虽然处在不断运化变动之中，但是气在其中不会随之改变或消弭。可见，当我们专心一意于对气施加作用时（即做关于气的工夫），气就能推动、促成事与物的运化生成，另一方面气又能在万事万物之变动不居中保持主心骨式的不变作用。因此，气实际上就是道用来运化生成万物的一个衍生体，因而它是从属于"道"的，而非能够与"道"相等同并列的。

《管子·白心》将进一步印证这样一个问题，其有言曰："苞物众者，莫大于天地。化物多者，莫多于日月。"尹知章注曰："日，阳也；月，阴也。物皆禀阴阳之气然后化之也。"① 作者以日月借指阴阳之气，并直接点明了气具有"化物"的功能，而所谓的"天地"更多是象征着无所不包的"道"，② 它是总括万事万物的最高原理。因此，作者在这里是对道之抽绎万理，气之运化万物做了一番赞美，这也足以表明"道"与"气"之间具有一种差别性的关系。

如此看来，"气道乃生"（《内业》）这一四字命题可以得到很好的阐释。首先，它应该断句为"气，道乃生"，意思是说"道"要运化万物必须借助于"气"，有了"气"并且是通过"气"，"道"乃能展开生成万物的活动。试想，如果"道"与"气"真的如一些学者所言是"异文同义"的话，那这里有什么必要将"道""气"并列连言在一块讲呢？这样岂不是赘言？事实上，这里把"气"放置于句前，后面的"道乃生"就是为了强调和解释这个新提出来的概念——"气"，来说明它和"道"是怎样的一种关系。③

---

① 黎翔凤：《管子校注》，梁运华整理，中华书局，2004，第788~789页。
② 《心术上》也通过"天""地"来表征和指明"道"的品格，其言曰："天之道虚，地之道静。虚则不屈，静则不变。""虚则不屈"和"静则不变"都是符合道作为绝对、最高之本原的特征，因而天地即象征着所谓的道。
③ 对于"气道乃生"，中国人民大学国学院向世陵教授在阅览此文后提出了不同看法，他认为在这句话中"道"可作"导"解，不作为一实体解，意为通导，也就是说有了气的流行通导，万物才得以生生长养，这正体现了《管子》四篇以精气为本原、气化流行的一种学说。这一意见很有启发性，可以朝这一方向做深入探讨。

"夫道者……谋乎莫闻其音，卒乎乃在于心。冥冥乎不见其形，淫淫乎与我俱生。不见其形，不闻其声，而序其成，谓之道。"（《内业》）陈鼓应认为，"卒"字通"萃"，有"收聚"之意。① 这样的话，所谓将"道"收聚于心，正是《内业》里所说的"抟气"的工夫，即通过将气收纳集聚于心从而实现了"道"内化于心。这也就是后文紧接着说"凡道无所，善心安处②，心静气理，道乃可止"（《内业》）的道理。"淫淫乎"是指"道"生成万物过程中一种绵绵不断增进的样子，充满着生机与活力。"道"在天地之间，不见其形声，但它能够有序地生成万物。因此，我们可以继续追问的是："道"如何能够实现有序地生成万物呢？显然，这其中是需要"气"来发挥作用的。无论是对万物生成之条理化，还是对人身心修养的调理，"道"自身是无法单独加以实现的，而需要借助作为衍生体的"气"。也因此在心性修养上，人只有着力于心的恬静、气的调理，"道"才有可能最终止之于心。

第三节 以"精"释"气"

下面我们将通过了解"精"的内涵来进一步讲明"道"与"精""气"的关系。"精"除了前面所提到的是指经过抟气修养后所达到的精粹纯明、随顺应变的状态外，在《管子》四篇中，它有时又是一种精神性的指向。例如《内业》中所言的："天出其精，地出其形，合此以为人。"在中国的传统观念中，天地二者相合交通方能催生出万事万物，包括《管子·度地》也曾指出："天气下，地气上，万物交通。"③ 在《内业》这

---

① 参见陈鼓应《管子四篇诠释》，中华书局，2015，第84页。此句孙中原则校释为："谟乎莫闻其音，猝乎乃在于心"，译为："寂静而听不到声，忽然却隐藏心中。""谋"训为"谟"而取"寂静"之意可通，但"卒"训"猝"而取"忽然"之意，似乎有些词不达意，兹不采用这种理解。参见孙中原《管子解读》，中国人民大学出版社，2015，第129~130页。
② 此句原作"善心安爱"，陶鸿庆认为，"爱"疑是"处"字之误，"所"与"处"意思正相应。此说可从，这样整句话可以理解为：凡道没有固定处所，遇到善心就会安处下来。从而得以突出后文"心静气理"的必要性了。参见黎翔凤《管子校注》，梁运华整理，中华书局，2004，第935页。
③ 黎翔凤：《管子校注》，梁运华整理，中华书局，2004，第1063页。

里,"精"与"形"对举而言,明显是带有精神性的,相当于是一种灵魂类的存在,它和人的肉体形身共同构成一个完整的"人"。这就和《心术下》的"气者,身之充也"一句相对应上。在《管子》四篇中,气至少可以涵盖"精"与"形",从而分为"精气"和"形气"。其中,"天出其精"的"精"指的就是"精气",而"地出其形"中的"形"不是通常所谓具体的形体物质,而是指"形气",① 也是气中的一种,但它又是构成万物(包括人)之具体形体的原理。

《心术上》说:"物得以生生,知得以职道之精。"仔细揣摩,不难发现此句的文意是说:万物因职道之精以生。我们可以进一步将其译成白话文为:万物禀受了"道之精"并以之为主宰,而得以生生不已。这就透露出"精"与"道"乃至于和万物的关系,从这般语脉上来看,显然道与精(或精气)绝不是能等同起来的。那么,对于"道之精"该作何理解呢?《心术上》还有类似的一个表述:"世人之所职者精也,去欲则宣,宣则静矣。静则精,精则独立矣。独则明,明则神矣。"唐房玄龄注曰:"职,主也。言所禀而生者精也。"② 石一参也作注:"职,司也。精为生生之本,而为欲所郁则不宣。"③ 于此可见,"精"也指道所能赋予万物的原初生命力与规定性,它是道自身所本有的最为本质的东西,并能够最终赋予万事万物,让它们获得生成发展的动力和根据。当人的欲望充溢时,这种原初的生命力就会有所郁结,对人生命的维持与作用也相应地弱化了。因此,这里通过指出"道""精"与万物的关系,至少可以突出人在心性上有所修养是必要的,进而强调了"去欲"和"静"的工夫。

丁原明教授注意到了《管子》四篇把"道"诠释为由精气所构成的物

---

① "形气"并不是笔者自己的提法,陈丽桂在分析《内业》"凡人之生也,天出其精,地出其形,合此以为人"时就写道:"人是天地之气和合所生,其精神由于虚无不可见,《内业》想其当然而归其来源为无形的'天'气;形体则具体可察,故归其来源为可见、可察的'地'气。人就是由这天、地之精气与形气和合产生的,这等于是从人的生成角度解释了《老子》所说的'负阴而抱阳,冲气以为和。'"参见陈丽桂《黄老思想要论》,《文史哲》2016 年第 6 期。关于"形气"的其他研究成果还有刘长林、胡奂湘《〈管子〉心学与气概念》,《管子学刊》1993 年第 4 期;李存山:《关于〈内业〉等四篇精气思想的几个问题》,《管子学刊》1997 年第 3 期;李霞:《论道家生命结构观的建立与发展》,《安徽大学学报(哲学社会科学版)》2006 年第 4 期;周磊:《〈管子〉"精气说"重探》,《理论界》2017 年第 4 期。
② 黎翔凤:《管子校注》,梁运华整理,中华书局,2004,第 767 页。
③ 黎翔凤:《管子校注》,梁运华整理,中华书局,2004,第 769 页。

质性存在，从而实现了"道""气"合一。但把"道"理解成由一种抽象存在演变成一种物质性实体，这是不全面的。因为《管子》四篇中的"气"并不能单纯地定义为一种物质性实体，它还包含有一种生成性能、一种弥漫在天地间构成万物的生命力，这种"气"的特性用物质性与精神性的二分法是很难加以完全解释和说明的，它将很容易隔断"气"对人、对这个世界在宇宙本体论上的整全意义。应该将其置放在中国哲学自身的话语体系与哲学范畴下来理解。如前所谈到的"一气能变曰精"（《心术下》），其实就是对气这种运化功能的一种比较贴合中国哲学自身解说理路的表达方式，以"精"来表达"气"所具有的能变、能化的神妙之意。正是在这种语境下，《管子》四篇创造性地把"精"与"气"结合在一起，形成了中国思想史上具有特色的"精气说"。《内业》说精气"其细无内，其大无外"，精气是细微之极致，"其大无外"则是说它充满宇宙空间、弥漫天际、无处不在。用精气来讲宇宙生成论的问题，起码有这样的作用：精气广袤无垠地弥漫开来，因而宇宙也是广袤无垠的；精气是细微而连续的，因而宇宙中由精气所生成的万事万物之间也是连续的构成。此外，道是通过气而进入到万事万物中，气是道生成、长养万物的一种孕育体，万物的生成发展根本上是由于气的流通与弥漫，万物的生成过程得到了较好的阐明，世界也在这一意义上形成了有机统一体。

《管子》四篇最后还从宇宙生成论转向了对心性修养的言说，也就是由道论透显出心性论问题。在《老子》那儿，以"道—德"为基本结构的心性问题阐述模式相对还比较生僻，对现实中人存在方式的丰富性还关注得不够。而在《管子》四篇里，"道—精气"的理论模式将能够极大地改变这种局面。有了气，道不固囿于有形器物的形界，"不见其形，不闻其声"，同时它"其往不复，其来不舍"，其往来运行不执滞，故曰："夫道者，所以充形也，而人不能固。"（《内业》）那么既然有时候"人不能固"，那如何可能将道实现于己身呢？这就在于从气化流行的宇宙生成进程中来看，气的连续性与流动性使得将"道"收纳于此"心"是一个自然而然的实践行动，道因气而得以周遍万物，人的修养论就在这里发生了。同时有了"气"，打通了物与物之间的隔碍，千差万别的事物根本上就是

---

① 丁原明：《黄老学论纲》，山东大学出版社，2000，第 143 页。

一种"气"的存在,很好地说明了世界万物的统一性与差异性,正所谓"虚之与人也无间,唯圣人得虚道,故曰'并处而难得'"(《心术上》)。

第四节　余论

应该说,《管子》四篇所确立的黄老学依然是以道为本的,但道的实质性内涵已经发生了很大变化,精气就构成了道所能展开的基本内涵。"精气"是在道如何生成万物的问题上被提出来的,"道"与"精气"的关系可以类比为太阳这个天体本身与太阳光线的关系,"道"如太阳作为一个天体,居于最高之存在的位置,但它要进入万物、普照万物就必须借助于太阳光线这个由其产生,并具有弥漫性、非有非无、即有即无的介质传递来加以实现,否则道与万物之间很容易被悬空。同时,通过对精气的阐述与论说,道被"下降"后,"道"之神秘杳冥的色彩淡化,不再像《老子》中那样具有绝对的超越性,也就不再会与人世间具体的仁义礼法之伦理制度是绝对相互排斥的,这正符合了黄老道的实际需要,使得其一套学说足以应世,从而具有了强烈的淑世精神。

最后,我们还应该注意到,《管子》四篇中存在一些包含"气"字的组合词。比如说"灵气",在"气"字之前冠以"灵"字,是对"气"之神妙功能的一种礼赞,黎翔凤就曾指出"聪颖为灵",[1] 则"灵"含有灵敏、聪慧之意,故灵气是一褒义词也。[2]《管子》四篇在"气"的理论基础上,又将"气"加以伦理化,因而就有了诸如"灵气""善气""恶气""云气"之类的表述,例如:"善气迎人,亲于弟兄;恶气迎人,害于戎兵。不言之声,疾于雷鼓;心气之形,明于日月,察于父母。赏不足以劝善,刑不足以惩过。气意得而天下服,心意定而天下听。"(《内业》)人的气意是一种"不言之声",其如何表现将会得到外界的直接响应,因此能使天下人心服归顺,必然是先在气意上服人、感召人。由此《管子》四

---

[1] 黎翔凤:《管子校注》,梁运华整理,中华书局,2004,第950页。
[2] 或曰:对心而言曰灵,《庄子·德充符》里说"不可入于灵府",这里的"灵府"指的就是"心",如此也可见"灵气"的说法与人的心性问题相关。参见黎翔凤《管子校注》,梁运华整理,中华书局,2004,第950页。

篇围绕"气",展开了对人们行为活动的社会道德评判,进而强调在心性上要"执静""节欲"等。① 而相较于《庄子·在宥》中的"天气""地气",《礼记·月令》中的"阳气""阴气"之类,以及包括《内业》出现的"血气",都只是一个关于客观物理性质的说法,不具备伦理道德取向。可以看得出来,《管子》四篇是在努力运用"气"来加强对人类社会现象的解释力。总的来说,相比春秋战国期间流行的阴阳五行说、六气说等,②《管子》的精气说摆脱了多元论的本体观,同时又能够避免从具体形质物中来提取形成符号化的本原,因而它的理论思维往前迈进了一大步。

---

① 参见《管子·内业》:"灵气在心,一来一逝,其细无内,其大无外。所以失之,以躁为害。心能执静,道将自定。得道之人,理丞而屯泄,匈中无败。节欲之道,万物不害。"
② 例如,阴阳家邹衍提出的五德终始说,以及《左传·昭公元年》中所提到的:"六气曰:阴、阳、风、雨、晦、明也。"还有诸如和五音、五色、五味相对应的一些始基、元素。参见(周)左丘明传,(晋)杜预注,(唐)孔颖达正义《春秋左传正义》,北京大学出版社,1999,第1166页。

第七章 《管子》四篇身心修养论探赜

《管子》四篇认为，精气是生命的本源，宇宙万物皆是由气化而生成的。在此基础上，其创造性提出的"白心""处虚素""节欲""守敬"等新范畴、新命题极大地丰富了黄老道家在身心修养方面的思想内涵，其重视身心双重调理的主张更是在黄老政治实践中打下深刻烙印。《管子》四篇立足于气化宇宙生成论而展开的一套身心修养论在中国哲学史上产生了重大影响，并且极大地深化了黄老道家的思想境界。对于《管子》四篇身心修养论所主的此类问题意识进行概念梳理与命题分析，有助于廓清其身心修养论的逻辑推演过程及其内在意义，进而能够了解到《管子》四篇在黄老道家思想发展史上的具体地位与其所构成的演进环节。

第一节 "白心"之意涵

《白心》是《管子》四篇中的重要一篇，但对于这一篇名的来龙去脉历来争议较大。我们知道，郭店竹简《性自命出》是子思一派的著述，周凤五教授在《上海博物馆楚竹书〈彭祖〉重探》一文中指出，儒家文献郭店竹简《性自命出》中"心欲柔齐而泊"就与"白心"的观念相关。而且，上海博物馆藏战国楚竹书《彭祖》中有"远虑用素，心白身怿"的说

第七章 《管子》四篇身心修养论探赜

法，也都出现了类似的《管子》用语。① 此外，在《庄子·天地》凿隧入井取水的丈人与子贡的对话中提及："机心存于胸中，则纯白不备；纯白不备，则神生不定。"② 所谓"机心"正与"纯白""白心"观念相对，《管子·心术上》也说过："虚其欲，神将入舍；扫除不洁，神乃留处。"从上面两个例子可以看出，"白心"的表述在子思与庄子那里也有类似的，因此它在《管子》四篇这里并不突兀，也就不能将其视为某一思想流派的专属特征。所以有的学者针对《庄子·天下》中出现"以此白心"的字眼，将其作为认定《管子》四篇也是宋钘尹文遗著的一个论据，显然是站不稳脚跟的。③ 况且，《管子》这里也只是借用"白心"一词作为篇章之名，正文中并没有直接出现关于论述"白心"思想的内容。由此，我们可以推测，"白心"可能是一种当时人们所普遍共享的思想资源或既成的日常观念，因为它作为一种流行话语而被《管子》作者或整理《管子》的后人借用下来，使得自己的篇章标题更加醒目。而且《管子》四篇完全可以运用这种普遍观念来继续发挥，以凸显自己的思想特色。而当我们再仔细研究下《管子》四篇的其他篇名时就会发现，"心术"和"内业"同样也存在类似的情况。就目前所见，郭店楚墓竹简《性自命出》的第十四支简中有："凡道，心术为主。"第五十四支简则有："独处而乐，有内业者也。"④ 在这一极小的文本范围内竟然都出现了《管子》中的篇名或用语，不得不说这种流行话语的套用与互相借用现象在当时应该不是个别的或偶然的。

既然《管子》四篇这么推重"白心"这一流行话语，那么它一定有其深厚的思想渊源，这从《老子》的一些思想中可以找到线索。《老子·第四十一章》："质真若渝，大白若辱。"⑤ 以及《老子·第二十八章》："知

---

① 参见庆祝钱存训教授九五华诞学术论文集编辑委员会编著《南山论学集：钱存训先生九五生日纪念》，北京图书馆出版社，2006，第 11~15 页。
② （西晋）郭象注，（唐）成玄英疏《庄子注疏》，中华书局，2011，第 235 页。
③ 更有学者经过详细考证，认为《国语·周语上》中"袚除其心，精也"也和"白心"概念相关。参见林志鹏《宋钘学派遗著考论》，复旦大学出版社，2018，第 239~240 页。
④ 荆门市博物馆编《郭店楚墓竹简·性自命出》，文物出版社，2016，第 62~65 页。
⑤ "大白若辱"一句原在"上德若谷"之后，陈鼓应依高亨、张松如之说，将其移置于"质真若渝"之后，今从之。见于陈鼓应《老子注译及评介》，中华书局，1984，第 227-231 页。

其白，守其黑。"① 在老子正言若反的思想表达方式中我们更能够了解到"白"的内涵。前一句中，所谓"辱"是指黑垢，是说质朴而纯真却好似浑浊的样子，最洁白的好似含垢了的样子，老子以此来描述"道"的冲虚、含藏，而"白"就应该是指一种素白、无染尘杂的状态，以及永葆素朴的质地。这一意思也就与《心术上》所要讲的"虚素"相合，其有言曰："'恬愉无为，去智与故'，言虚素也。"这就是说要排遣掉一些不必要情欲的牵绊与智巧营为的干扰，而归之于冲泊质真的状态。所以，我们会发现《管子》四篇虽然借用了"白心"作为篇名，但在关于这一概念的思想性内涵上，它有了自己的创造性转化，从而树立起自己的话语体系——"虚素"。因此，对于这一篇名我们不必拘泥考究太多，而应该把更多的目光聚焦到它背后所关联的思想内涵，并将其阐发出来。

"白心"思想对于《管子》四篇的重要性可以这么来看待，其一是突出了对"心"之作用的重视。"心"作为一种具有统合功能的器官，在人的生存活动中具有主宰性地位，如《心术上》说："心之在体，君之在位也；九窍之有职，官之分也。心处其道，九窍循理。""心"管理着其他一些能够接触外物，获取知识、信息的感官，人当然就会在这种接触万物、获取外界信息的过程中产生一些心理上的变化，有的变化就会是消极的，以至于会出现诸如"迫于恶""怵于好"等惊慌、恐惧或苦闷情绪的困扰，这都是导致人产生疾病、减损寿命的原因所在。近来，就有学者结合现代生命科学学说对《管子》四篇中所体现出的"心法"做了很好的阐释，并认为包括《管子》四篇在内的历代先哲们所倡导的"中华心法"是作为"复制子"载体的人类个体，在面对不可测的人生和不确定的世界，为了维护自身健康幸福的人生，所可以采取的真正彻底的有效途径。并相信，挖掘和弘扬《管子》四篇心法思想及其治心途径，当能为缓解人们的生活压力、调节心身健康提供有益的帮助，进而有效提高人们的生活质量。② 可见，《管子》四篇的养生原理，表现了一种"亦养生亦修养"的特色，它表明一个人的养生水平与其修养程度是高度相关的。按照这样来看，或许我们就可以说：修养越高的人，原则上应该是越养生的，寿命会是越长

---

① （魏）王弼注，楼宇烈校释《老子道德经注》，中华书局，2011，第75页。
② 周昌乐：《宋钘"心法"思想及其科学阐释》，《杭州师范大学学报（社会科学版）》2017年第3期。

的。这种论断立足于黄老道家的一些基本理念,而不是凭空的,比如说:人的修养就是要复归本真自然,不要矫揉造作。而这种本真状态被认为是最适合人的天性的发挥及其生存发展的,人在这种状态下应该是最安适的。因此,修养不再仅仅是一种面向公共生活的道德伦理活动,也是一种关乎自身生命延长之切身利益的求生活动。在这里,身心修养对人来说不得不引起重视,它能够极大调动人的主观能动性,是一种成全他人与自身的双重任务。另外,是它和《管子》四篇中的"虚欲"观念相一致。诚如陈鼓应教授所指出的,"白心"事实上就是《心术上》所提到的"洁其宫""虚其欲"的观念。 这一论断确实是一针见血。而"虚欲"观念又直接将《管子》四篇的身心修养论与政治学说沟通起来,依据这个枢纽点,几乎就覆盖了《管子》四篇近一大半的思想。接下来我们将对这一问题加以重点论述。

第二节 论"虚"的哲学

首先,《管子》四篇之所以倡导"虚"的价值理念仍然是依据于"道"之情。《内业》:"彼道之情,恶音与声。修心静音,道乃可得。""道"之原情是守虚静的,而厌恶杂音与语声,只有积极修养身心以守虚静,"道"才能不离于身。从这样的最高立场出发,倡导"虚"也就能被理解了。再者,对于"道不远而难极也,与人并处而难得也"一句,《心术上》是这样解释的:"道在天地之间也,其大无外,其小无内,故曰'不远而难极也'。虚之与人也无间,唯圣人得虚道,故曰'并处而难得'。"我们认为,后半句应该这样断句,即"虚之,与人也无间,唯圣人得虚道,故曰'并处而难得'"。"虚之"二字之所以应该单独成句,就在于它是说:一个人只要能够保持这种"虚"的境界或状态,则在与人共处中能够不起争端、不互相妨碍("无间"),圣人正是把握到这种与人相处的"虚道"。这样正是"道"之"并处而难得"特点的具体体现,"道"时时刻刻与人共处,但人难以捉摸到它,天地间人与道处在一种和谐的律动中,无有互相

---

① 陈鼓应:《管子四篇诠释》,中华书局,2015,第162页。

窒碍。这其实和"不远而难极也"是一个意思,只不过前半句更多是就道本身来讲,而后半句则是专对人(圣人)来说。此外,既然"道"是广大无边的,它遍布在天地之间,作为有限性的单个人想要去把握它,并不是一件容易的事情。"虚"之道则可以使个体实现以最大的阙无来去拥抱最大的实在之体。正因为能够"虚",人才能最大限度地摆脱一切常规常理性的束缚,尽情地去感知这个"道",使这个"道"能够淋漓尽致地绽露在自己的身心性命中。

"虚"字在《管子》四篇中多次出现。"虚"有时候不仅是指涉一种人的心灵状态或某种精神性价值,也会作动词"放空"解,比如:"虚其欲,神将入舍。扫除不洁,神乃留处。"(《心术上》)也就是说,要放空、排遣掉那些过分的欲望,扫除纷杂,才能够安定神来入住。这里的"虚"字正和后文的"扫除"一词同义。人的欲望是无限的,正所谓欲壑难填,人世间的许多纷争也都是因欲望的不满足而发,所以排遣那些过分的欲望是十分必要的。而且,不仅欲望要排遣,就连一些知虑也要加以摒弃,其有言曰:"人皆欲智,而莫索其所以智乎?智乎,智乎,投之海外无自夺,求之者不及虚之者,夫圣人无求之也,故能虚无。"①(《心术上》)这里再次出现了"虚之"一词,正和前文同义。此句具有很强的现实批判性:如果人人竞驰于智术与谋略,而道高一尺,魔高一丈,相互之间比拼,则人与人永远是处在一个无底洞里打旋涡,最终损伤的是人的神智,搅扰的是人的心灵。圣人拥有最高的"智",那就是无所求之于"智",不以"智"为一种值得被欲求的价值存在,而是能够"虚无"。所以圣人在任何事情上都是能够游刃有余的,既不受盘根错节的事务牵累,又能够随机应变。从这里可以看到,《管子》四篇论述"去智"的问题还是离不开对"虚"这一核心范畴的把握。"虚"的精神实质和"去智"的主张实现了对接,并且它使得"去智"的主张具有很高的现实针对性。"人皆欲智,而莫索其所以智乎",现实中人人都一心想获得更高的智慧,以期能

---

① 此句原作"求之者不得处之者,夫正人无求之也,故能虚无"。唐人尹知章将其注解为"将欲求之智,终不知其处而得之也",文意依然很不通畅。依郭沫若《管子集校》里的说法,"得处"二字系讹误,当改为"及虚"。此外,王念孙认为,"正"字是"圣"字声之误也,当改正。参见陈鼓应《管子四篇诠释》,中华书局,2015,第120页;郭沫若《管子集校二》,《郭沫若全集·历史编》(第六卷),人民出版社,1984,第407页。

第七章 《管子》四篇身心修养论探赜

够在人生剧场里获得更大的优势,获取更多的利益。但在《管子》四篇作者看来,很多人都不知道什么才是获得真正智慧的正确途径,最后反而是把自己搞得焦头烂额,无所适从了。

那么,当作为一种精神性价值,"虚"就是指一种出于理智性的退让,是一种暂时性的主体不在场,不主观保留,因而它可以是一种"无"。这种"无"当然不是永久性的回避与缺位,而是以这种暂时的不在场来实现一种更加理智、从容的回归,以一种更加稳健而巧妙的姿态来登场。这就是《管子》四篇中"虚"之哲学的独特魅力,它可以帮助人们获得一种更加高超的精神智慧。

说到这里,我们有必要提及一下《管子》四篇与同样是黄老文献的《黄帝四经》在这方面的关联。许抗生教授认为,《黄帝四经》中的《经法》《称》《道原》三篇时间上应该早于《管子》四篇,后者可能是对其思想的继承与发展。① 如果这一论断成立的话,《经法·名理》中所说的"道者,神明之原也"② 也就能得到比较好的理解。因为"道"如何能是人之精神智慧的源泉,《黄帝四经·经法》并没有给出具体说明,只是留下这么一个简白的开放式命题,给予后人很大的解释空间。而对《管子》四篇来说,这已经是一个不成问题的问题了,因为既然道借助于精气而能充满天地之间,精气也就能够进入到人之中,构成事物的本原,那么它对人的精神智慧的作用自然也是不在话下。人只要能够"定心在中,耳目聪明,四枝坚固,可以为精舍"(《内业》)以及"有神自在身,一往一来,莫之能思。失之必乱,得之必治。敬除其舍,精将自来。精想思之,宁念治之,严容畏敬,精将至定。得之而勿舍,耳目不淫,心无他图。正心在中,万物得度"(《内业》)。还有又说"思之,思之,又重思之,思之而不通,鬼神将通之,非鬼神之力也,精气之极也"(《内业》)。也就是说,当人做到了"定心在中""敬除其舍",则本处于游离弥漫状态的精气自然能被收纳于心,并在自己的精神生命里发挥作用。所以,人要获得高超的智慧离不开对"精气"这一根本源头的积聚。

那么,具体该如何做到"虚"呢?这要分两边来看,在应物前,就是

---

① 许抗生:《道家思想与现代文明》,中华书局,2015,第76~78页。
② 陈鼓应:《黄帝四经今注今译——马王堆汉墓出土帛书》,商务印书馆,2007,第176页。

要保持虚静的状态，不躁动、不预设、无知无虑、不要有过多或不必要的期许，虚静以待之，静观其变，所谓"虚者，无藏也，故曰去知则奚率求矣？无藏则奚设矣？无求无设则无虑，无虑则反复虚矣"（《心术上》）以及"'君子之处也若无知'，言至虚也"（《心术上》）。而在应物时，"'其应物也，若偶之'，言时适也，若影之象形，响之应声也。故物至则应，过则舍矣。舍矣者，言复所于虚也"（《心术上》）。就是要能够随顺应变，不忤逆，与事态发展同行，时已过，则不挂念、不留恋，复归于应物前的本然状态。我们可以发现，道家或黄老道家每每在论述这种虚静或因循应物问题时，都常以"形影""声响"的比喻来说明，这种类似比喻在《庄子》一书中也是不少见，如《应帝王》："于事无与亲，雕琢复朴，块然独以其形立。"[1] 所谓"块然"就是指如土块一样，在这里是形容人于任何事上都无所偏私，去琢复朴之后不知不识的样子。众所周知，诸如"土块""形影""声响"这类事物是没有生机和能动性的。因为"物"是无知之物，没有思虑，也没有先见，也就不会裹挟有主观偏私性，这正是黄老道家所要提倡的。

要真正达到"虚"，还需要"节欲"或"去欲"，"夫心有欲者，物过而目不见，声至而耳不闻也"（《心术上》）。欲望在心中的存留和积渍，有时候会让人的五官都失去正常功能运转，使人心不在焉，如此则百事殆矣！

第三节　论"节欲"与"去欲"

"无欲""去欲""节欲"，三者都是针对欲望问题的一种伦理主张，它们所代表的价值观念显然存在一定的区别，但是同时出现于《管子》四篇的不同篇章中，以至于经常会被人拿出来质疑四篇到底是不是成一思想体系的？抑或这是《管子》四篇在理论建构上不够成熟的表现，以至于把一些具有细微差别的概念范畴给放在一起言说？

首先，我们可以看到"去欲"的出处是在《内业》中，其有言曰："凡

---

[1] （西晋）郭象注，（唐）成玄英疏《庄子注疏》，中华书局，2011，第166页。

心之刑，自充自盈，自生自成。其所以失之，必以忧乐喜怒欲利。能去忧乐喜怒欲利，心乃反济。彼心之情，利安以宁，勿烦勿乱，和乃自成。"所谓"能去忧乐喜怒欲利，心乃反济"事实上就是一种"去欲"的观念，其意思大概接近于"无欲"，认为"忧乐喜怒欲利"这些情绪的产生源于对外在欲望的追逐，因此主张要去除欲望。我们还要注意到《管子》四篇中有"无求"一类的说法，比如"人皆欲智而莫索其所以智乎。智乎，智乎，投之海外无自夺，求之者不及虚之者，夫圣人无求之也，故能虚无"（《心术上》）以及"故曰去知则奚率求矣？无藏则奚设矣？无求无设则无虑，无虑则反复虚矣"（《心术上》）。很多学者都认为"无求"也就是一种"无欲"的表现，尤其是和《管子·势》中的"故贤者诚信以仁之，慈惠以爱之。端政象，不敢以先人。中静不留，裕德无求，形于女色。其所处者，柔安静乐，行德而不争，以待天下之濆作也"① 相参照时，这种意涵就更加明显了。

而同样也是在《内业》中，其后文却有"心能执静，道将自定。得道之人，理丞而屯泄，匈中无败。节欲之道，万物不害"。这里直接提到了"节欲之道"，并且认为人人要是能够节制嗜欲，则万物之间并育而不相害。再者，又说"忿怒之失度，乃为之图。节其五欲，去其二凶。不喜不怒，平正擅匈。凡人之生也，必以平正。所以失之，必以喜怒忧患"（《内业》）。这是说对于由人体眼、耳、鼻、舌、心五种官能所产生的欲望要加以节制。以及说"食莫若无饱，思莫若勿致，节适之齐，彼将自至……凡食之道，大充伤而形不臧；大摄骨枯而血沍。充摄之间，此谓和成，精之所舍，而知之所生。饥饱之失度，乃为之图。饱则疾动，饥则广思，老则长虑"（《内业》）。无论是饮食还是思虑用脑上都要调节适当，注重分寸，讲究节制不过度。其中，饮食的过度或过少都会直接导致伤形，而且这种伤形还是通过"血气"对人产生影响的，"大摄，骨枯而血沍"，就是说过于饥饿会导致血消减而凝滞。尹知章也说："饱而疾动，则食气销。"② 在《心术上》又说："恶不失其理，欲不过其情，故曰'君子'。"其中强调人的喜好之欲不要超过常情，显然也是在节欲层面上来展开讲的。可以

---

① 黎翔凤：《管子校注》，梁运华整理，中华书局，2004，第888页。
② 黎翔凤：《管子校注》，梁运华整理，中华书局，2004，第947页。

说，《管子》四篇中已经有了比较成型的"节欲"观念，但行文中还是有诸如"去欲"或"无欲"的观念闪烁着。"去欲"和"无欲"这些概念在《管子》四篇里虽然没有直接出现，但是类似的表述广泛存在，这使得《管子》四篇在对待欲望问题上表现得有些模棱两可，而往往让研究者百思不得其解。

当我们在单个思想流派内部苦苦找不到其自身思想逻辑一致性的原因时，这时就有必要把目光转移到宏大的思想史图景中，在那里有着同时代的思想参照系，或许会给我们带来一些启示。同处于战国时期的孟子说过："养心莫善于寡欲。其为人也寡欲，虽有不存焉者，寡矣；其为人也多欲，虽有存焉者，寡矣。"①孟子在论"养心"的问题上主张要"寡欲"，"寡欲"事实上也就是节欲。再朝前看，儒家系统里还有《论语·公冶长》里所载的："子曰：'吾未见刚者。'或对曰：'申枨。'子曰：'枨也欲，焉得刚？'"②通常我们都把它理解为是孔子的无欲观。清人刘宝楠《论语正义》有载："郑注云：'刚谓强志不屈挠。'……志不屈挠，则'富贵不能淫，贫贱不能移，威武不能屈'，所以能无欲也。"③而在《论语·子路》中孔子也说"刚、毅、木、讷，近仁"④。对此，王肃注云："刚，无欲也。"⑤至此，一个摆在眼前的明显事实是：儒家内部也曾经历了从"无欲"到"节欲"的一个思想转变，与之相伴随的是历史已经从春秋时期走向兼并混战的战国时期，社会政治形势发生了很大的变化。具体来说，春秋时期诸夏之间由于沾亲带故，其所发生的战争往往是一种带有礼仪性质的，主要以"争义"为主，开战前还要互相通报，很少是以掠夺财富、侵占领地为目的。而进入战国，这种宗法制度下的温情不复存在，代之以不择手段的阴谋权术，一些上层贵族野心勃勃，穷奢极欲，相互倾轧、吞并的现象层出不穷，社会政治形势变得十分残酷。所以，对处于战国时期的思想家来说，以"无欲"的说辞，显然是收拾不住人心的，其理论主张会显得很苍白、无力。相较而言，"节欲"会是一种比较好的共同

---

① （宋）朱熹：《四书章句集注》，中华书局，2011，第350页。
② （宋）朱熹：《四书章句集注》，中华书局，2011，第77页。
③ （清）刘宝楠：《论语正义》，高流水点校，中华书局，1990，第180页。
④ （宋）朱熹：《四书章句集注》，中华书局，2011，第139页。
⑤ （梁）皇侃：《论语集解义疏》，上海商务印书馆，1937，第188页。

倡议，也显得更具有现实说服力，有利于凝聚共识。因此，不论对于孟子还是《管子》四篇的作者，都需要努力作出这种思想调适。在这种调适过程中，出现新旧参半的思想两可性也是在所难免的了。所以，《管子》四篇在对待欲望问题上的两可表现，或许正是对战国中后期社会政治状况的一种因时制宜的反映。再者，如前所述，《管子》四篇脱胎于《黄帝四经》，因而还带有《黄帝四经》中关于"无欲"的思想成分也是有可能的。例如，《黄帝四经·道原》中就有："无好无恶，上用□□而民不迷惑。上虚下静而道得其正。信能无欲，可为民命；上信无事，则万物周扁；分之以其分，而万民不争；授之以其名，而万物自定。"① 这里还特别针对在上者而言，认为他们苟能无欲、无事，则百姓自然能够得以立命而各安其性。在汲取《黄帝四经》的思想要素之后，《管子》四篇也慢慢实现了从《道原》的"无欲"到《内业》的"节欲"的一个转变。②

当然，以上论述也不妨碍我们做另外的一些推测与厘定。之所以造成这样的状况，原因还有可能是在稷下思想论辩中，《管子》四篇作者前后话语表达可能也会不断调整，以应对其他思想流派的挑战，而这些表述最后可能被编辑者都汇编到《内业》中来了，形成现在所见的文本状况。再者，这也有可能是《管子》四篇在这一理论问题上不成熟的事实性表现，它未能达到足够的概念区分度，确立自己稳定的术语表达式。

第四节 论"内静外敬"

"内静外敬"这一命题是在《管子·内业》中被提出来的："凡人之生也，必以平正。所以失之，必以喜怒忧患。是故止怒莫若诗，去忧莫若乐，节乐莫若礼，守礼莫若敬，守敬莫若静。内静外敬，能反其性，性将大定。"从这段文本来看，"内静外敬"不仅是一个单纯的心性修身问题，也是一个关于处世方法的问题。当对治自己的内在心灵世界时，要讲究"虚静"，保持自己内心世界的独立性；当面对外在纷繁复杂的世界时，最

---

① 陈鼓应：《黄帝四经今注今译——马王堆汉墓出土帛书》，商务印书馆，2007，第409页。
② 对这一见解的详细论述参见黄崇修《〈黄帝四经〉阴阳观对〈管子〉"定静"工夫形成之影响》，《哲学与文化》2015年第10期。

行之有效而可达之天下的方式是要依循以"敬"为核心精神的"礼义"规范。① 对于人世中出现的种种"不敬"之行为现象,《管子》四篇给予了最直接的贬斥,如《白心》中说:"满盛之国,不可以仕任;满盛之家,不可以嫁;骄倨傲暴之人,不可与交。"生活穷奢极欲的满盛之家与生性"骄倨傲暴"的狂妄行为,都是一种不敬的表现,其危害性自然是很大的。进而又明确指出了由"不静"与"不敬"所导致的严重后果:"四体既正,血气既静,一意抟心,耳目不淫,虽远若近。思索生知,慢易生忧,暴傲生怨,忧郁生疾,疾困乃死。思之而不舍,内困外薄,不早为图,生将巽舍。食莫若无饱,思莫若勿致,节适之齐,彼将自至。"(《内业》) 所谓"不静"往往表现为人内心过多的思虑、忧郁、疾困;"不敬"则更多地表现为外在行为举止上的慢易、暴傲等。其实,在人的实际生存境遇中,"内静"与"外敬"二者往往是交互影响、内外相互作用的。比如说,就"慢易生忧,暴傲生怨"而言,当你"慢易""暴傲"(不敬)时,就会产生"忧""怨""怒"等诸如此类的情绪来搅乱自己的心境(不静);又如"不喜不怒,平正擅匈""守礼莫若敬,守敬莫若静",当祛除了喜怒的变动搅扰,保持心境平和,人才能平正处事,因此处"静"是守"敬"的可靠途径。

在此基础上,我们还应该要思考这样一个问题,即为什么对于人来说,"内静"与"外敬"两个方面会是相互作用的呢?笔者以为,内外之所以会交互起作用,根柢在于人是"气化"的存在,这在《内业》的文本思想陈述上也得到了体现。在"内静外敬"这一命题提出的前文,《内业》指出:"凡人之生也,天出其精,地出其形,合此以为人。和乃生,不和不生。察和之道,其精不见,其征不丑。平正擅匈,论治在心。此以长寿。忿怒之失度,乃为之图。节其五欲,去其二凶,不喜不怒,平正擅匈。"(《内业》) 因为人是"精气"与"形气"和合而生的,气能流通于人的内外上下,所以"静"与"敬"的修养达成效果对人的影响作用是一贯的。这种作用机制就在"气"上,也就是说,"气化"的思维是实现人的身心内外相贯通合一的前提条件。人的身心内外是合一的,尽管有时这

---

① 荀子说过:"凡治气养心之术,莫径由礼。"(《荀子·修身》) 关于荀子"礼"的思想与《管子》四篇这里的"内静外敬"命题之间是否有关联性,需另文加以深入探讨。参见(清)王先谦《荀子集解》,沈啸寰、王星贤整理,中华书局,2012,第27页。

124

第七章 《管子》四篇身心修养论探赜

种"合一"是在一种偏误意义上的相合，但内外皆偏误也足以证明人的身心内外是高度一致、连贯的。

当然，保持"静"和"敬"，实现了"内静外敬"，最终又能对这种精气的流行气化产生作用，使得精气安养在人的身体内，成为人生命创造之源泉。"形不正，德不来；中不静，心不治。正形摄德，天仁地义，则淫然而自至。神明之极，照乎知万物。中义守不忒，不以物乱官，不以官乱心，是谓中得。有神自在身，一往一来，莫之能思。失之必乱，得之必治。敬除其舍，精将自来。精想思之，宁念治之，严容畏敬，精将至定。得之而勿舍，耳目不淫。"（《内业》）这里还提到了"敬除其舍，精将自来""严容畏敬，精将至定"，因此"敬"的内涵还包括做事认真对待，以"敬"来克除散漫懈怠，保持外表仪态上的严整，容貌上的端庄。显然，《内业》把这种"敬"看作采纳安养精气的必要路径。并且，在这段话中，作者更加突出了"敬"，而在之前的"守敬莫若静"中则更主要是强调"静"，二者对于《管子》四篇作者来说似乎都十分重要，才需要这样费口舌分别加以论述强调，与此同时二者发生的侧重点也得到了区分。

第五节 重视形身调养

《管子》四篇特别重视人肢体的强健，所谓的"筋肕而骨强"（《心术下》），而不是老子笔下的"骨弱筋柔"（《老子·第五十五章》）或"坚强者死之徒，柔弱者生之徒"（《老子·第七十六章》）以及"专气致柔，能婴儿乎？"（《老子·第十章》）。[①] 老子认为，通过集结精气以达到如婴儿般的柔弱状态，而柔弱处下可以战胜刚强，使自己避免遭受一些戕害。但《管子》四篇却说"抟气如神，万物备存。能抟乎？能一乎？……四体既正，血气既静，一意抟心，耳目不淫，虽远若近"（《内业》）。尹知章注曰："抟，谓结聚也。结聚纯气，则无所不变化，故如神而物备存矣。"[②]

[①] 参见（魏）王弼注，楼宇烈校释《老子道德经注》，中华书局，2011，第149、193、25页。
[②] 黎翔凤：《管子校注》，梁运华整理，中华书局，2004，第943页。

老子所谓的"专气"正是《管子》中的"抟气"。但《管子》四篇所作的"抟气"工夫目的是要使自己的四体强壮、血气平和、精神饱满，因而和《老子》还是存在一些差异的。

《庄子·大宗师》中记载，当孔子问及什么是"坐忘"时，颜渊回答说："堕肢体，黜聪明，离形去知，同于大通，此谓坐忘。"① 而在外篇的《知北游》中更有"形若槁骸，心若死灰"② 的主张。孟子也说过"故天将降大任于斯人也，必先苦其心志，劳其筋骨，饿其体肤，空乏其身，行拂乱其所为，所以动心忍性，曾益其所不能"（《孟子·告子下》）。③ 尽管庄子和孟子并不是直接有毁生灭性的主张，但他们的倾向让我们看到，战国时期思想界似乎存在着一股通过坏身以求精神超越的思想暗流，将肉体形身视作人进行精神追求的累赘。基于此，我们不妨思考这样一个问题，即精神的超越与境界的提升一定是要通过减弱肉身肢体之娱逸的方式来实现吗？

《管子》四篇就不这么认为，他们主张心形双修、形德交养，并且形神是可以相互配合、相互促进的。在《史记·太史公自序》中，司马谈评点总结黄老学说时说道："凡人所生者神也，所托者形也。神大用则竭，形大劳则敝，形神离则死……神者，生之本也；形者，生之具也。"④ 因此，没有形体的保全与康健，人的精神修炼从何谈起？《管子》四篇认为，只要按他们的要求真正做到了"虚"，注重"节欲"，那么形身的存在就不会如庄子所认为的是一种额外负担。况且，形身的坚固、体格的强壮是立足于精气的涵养或"抟气"来达成的，使精气能够充满于自己的形身之内，这当然也是"道"之生成活动的其中一环，"精存自生，其外安荣。内藏以为泉原，浩然和平，以为气渊。渊之不涸，四体乃固；泉之不竭，九窍遂通。乃能穷天地，被四海，中无惑意，外无邪菑，心全于中，形全于外；不逢天菑，不遇人害，谓之圣人"（《内业》）。因而可以说形体的强健是值得被欲求的一件事。"抟气如神，万物备存。能抟乎？能一乎？能无卜筮而知吉凶乎？能止乎？能已乎？能勿求诸人而得之己乎？思之，

---

① （西晋）郭象注，（唐）成玄英疏《庄子注疏》，中华书局，2011，第156页。
② （西晋）郭象注，（唐）成玄英疏《庄子注疏》，中华书局，2011，第393页。
③ （宋）朱熹：《四书章句集注》，中华书局，2011，第325页。
④ （西汉）司马迁：《史记》，中华书局，2009，第759页。

思之，又重思之，思之而不通，鬼神将通之，非鬼神之力也，精气之极也。四体既正，血气既静，一意抟心，耳目不淫，虽远若近。"（《内业》）在形体康健的基础上，人的精神灵明也变得饱满起来，形神真正实现了兼顾交养，人的生命就臻于"大清明"的状态。所以，归结起来看，《管子》四篇是把形神和合作为一种人的生命完美状态，形神不和，人的生命则不成。这是由于人在生命源头上就是天地之"精气"与"形气"相和合而生的："凡人之生也，天出其精，地出其形，合此以为人。和乃生，不和不生。"（《内业》）

强烈的淑世情怀以及治事应务的思想取向，使得黄老都比较重视对形身的维护，因为现实中各种活动的开展根本上是要由一个健全的形身来支配，功业的创造离不开以健全的生命体为基础。就如《孝经》中说的："身体发肤，受之父母，不敢毁伤，孝之始也。"① 在孝治思想引领下，爱身成了一种必然的选择。所以对于黄老学说也是如此，在追求治事应务与重视形身之间可能还存在着一些逻辑关联性。

第六节　余论

在前一章梳理《管子》四篇道—气关系问题后，我们将对其所主张的身心修养论会有一番更加深刻、全面的理解，这是因为其所谓的身心修养根本上是立足于"气"之上的。"气"这一概念的发明，在某种意义上就是应其身心问题而生的。这是探讨《管子》四篇思想之意义的一条重要线索。

《管子》四篇以"精气"为生命本源和修养基质，宇宙万物都被纳入到气化的生成图景中来，《管子》四篇的身心修养论也就因此会特别强调诸如"心静气理，道乃可止""虚其欲，神将入舍""心也者，智之舍""敬除其舍，精将自来"等观念，表明只有保持自己身心的清洁虚静才有可能纳采精气于中，人的身心修养工夫必须要借助于精气的流衍，才得以让自己的"静""敬"工夫对身心实际起作用。《管子》四篇在处虚静、

---

① （唐）李隆基注，（宋）邢昺疏《孝经注疏》，北京大学出版社，1999，第3页。

节欲、守敬等方面的思想创发，形成一套独特的心术学说。同时值得特别关注的是，《管子》四篇将形身的调养摆在重要位置，主张身心内外的双修交养。之所以有这种看法，与其整套学说的治事应务精神有着密切的关联。

第八章 《管子》四篇秩序论发微

《管子》四篇夙称难解，以其毕竟隶属于《管子》这一经多人之手汇集编订之书，难免内部会存在行文风格不一的状况。① 但将其视为是一思想整体来研究，已经为目前学界大多数人所肯认，并推出不少标志性成果。举凡文本创作时间及背景、学派属性、思想命题辨析等，皆得到前人较为深入的探索。

《管子》四篇侧重于讨论道气心性问题，但以其在黄老道家之特殊性质的学派内，其任何一命题分支恐怕都会与现实政治问题紧密结合，从秩序论的视角入手，或许就能窥见其一二。秩序问题是人类处在社会状态或步入政治共同体时所无法回避的，作为战国时期黄老道家的代表作，《管子》四篇以其强烈的淑世精神蕴生了别具特色的秩序论。依此线索进行探究，可以进一步将四篇文献紧密关联在一起而成为思想性整体。

围绕秩序这一题旨，《管子》四篇的性情、心治、形身、刑名、礼法等诸多理论问题呈现出交纵相连、声息相通的样态。在其秩序论以尊君为内核之下，其他一切理论不自洽、逻辑不融贯也变得情有可原。这正是黄老治世精神的根本体现，即将社会纲纪的整饬寄托在以君王为主轴的政治

---

① 例如《心术上》用经解之文体，《白心》用格言体，《内业》则有韵文，流淌着咏叹的情调。而郭沫若认为《心术下》是《内业》的副本，可能是《内业》作者在稷下讲学时的记录文本。参见郭沫若《宋钘尹文遗著考》，《青铜时代》，中国人民大学出版社，2005，第184~204页。

《管子》四篇研究

宏轨上,并不断为尊君与强化集权造说。于此可见《管子》四篇的秩序论包含有很深的官僚技艺以及对效率的追寻,其所设定的秩序模式都是以君王为中心的最优选择,其行权策略也是一种较为经济的方式,从而具备了实效性与可操作性,能够较为切中政治建构之实际需要。

第一节　良序的人性假定与心灵秩序

对于《管子》四篇的性情论及其所衍生的"心术"思想,以往学者们多有研究,且多是从修养工夫论入手探讨其对《管子》四篇政治思想的重要意义。但是将四篇的性情论特征与其秩序论结合起来考察,并探赜其中的逻辑理路,则较少有人用力于此。

陈鼓应认为"心术"一词是稷下黄老学的专有术语,《管子》四篇提出这一概念在时间上可能还会早于《庄子·天道》《文子·九守》《文子·符言》《礼记·乐记》等文本。[①] 而且,据匡钊和张学智研究,在早于《管子》的先秦文献中所出现的"心术"很难被视为是一连成词,并不是作为术语来使用。[②] 再者,"内业"这一篇名实质上与"心术"之名相同,[③] "白心"一名亦是,无非强调了人性的特征并以此作为人君操持统治术、开展政治实践的依据,从而与"心术"思想相合。因此,"心术"在《管子》四篇中的使用一定意义上能表征着其在人性问题上所提出的独到见解,即依据人性的好利恶死,从而相应提出一套迎合人这种品性或倾向的对治原理,达成秩序的建构与维护,而不只是停留在对人性特征的描述与单纯谈论心性修养工夫的层面上。冯友兰更是直接将"心术"作为一种"统治术"来理解,[④] 凸显了"心术"在社会管理与政治秩序方面的意涵。

在确切意义上,《管子》四篇所主张的心术思想是立足于其对人性的

---

① 参见陈鼓应《老庄新论(修订版)》,商务印书馆,2008,第 118、181 页。
② 匡钊、张学智:《〈管子〉"四篇"中的"心论"与"心术"》,《文史哲》2012 年第 3 期。
③ 杨儒宾:《儒家身体观》,上海古籍出版社,2019,第 243 页。
④ 参见冯友兰《中国哲学史新编(修订本)》(第 2 册),人民出版社,1984,第 214~218 页。

第八章 《管子》四篇秩序论发微

一种基本假定。① 《心术上》:"人之可杀,以其恶死也。其可不利,以其好利也。"这里敏锐地指出:好利恶死是人性的弱点所在——人在面对利益诱惑时,往往会为利所驱使而行事;面对暴死的恐惧时,则往往会向强力妥协。这一点在《管子》四篇看来却是人性的"公理",相信通过它可以拎住人的一切,以此来管住人、调动人,并在政治实践中加以运用。但在具体解释这一文段时,文中却说:"人迫于恶则失其所好,怵于好则忘其所恶,非道也。"(《心术上》)这是告诫人们不要被这种"迫于恶死""怵于好利"的弱点所牵制。因为人在遭遇外界诱惑或暴死的恐惧时,容易丧失正常的认知力与判断力,以至于在现实中失去自我主宰,这就不符合"道"所本有的情态。人一旦嗜欲充溢,就会"物过而目不见,声至而耳不闻也",所以要做到"不怵乎好,不迫乎恶。恶不失其理,欲不过其情"(《心术上》),方能成其为"君子"。

不难发现,《管子》四篇在揭橥"好利恶死"之人性原理时是存在一种矛盾性的,即一方面要让君王把握住人性的这种弱点,以此发展成管理国家的某种心术,并相信这是一种牢靠的抓手;另一方面则要求人要努力排遣因"怵乎好,迫乎恶"所带来的波动与盲目,能够进行冷静判断,而归之于"恬愉无为,去智与故"(《心术上》)的虚素状态。试想,假若君之臣民都达到了"虚素",不复为好利求生的欲望所驱使,君王的心术也就相应失去了效力。这两种易产生悖反的主张却要并存于《管子》四篇的性情观中,恐怕有其深层的理论意涵与诉求需要我们强探力索。

事实上,"虚素"理念包含着《管子》四篇出于建构心灵秩序的需要,进而达到对外在社会秩序的维护。在通常意义上,我们所指称的秩序是面向社会公共治理这一外在层面,而无关乎个体内在性情之节文序成。但这在实践中容易面临捉襟见肘、顾此失彼的困境,难以根治问题。这是因为人类社会所发生的秩序紊乱问题,归根到底是人的欲求问题,进而与人的主观心理、意识等心性问题关联。当人的需求、主观预想与实际满足不对

---

① 之所以称之为是一种人性假定在于:黄老所构想的"好利恶死"之人性图式并不适用于所有社会人群,如孟子笔下的"北宫黝之养勇也……不受于万乘之君"(《孟子·公孙丑上》)以及战国大批的隐士之流,他们或与世无争,或对君王所授之爵禄嗤之以鼻,此与黄老所见的汲汲为君上所征召的情景非同一般。再者,《管子》四篇本身也提到"圣人若天然,无私覆也;若地然,无私载也"(《心术下》)。无私的圣人似乎也不会受这种人性原理的制约,则《管子》四篇之人性原理有其内部不周全性。

称时，原有的秩序容易遭受质疑或冲击。所以，人的心灵秩序与社会秩序实难割裂开加以单独对待，对社会秩序的追求最终还是要落到个体心灵意识层面来考索。

在《管子》四篇这里，"好利恶死"之人性假定的提出，事实上就是看到了人的欲求所具有的内在驱动力。而其驱力又是双面的，既可以转化成人君所借以役使人的下手处，也可能泛滥成灾，成为破坏秩序的源头。故《心术上》一再强调"虚其欲""去欲则宣，宣则静矣"。且《白心》又云："卧名利者写生危……持而满之，乃其殆也。"① 即寝息于名利是将自己的生命置于危境，必在执持盈满时会遭受危险。在此基础上主张要"名进身退"，即"名满于天下，不若其已也。名进而身退，天之道也"（《白心》）。言下之意难道不是让人不要汲汲于禄仕而役身于君王？如此看来，同在性情问题上，《管子》四篇一则认为人性的"好利恶死"可以为君王在实施统御之术（即"心术"）时所利用，二则要人们克服人性的这般弱点，虚欲守静，适时而退。而从代表国家秩序之实现者的君王角度来看，这两方面的价值走向显然是会存在冲突的。但从《管子》四篇自身的理论关怀上来看，这种冲突似乎已是不可避免的了。《管子》四篇所提的"虚素""虚欲""守静"等说法，事实上乃是出于从心灵层面上去建构一种内在秩序，进而延展到外在世界的秩序。② 《内业》说："凡心之刑，自充自盈，自生自成。其所以失之，必以忧乐喜怒欲利。能去忧乐喜怒欲利，心乃反济。"人一有嗜欲贪利便失却了心的本然状态，倘若能祛除掉，心的本性才能得以回归、精气才能充盈。又云"喜怒取予，人之谋也。是故圣人与时变而不化，从物而不移。能正能静，然后能定"（《内业》）。

---

① 陈鼓应解"卧"为"寝息"，训"写"为"置"。尹知章注云："卧，犹息也。写，犹除也。能息名利，则除身之危。"尹氏虽同训"卧"为"息"，却是取"止息"之意而非"寝息"，又将"写"训为去除，译读起来总觉牵合扞格。今从陈氏之解。马瑞辰、李哲明等虽在字词训解上提出不同看法，但整体语意理解则与陈氏一致。参见陈鼓应《管子四篇诠释》，中华书局，2015，第185页；黎翔凤《管子校注》，梁运华整理，中华书局，2004，第807~809页。

② 为达成心灵秩序，有学者提出"心灵治理"的概念，也就是一种"通过非物质手段和非强制手段影响人的思维过程的公共管理路径，它通过培养人的社会性需求和影响人对需求的价值认知而使其自愿降低或抑制个人的特定需求，以此来解决公共问题"。我们将证明这一治理特征会在《管子》四篇中得到具体呈现。参见刘太刚《心灵治理：公共管理学的新边疆》，《中国行政管理》2016年第10期。

情绪上的喜怒、欲求上的取予都是人内心谋虑的表征。应该要像圣人那样能顺时应变、随物推移而不被同化扰动，心灵保持端正守静，而后能定。与此同时，《管子》四篇还有"节欲"的概念，比如"节其五欲，去其二凶""节欲之道，万物不害"（《内业》），以此来降低或抑制人的社会性欲求。

上述剖析《管子》四篇在性情观上所呈现的矛盾性，具体说来又是"顺民心"与"反其性"之间的关系问题，二者构成《管子》四篇性情观的两条引线。前者体现为君王对民心、民性、民情与民俗的体察与顺应，主动为民兴利除害，从而成为关乎社会治乱的决定性之所在。而关于"反其性"，《心术上》《心术下》《白心》《内业》中有相关论述如下：

> 虚者，无藏也。故曰：去知则奚率求矣？无藏则奚设矣？无求无设则无虑，无虑则反覆虚矣。（《心术上》）
>
> 是故曰：无以物乱官，毋以官乱心，此之谓内德。是故意气定然后反正。（《心术下》）
>
> 凡民之生也，必以正平。所以失之者，必以喜乐哀怒。节怒莫若乐，节乐莫若礼，守礼莫若敬。外敬而内静者，必反其性。（《心术下》）
>
> 孰能弃名与功，而还与众人同？孰能弃功与名，而还反无成？（《白心》）
>
> 和以反中，形性相葆。（《白心》）
>
> 凡心之刑，自充自盈，自生自成。其所以失之，必以忧乐喜怒欲利。能去忧乐喜怒欲利，心乃反济。（《内业》）
>
> 敬发其充，是谓内得。然而不反，此生之忒。（《内业》）
>
> 守善勿舍，逐淫泽薄。既知其极，反于道德。（《内业》）
>
> 凡人之生也，必以平正。所以失之，必以喜怒忧患。是故止怒莫若诗，去忧莫若乐，节乐莫若礼，守礼莫若敬，守敬莫若静。内静外敬，能反其性，性将大定。（《内业》）

无论是过多的知虑忧患，还是耽嗜于外在物欲功名，都将导致人"失

《管子》四篇研究

其性",脱离人的本有状态。因此要"反其性",以至于"定其性"。① 这其中更是导出一个深层矛盾:对君王而言的"反其性",他只有通过"定其性"才能使其具备有处虚静、能因循的治理能力,才能将凭依"好利恶死"的统御术给充分运用起来。凭依"好利恶死"人性假定之统御术的实现是以"虚素"(与"反其性"相关)之心灵秩序建立为前提条件。进而言之,君王统御术(秩序的实现途径)的操持有其客观与主观的前提条件,一是以"好利恶死"为人性假定的客观条件,二是君王具备"虚素"之心灵秩序的主观条件,二者缺一不可。但这两项构成条件合聚一起时,则回转到前所揭示的理论矛盾,即假如君王秩序的施加对象——臣民也实现了"虚素"的心灵状态,则君王秩序有面临难以奏效或被消解的危险。因此,《管子》四篇出于社会秩序建构之整全性而提出"虚素"之心灵秩序理念,在此又遭遇难以克服的逻辑不融贯性,在实现主体上,其理论内部的逻辑链条濒临断裂。

第二节 依托于君臣、君民关系的秩序模式

尽管存在着理论缺陷,但却是《管子》四篇出于对秩序建构之求索而所作的尝试,并且这种秩序始终是围绕君王而言的。这是因为,无论是因顺"好利恶死"之民性以之为统治术,还是强调君王秉道执本以至于"虚素"的心灵状态,都是为了赋予人君以高超的政治智慧、独特的驾驭能力,其双向度的论证归结起来是为了达成以人君为中心的"君无为而臣有为""君逸臣劳"的秩序模式,绘制出人君能稳如泰山、统揽全局、把控整体的秩序图景。这就自然带出黄老"尊君"之主张,其"尊君"之思想本身就具有强烈的秩序追寻,"君"不仅是"道"的化身,还是"秩序"的表征。

---

① 当然,"反其性"在《管子》四篇中更多是对君主而发,这与《老子》将源自道的"无为"只用在圣人(统治者)身上如出一辙,思维何其近似。如"是以圣人处无为之事"(《老子·第二章》),"是以圣人无为,故无败"(《老子·第六十四章》)。《老子·第五十七章》更是在统治者与民众并观中来呈现这一点:"我无为而民自化,我好静而民自正……"其对于"民"是否也要无为虚静则置之不问。参见(魏)王弼注,楼宇烈校释《老子道德经注》,中华书局,2011,第7、170、154页。

第八章 《管子》四篇秩序论发微

在君臣关系上,《管子》四篇在二者间划定出了地位与职能上的分殊,以此决定他们之间要分工明确,严格按照自身职分来负责行事。并且这种分殊不是平行并列的,而是君主臣从,其最终目的是要构造君逸臣劳、君尊臣卑的上下位势与秩序。其言曰"心之在体,君之位也。九窍之有职,官之分也。心处其道,九窍循理。嗜欲充益,目不见色,耳不闻声。故曰:上离其道,下失其事。毋代马走,使尽其力。毋代鸟飞,使弊其羽翼"(《心术上》)。"君之于国"的作用就好比"心之于身",君主要像心一样时时处于主宰地位,让百官如九窍官能各守其分,发挥自身专门的职能。同时,君主是依于道的,百官则要循规蹈矩,按照道的外化之理来办事。君和百官在其地位作用上不能互相替代,如果臣代君职,显然是一种擅自僭越,以下位干犯上位;而如果是君代臣劳,去做一些本该由臣下去具体实施的事情,则只会打乱臣下独立负责的正常状态,也就容易引来臣下推脱、不作为或不尽责的嫌隙,甚至演变成君主与臣下、百姓争利也是有可能的。而最直接的后果是君主要事事操心、疲惫不堪。

作为国君更多应该从宏观顶层上加以把控,做好统筹规划,起到制御推动的作用,而不必亲力亲为。臣下则不然,必须要深入到具体工作环境中做实事,不断把君主的安排落实到位,并负起主体责任。因此,《管子》四篇所倡导的这种君臣关系实质上是一种以简御繁的秩序模式,实现了"君无为而臣下有为"。此模式的独特之处在于:它在君臣之间构造了一种无形的"位势",这一"位势"正是君主权威得以产生效力的根本所在,始终使君主保持在主动位置,可时时问责于臣下,起统御作用。当我们结合《宙合》中"君佚臣劳"之观念,[①] 我们才会对《管子》四篇"君无为而臣下有为"思想之重要性有一番更深切的理解,也进一步凸显"无为"的价值优势比"有为"来得高。

王中江教授认为"黄老学提出的'君逸臣劳'也许在美妙的说法背后暗藏着'虚君制'和限制君主权力的意图"[②]。这更多只是一种猜想,实际

---

① 《管子·宙合》载:"左操五音,右执五味,此言君臣之分也。君出令佚,故立于左;臣任力劳,故立于右。"依胡家聪的看法,《宙合》也是《管子》中具有黄老思想特征的篇章,一定程度上可与《管子》四篇相参证。参见胡家聪《管子新探》,中国社会科学出版社,1995,第93页。
② 王中江:《根源、制度和秩序:从老子到黄老》,中国人民大学出版社,2018,第205页。

上"君逸"恰恰可以让君王避免陷入一些具体烦琐事务的纠缠中,而能静观其变,有更多精力去握持住自己的最高权力,在必要时又可随时介入臣下,凭借最高权力去维护其所达成的秩序图式。① 此正印证《汉书·艺文志》所言的"知秉要执本,清虚以自守,卑弱以自持,此君人南面之术也"②。《白心》里也说:"是以圣人之治也,静身以待之,物至而名自治之。正名自治之,奇身名废,名正法备,则圣人无事。"可见,在君臣关系中还包含有关于效率问题的考量,使君主能够以简御繁,以一御众,提高行政命令下达效率,提升臣下的执行力,并可随时通过循名责实的方式来检验命令的执行情况。效率与秩序在这里有了较好的统一,这为任何一个想要实现实力强大、疆域辽阔的国家绘制了比较理想的行政蓝图。

在君臣关系外,我们还应关注的是君民关系。因为国家要保持欣欣向荣、充盈活力与有条不紊之态势,则不能单纯寄托在官僚队伍里,把广大民众置于低沉的位置。也就是说,一种秩序的建构需要有一定的民众参与度与接受度,而不是一帮统治者在唱独角戏,否则底下的根基是不稳固的。而在黄老这里,能让君与民聚合并发生关系的纽带就是"法"。

王葆玹认为,在"法"的问题上,黄老学派与秦法家有一突出歧异在于"黄老学派主张立法与司法都要因顺'民之自然',由民之'刑名'衍生法之'刑名',或者说由道而生法;法家则主张君权至上,可独自制定法律,秦法家更强调君之立法'不和于俗,不谋于众'"③。此一洞悉,对《管子》四篇同样是适用的。例如《心术下》说:"执一而不失,能君万物……治心在中,治言出于口,治事加于民。故功作而民从,则百姓治矣。所以操者,非刑也。所以危者,非怒也。民人操,百姓治。"所谓"执一"就是指"执道"以"君万物",强调要循着"道"的自然之理去治心、治国,百姓才能安顺随从,并且还说"凡在有司执制者之利,非道也"(《心术下》)。尹知章注云:"有司执制,常弃本逐末,滞于刑政,非道也。"④

---

① 有学者认为黄老在社会治理中体现了简政放权,其实不然。黄老只是简政而不放权,并且这种简政多半是围绕君王来考虑,用来满足君主虚静以待的需要,而不是迎合作为施政对象的臣民。参看张师伟《黄老道家无为而治思想及其治理智慧》,《南京师大学报(社会科学版)》2015年第3期。
② 陈国庆:《汉书艺文志注释汇编》,中华书局,1983,第128页。
③ 王葆玹:《黄老与老庄》,中国人民大学出版社,2012,第2页。
④ 黎翔凤:《管子校注》,梁运华整理,中华书局,2004,第782页。

第八章 《管子》四篇秩序论发微

这是批评专司之官吏在具体执法过程中，执滞于刑政手段，却无所循之于道，逐末而弃本。《白心》又申言："建当立有，以靖为宗，以时为宝，以政为仪，和则能久……上之随天，其次随人。人不倡不和，天不始不随，故其言也不废，其事也不堕。"①"随天"和"随人"就是要在为政中顺天应人，只有为广大民众所响应与接受的事才应去做，否则就会"不和"。如此看来，《管子》四篇的法哲学对民心与人情给予了一定的考量与尊重，或许于此可开出一种温和的法治秩序。

而在注重因民心之余，又随即强调了明君施"法"的公正性，"天不为一物枉其时，明君圣人亦不为一人枉其法"（《白心》），就是以"法"的公正性来制衡由顺民心所可能带来的差失或徇私。"是故圣人若天然，无私覆也；若地然，无私载也。私者，乱天下者也。"（《心术下》）前面我们揭橥了《管子》四篇假定人性是为私的，但于此对圣人（君王）则言"无私"，并指出"私者，乱天下者也"，即"私"是祸患之渊，是秩序解纽的诱因。圣人"无私"与广大民众的人性之"私"构成了黄老秩序建构中的一对张力，并且这种无私关涉天地人，是宇宙之内全部人事物之纹理次序的因顺与和谐。吴根友教授就曾指出："《管子》书中的'无私'，大抵上有如下三层意思，即帝王之道要因民之心，因物之性，因天地之时。"② 正是在这种因民之心的"无私"中，包含着所谓君王对民之"爱"。"昔者明王之爱天下，故天下可附；暴王之恶天下，故天下可离。故赏之不足以为爱，刑之不足以为恶。赏者，爱之末也；刑者，恶之末也。"③（《心术下》）在他们看来，为法家所津津乐道的赏罚二柄不过是黔驴技穷，不足以表现君主之爱，④也就不能换来臣民的真正爱戴，达到君民一心。

---

① "堕"字原作"随"，王念孙校正之并提出较为确凿的理由，参见黎翔凤《管子校注》，梁运华整理，中华书局，2004，第791页。
② 吴根友：《道家思想及其现代诠释》，上海交通大学出版社，2018，第117页。
③ 此文句中，"赏"字原皆作"货"，陈鼓应据俞樾《诸子平议》做了校改。参见陈鼓应《管子四篇诠释》，中华书局，2015，第155页。
④ 论及君王之爱，我们还应注意到《管子·牧民篇》中"政之所兴，在顺民心；政之所废，在逆民心。民恶忧劳，我佚乐之；民恶贫贱，我富贵之……能佚乐之则民为之忧劳；能富贵之则民为之贫贱……故知予之为取者，政之宝也"。《牧民》以君王满足民之"四欲"为爱民顺民，但这种爱民本身并不是最终目的，而只是作为统御民众的手段，使其能更好地为君主效力。认知至此，不禁令人唏嘘不已！对照于《管子》四篇，则还未有"予之为取"这类露骨的说法。同为黄老学说，《管子》四篇自然也可能把爱民视为一种手段而非目的。参见黎翔凤《管子校注》，梁运华整理，中华书局，2004，第13页。

第三节　形名、礼法与治术：秩序的现实理路

前述及《管子》四篇中对"法"的基本主张，已可初步瞥见其重视制度上的敷设与建构，其中还应包括其对"法"之来源以及礼法关系的把握，以定规立制来为秩序提供具体的实现之途与防护墙。

《白心》深切地发问："置常立仪，能守贞乎？常事通道，能官人乎？"为能更好管理民众、正定秩序，必须取法常道、置立常仪。而其所谓"常仪"在《管子》四篇中不外乎为"礼""法"这些制度性安排。其于"礼""法"之关系，《心术上》载："礼出乎义，义出乎理，理因乎道者也。①法者，所以同出②不得不然者也。故杀僇禁诛以一之也。故事督乎法，法出乎权，权出乎道。"此言相当于肯认了"礼"与"法"有其互不可替代性，但又同出，有其共同的来源或根据，即"道"。③ 这种同出决定了在实践中允许二者兼赅相养，最大限度地发挥不同制度规范的优势，以安顿秩序。所以无论如何，秩序之范轨都要符合天地间的本然次第——"道"。《管子》四篇治术发生的逻辑还在于它将作为自然法则的"道"与具有理性立法之权能的"君"作一统合，所谓崇道就是尊君，君是身在人世间的执道者，即"执一不失，能君万物。君子使物，不为物使，得一之理"（《内业》）。

但是，《管子》四篇对礼法的追究还不止于此。因为将礼法奠基于形上之道，对于现实政治来说依然有些抽象邈远，而需要在实际事物之理上得以印证与效验方才有其说服力，这就不得不让我们去寻觅《管子》四篇

---

① "道"字原作"宜"，郭沫若校改为"道"，今从之。参见郭沫若《管子集校二》，《郭沫若全集·历史编》（第六卷），人民出版社，1984，第420页。

② 关于"同出"，历来存在争议，郭沫若训"出"为"参差"，俞樾以为"出"是"世"之误，二家训解多有曲折牵强，不如从尹知章以"出"为礼法之同出，为妥。又《白心》也说"难言宪术，须同而出"，可作旁证。参见黎翔凤《管子校注》，梁运华整理，中华书局，2004，第770~773页。

③ 相比之下，《管子·任法》则言："所谓仁义礼乐者，皆出于法，此先圣之所以一民者也。"认为"礼"等社会规范派生于"法"，而不是直接源于"道"，则是以"法"为其内在价值或根据，"礼"系属于"法"，而非像《管子》四篇这里二者是并列对举，可以调和相养。此则代表了法家严刑峻法、以刑去刑的走向。参见黎翔凤《管子校注》，梁运华整理，中华书局，2004，第902页。

第八章 《管子》四篇秩序论发微

的形名学说所给出的演绎论证。

在《内业》,前后文出现有"凡心之刑"与"凡心之形"两个近似词组,① 说明"刑""形"二字常被通用。对此,王葆玹有一较好的解释。他认为,较早文献中多以肉刑来诠释"刑"字之义,肉刑是对人身肉体的损伤,而"形"字本义也与肉体形质相关,和人的精神("神")相对待。并且,从阴阳学说上来看,古代在秋冬季节主刑杀属阴,而人的肉体形质正好也是属阴的,故"形"又常常与属阳的"神"(精神无形之类)对举。② "刑"与"形"的这般微妙关联,暗示二者间或许存在某些思想内涵上的连通,需要我们去廓清。它将有助于我们把握到《管子》四篇所确立的黄老治术之征象。

《管子》四篇特重形身调养,这与其淑世情怀和治事精神紧密相关,结合"形名"问题来审视时则更是如此。《白心》说:"原始计实,本其所生,知其象则索其刑,缘其理则知其情,索其端则知其名。"事物形身的完整保存,是人能把握其"名"的前提,形身废坏,也就无法对其有所"知其情"。对于治理者来说,治身不成,形身不保,则治国只是奢望。对于被治理者,形身存废是最大的切身利害,倘若身家性命难保,人又何惧于刑名法术的管束与威慑呢?所谓的刑名之术也就对其失去效力。③ 另一方面,刑罚的强制性与人形身的护养有着难以消弭的张力,所谓"为不善乎,将陷于刑"(《白心》)。因此,从爱护形身,注重治身,敦促人免受刑罚所带来的"杀僇禁诛"(《心术上》)之胁迫来立论,则遵守刑名之法在学理上得以正式成立。而当《管子》四篇在对这种张力有足够意识之余,认识到刑罚的使用限度,则说"赏不足以劝善,刑不足以惩过"(《内业》)且以刑罚为"恶之末也"(《心术下》),并最终对礼制教化敞开了胸怀,接纳其为治术之具。这也启发我们,一个规矩被遵守、秩序被维护的社会,其成员相应也有较好的爱护形身之观念,而不是轻生弃命与现有

---

① 见于"凡心之刑,自充自盈"(《内业》)以及"气,道乃生,生乃思,思乃知,知乃止矣。凡心之形,过知失生"(《内业》)。再者,《心术下》通常被看作《内业》之解文,出现有"凡心之刑,过知先王"一句。
② 参见王葆玹《黄老与老庄》,中国人民大学出版社,2012,第81~82页。
③ 正如《老子·第七十四章》所言:"民不畏死,奈何以死惧之! 若使民常畏死,而为奇者吾得执而杀之,孰敢?"参见(魏)王弼注,楼宇烈校释《老子道德经注》,中华书局,2011,第191页。

139

秩序或治理结构呈抵抗之态势。

《心术上》说："物固有形，形固有名，名当谓之圣人。"而《心术下》接着说："凡物载名而来，圣人因而财之，而天下治。"事物有形态就有其名称，圣人因之而裁成、循名责实，以化治天下。"因"者，具体说来就是"舍己而以物为法者也"（《心术上》）。《管子》四篇认为事物秩序的根源就蕴含在其自身之中，只需将其揭示出来，使之成为事物得以自觉认知与遵守的"法"就可以了，从而建立并用以维护秩序。治理者只要"缘理而动"，因顺而不自用，"舍己而以物为法"。不"因"只会与物相忤逆，与实际状况相悖反，而起波澜。① 所以，秩序乖张首先始于形名不符，在于没有做到因循这种蕴含在事物之"形"中的理或法。

可见，"法"的现实理据直接来自事物之"形"，依于"法"的内在理路是从事物之"形名"上提取凝练而出，因循"形名"之术被看作认识和管理事物最自然、最有效的手段。如上，借由"刑""形"相通的机缘，我们发现了《管子》四篇关于刑名法术的一个理论闭环，即不仅因为爱护"形"身而使遵法成为必要，实质上遵法还在于只是因循了"形"自身之理。经过这一闭环论证，极大地增强了《管子》四篇礼法的秩序性意义，即要被遵守，又只在于因循自身，借由礼法所搭设起来的现实秩序也相应获得了合理性。

第四节　余论

《管子》四篇不像以孟子为代表的儒家那样，对于人性有着过分乐观的看法，② 并且他们也不过多质问人性是属恶还是善，而是直接点明人性中存在着追求自我保存、自我利益的显性倾向，并将其摄取为秩序建构中的理论前提。诚如王中江教授所指出的："黄老学压根没有试图改变和征服人性的打算，因为在他们看来，人的自利和自为性情无法改变，也无需

---

① 《心术上》有言："自用则不虚，不虚则忤于物矣。变化则为生，为生则乱矣。故道贵因。"自用是一种干扰与破坏现成秩序的主观性力量，故不"因"则乱。
② 依牟宗三的看法，儒家是"道德理想主义者"，参见牟宗三《道德的理想主义》，吉林出版集团有限责任公司，2010，第15~40页。

第八章 《管子》四篇秩序论发微

改变。"① 换句话说,就是把对人性的"幽暗意识"② 作为最坏的人性状况之打算,以此作为考虑社会秩序达成的基本理据,显然具有很强的务实精神。而当其为此而铺设的社会秩序理论能够有效因应这种最坏状况时,则似乎也可以想见它能应对好比较不坏的人性状况了。

综观前述,围绕秩序这一题旨,《管子》四篇的性情、心治、形身、刑名、礼法等诸多黄老学上的通常问题呈现交纵相连的样态,其间的关系往往是叶叶相衬、声息相通,辉映出《管子》四篇秩序理论的独特形态与价值品质,需要我们继续剖析阐论,并以之为历史之镜鉴。《管子》四篇出于稷下学宫,其学说无非"君人南面之术",言治乱,干世主,为田齐君主提供咨政参考。《管子》四篇秩序理论的本质就是尊君,在尊君之下,其他一切逻辑不融贯、理论不自洽也变得情有可原。以尊君为内核的秩序理论,正是黄老治世精神的根本体现,即将社会纲纪的整饬寄托在以君主为主轴的政治宏轨上,并不断为尊君与强化集权造说。再者,《管子》四篇的秩序理论包含有很深的官僚技艺,其在秩序之外也有着对效率的探寻。无论是在君臣关系,还是君民关系上,甚至对人性的探勘上,其所设定的秩序模式都是以君王为中心的最优选择,其所运用的行权策略也是一种较为经济的方式。《管子》四篇秩序理论的此种实效性与可操作性,使其能够较为切合战国时期政治局势的现实需要。

---

① 王中江:《黄老学的法哲学原理、公共性和法律共同体理想——为什么是"道"和"法"的统治》,《天津社会科学》2007 年第 4 期。
② "幽暗意识"是旅美学者张灏的提法,是指"发自对人性中或宇宙中与始俱来的种种黑暗势力的正视和省悟"。参见张灏《幽暗意识与民主传统》,四川教育出版社,2013,第 4 页。

下 篇
思想比较

第九章 《管子》四篇与《老子》的比较研究

第一节 建立诸子思想比较的视野

　　一段时期以来，对于先秦诸子思想的探究，大多是基于单个人物、单本著作的个案研究，而缺乏横向联系与纵向脉络的研究。这种研究将思想从先秦波澜壮阔的学术文化图景中活剥出来，抽象地分析思想的内涵，孤立地看待思想的产生与演变。只是就人物讲人物，就思想谈思想，形成一个个四处散落的"点"，而无法看到"线"与"面"的思想景象。实质上，这种研究方式已经让思想死去，丧失了原有的生机与活力，其所获得的研究价值显然也是非常有限的。

　　对于先秦诸子来说，其思想的产生、发展与演变立足于特定的时代环境、学术文化背景，其与时代、社会、政治、其他思想家都具有密切的联系，因而先秦诸子思想是一种"关系性"的存在。这就需要引入一种比较的研究方法，建立比较性视野，从他者视角、多个侧面来照察该思想的内涵与特点。

　　具体来说，先秦诸子思想可以形成以下几个比较面向：第一，还原到互相争鸣的先秦学术文化语境，在充满竞争性的思想市场里，比较此思想与彼思想的优胜之处与不足之处，从而得以取长补短，作出思想评价。第二，还原到交相融合的先秦学术文化语境，通过比较研究，从万紫千红的思想花园里透析出它们交融的视域、共同关切的议题以及不变的精神内核,使之沉淀为一种永恒的历史精神。第三,基于同一思想脉络、思想学派下承传与歧出的状况,通过比较研究,发现这一系统内部思想的递进、流变,梳理其中的思想线索与内在逻辑,分析其思想变化的原因,辨明其思想的统一性。第四,基于综合比较,关注带有思想综合倾向的流派,诸如黄老道家、杂家等,从其兼综百家的学术取向中总结先秦思想发展的一般规律,阐析其思想的历史根由。以上四个方面是先秦诸子思想比较研究的可能性所在,也是比较研究的入手处,当然还可以存在其他的比较面向。

先秦诸子思想的存在样态,并不是孤立的点状,而是与他者产生充分的联系,在概念、范畴、命题上与之纵横交织;它也不是单薄平面式的,而是有血有肉立体式的,它需要放回到原来具体的时代语境、学术文化环境中才能被恰当地理解和把握,才能认识到其思想的真正意义与内涵。如此看来,引入比较性的研究进路也有其必要,有利于走出偏狭的、疏离的思想文化视域。

对于一种思想流派或学术作品的研究,不能仅局限在其学说本身的探究,而应该放在一个更大的思想场域中加以观照、探视,从他者的视角加以对比性研判,凸显此种思想或作品本身的特性。此外,还可以钩稽其思想源流,厘定其在学术史上的位置,从而加深对研究对象的认识。只有这样,才不至于让这一思想作品突兀地站立在思想史上,成为一个难以理解的存在。

这个问题对于《管子》四篇来说更是如此。战国时期是诸子百家蜂起的时代,稷下学术交流、争鸣之学风尤其浓烈,它们之间不仅有相互批评与非难,也有相互吸取与借鉴。诸子百家思想在碰撞、交融中生发出思想的生机与活力,也使其思想极具丰富性与创造性。作为在这种时代背景、学术文化环境下产生的作品,《管子》四篇恐怕不能被孤立看待,而应当在与其他诸子学说的交互联系中得到理解。我们应当把《管子》四篇放回到先秦思想史境遇中。

《管子》四篇思想的发生,在先秦思想史上不可能悄然无声。罗根泽曾形象地分析说:"投石于水,水为之波。掷靛于布,布为之染。水流湿,

第九章 《管子》四篇与《老子》的比较研究

火就燥。一种学说发生,学术界未有不受其影响者也。"[1]《管子》四篇与《老子》《庄子》《孟子》《荀子》《韩非子》《黄帝四经》均可以建立起比较的视野,因为它们之间或者存在思想渊源关系,或者著述时间接近,或者学说的地域特征相近,或者属于同一思想流派,或者存在思想的影响作用。在这种交融的视域中,通常可以从两条进路进行破题,一条是横向的,另一条则是纵向的。

《管子》四篇荟萃道、儒、法等各家的思想,与各家思想存在密切而复杂的关系,这一点仅翻开查看《心术上》的一段经典论说便知。《心术上》:"虚无无形谓之道,化育万物谓之德。君臣、父子、人间之事谓之义。登降揖让、贵贱有等、亲疏之体谓之礼,简物小大一道,杀僇禁诛谓之法。"如果说"道"与"德"是道家的标志性范畴,那么"义"与"礼"则是儒家的核心概念,而"法"则是法家的中心价值所在。一句话赅括三家之核心要义,《管子》四篇的思想多元性,于此可见一斑。

将《管子》四篇与先秦诸子思想进行比较性研究,具有重要的学术意义。它可以深化对《管子》四篇义理结构的认识,剖析其思想之承袭、发展的性格。还可以展现先秦诸子思想交汇、融通、争鸣的图景,该图景构成了《管子》四篇思想蕴生的知识背景与文化土壤。《管子》四篇的文字用语佶屈聱牙,异体字、错讹字极多,在义理阐释与理解上,十分容易产生歧义。如果能借助于其他诸子的相关思想,做一对比参照,学术上的有些疑难杂症则可能会涣然冰释。尤其不能忽视的是与《庄子》的对比研究,《庄子》一书与《管子》四篇的相关思想、相似文句极多,二者呈现的关系极其密切。因此,《庄子》是我们去理解《管子》四篇思想的一条捷径。

将《管子》四篇与先秦诸子做思想上的比较,一个很重要的前提性条件是以《管子》四篇的成书时间为基准。否则,无法与其他诸子形成一种孰先孰后的基本判断,也就无法断定是谁影响了谁,谁因袭了谁,以及谁在谁的基础上做出思想发展。同时,也正是在思想辨析、比较中,更好地把握比较对象各自在时间序列上的位置。限于篇幅和学力,笔者在此只是择取《老子》《庄子》《孟子》《荀子》四者与《管子》四篇做对比性研

---

[1] 罗根泽:《管子探源》,山东文艺出版社,2018,第135页。

究，冀望能够有所得。

第二节　《老子》及其研究进展

传世本《老子》又称为《道德经》，这是因为第一章开篇讲"道可道，非常道；名可名，非常名"，开头第一个字即是"道"，故第一章到第三十七章称为《道经》；而第三十八章开篇讲"上德不德，是以有德"，有取义于"德"字，因此从第三十八章往下到最后第八十一章就称为《德经》。《老子》5000余言，大多数是结构严谨的论述性语言，极具哲学韵味。

在传世本之外，《老子》还有许多不同的摘抄本或传抄本。比如20世纪90年代，湖北省荆门市郭店楚墓就出土了《老子》甲、乙、丙三种摘抄本。而在20世纪70年代，湖南省长沙市马王堆出土了帛书《老子》甲、乙两种传抄本。这些抄本为研究《老子》文本的形成过程、探讨《老子》思想的丰富性提供了重要资料。在这里，我们主要基于通行的王弼本《老子》，与《管子》四篇做一比较性研究。

研判《管子》四篇与《老子》的思想关系，有一个首要的问题需要解决，即在成书年代上，是《管子》四篇在前，还是《老子》在前？年代先后的准确判定，有助于勾勒出二者的思想源流与发展线索。对此，学界大多持《老子》早于《管子》四篇的看法。个别学者则认为《管子》四篇更早，比如美国汉学家罗浩（Harold D. Roth）认为："《内业》是比《老子》还要早的作品。《内业》是含有入定静修这种功法的现存最古老的见证，而这种功法也是见于《老子》……"[1] 他通过探究《内业》中有关神秘主义实践的表述，用以解释早期道家的起源与发展。在罗浩之前，英国著名汉学家葛瑞汉（Angus Charles Graham）也持《老子》晚出说，在其力作《论道者——中国古代哲学论辩》[2] 中，他就把《老子》的章节置放于《庄子》之后。事实上，《老子》晚出说从论证思路和所给出的论据来看，

---

[1] 〔美〕罗浩：《原道：〈内业〉与道家神秘主义基础》，陶磊等译，学苑出版社，2009，中译本序。

[2] 〔英〕葛瑞汉：《论道者：中国古代哲学论辩》，张海晏译，中国社会科学出版社，2003。

第九章 《管子》四篇与《老子》的比较研究

都是难以成立的,前人已经辩驳甚详细,兹不赘述。① 笔者更倾向于张岱年先生的主张,认为《管子》四篇的年代"当在《老子》以后,《荀子》以前。《心术》等篇中谈道说德,是受老子的影响;而荀子所谓虚一而静学说又是来源于《心术》等篇"②。

有关《管子》四篇与《老子》的比较性探究,前人已取得了一些重要成果。胡家聪在其成名作《管子新探》中就"《白心》推衍老子道家学说"的问题做了探讨。③ 此外,他还有一篇专文《稷下道家从老子哲学继承并推衍了什么?——〈心术上〉和〈内业〉的研究》④,是对这一问题的深化研究。陈鼓应在专门性著作《管子四篇诠释》中着重研究了《管子》四篇道论与《老子》道论之间存在的继承与发展关系。⑤ 中国台湾学人陈政扬从"道之性质的外在描述"与"道的实践性格"两个角度入手,分析《管子》四篇与《老子》思想的时代机缘及其实践面向的不同,非常具有启发性。⑥ 除此之外,陈佩君的博士学位论文《先秦道家的心术与主术——以〈老子〉、〈庄子〉、〈管子〉四篇为核心》,⑦ 也是一项颇有斩获的研究。相关方面的研究成果还有很多,在此不一一列举。

第三节 管、老的比对分析

《管子》四篇与《老子》所具有的联系,首先是两者存在诸多表述近似的语句、义理相通的文句。本节试图通过比对分析这些句例,发现《管子》四篇与《老子》之间的思想联系与区别。同时,分析《管子》四篇从《老子》那里继承了哪些思想要素,又是如何加以引申和发挥,从而呈

---

① 参见刘笑敢《关于后葛瑞汉时代文本分析的反思》,刘雪飞译,《齐鲁学刊》2021 年第 5 期。
② 张岱年:《中国哲学史史料学》,生活·读书·新知三联书店,1982,第 581 页。
③ 参见胡家聪《管子新探》,中国社会科学出版社,2003,第 308~310 页。
④ 参见胡家聪《稷下道家从老子哲学继承并推衍了什么?——〈心术上〉和〈内业〉的研究》,《社会科学战线》1983 年第 4 期。
⑤ 参见陈鼓应《管子四篇诠释》,中华书局,2015,第 24~35 页。
⑥ 参见陈政扬《〈管子四篇〉的黄老思想研究》,花木兰文化出版社,2009,第 20~32 页。
⑦ 陈佩君:《先秦道家的心术与主术——以〈老子〉、〈庄子〉、〈管子〉四篇为核心》,博士学位论文,台湾大学,2008。

现出不一样的思想旨趣的。通过这种比对分析，能够帮助我们理解：《老子》是黄老道家代表作《管子》四篇最为重要的思想源头，祖述、发挥《老子》思想，是其最突出的思想特征。

精读过《管子》四篇和《老子》的读者都会发现，两个文本之间存在诸多近似的语句。我们将《管子》四篇袭用《老子》的语例列出（见表9-1）。

表9-1 《管子》四篇袭用《老子》的语例

	《管子》四篇	《老子》	
1	故必知不言、无为之事，然后知道之纪。（《心术上》）	是以圣人处无为之事，行不言之教。（《老子·第二章》）不言之教，无为之益，天下希及之。（《老子·第四十三章》）能知古始，是谓道纪。（《老子·第十四章》）	
2	天之道，虚其无形。虚则不屈，无形则无所位䢠。无所位䢠，故徧流万物而不变。（《心术上》解文）天之道虚，地之道静。虚则不屈，静则不变，不变则无过，故曰：不伐。（《心术上》解文）	天地之间，其犹橐籥乎？虚而不屈，动而愈出。（《老子·第五章》）	
3	论而用之，可以为天下王。（《白心》）	受国不祥，是为天下王。（《老子·第七十八章》）	
4	持而满之，乃其殆也。名满于天下，不若其已也。名进而身退，天之道也。（《白心》）	持而盈之，不如其已⋯⋯功遂身退，天之道。（《老子·第九章》）	

资料来源：表中所引《老子》原文参见（魏）王弼注，楼宇烈校释《老子道德经注》，中华书局，2011。

表9-1所列举的四处语例只是最为主要的。其中，第一例显示《管子》四篇综合采用《老子》三个篇章的词语，包括"无为之事""不言""道纪"等。在此基础上，《管子》四篇进行新的语言整合与思想创造，形成了自己的思想表达。尽管这种思想所表达的内涵与《老子》不尽相同，但还是较大程度上接受了《老子》的影响。这种现象我们可以称之为一种转化运用。

在第二例中，最引人注目的当然是"虚则不屈"与"虚而不屈"的表达。可以发现《管子》四篇的"虚则不屈"对《老子》"虚而不屈"只是一个字上的改变。这种改变可以看成是《管子》四篇作者对《老子》"而"

第九章 《管子》四篇与《老子》的比较研究

字之意义的一种理解,即认为"而"字是表转折的,故用"则"字加以代替。尽管这种理解未必完全忠实于《老子》的原意。此外,在这一语例中,《管子》四篇的思想也多有受到《老子》的启发。《老子》将天地之间看成是一个风箱,这一生动比喻意在指出"道"的特点。王弼对此的注解是:"橐籥之中空洞,无情无为,故虚而不得穷屈、动而不可竭尽也。天地之中,荡然任自然,故不可得而穷,犹若橐籥也。"① 天地之间只是一个虚空的状态,但它却具有不可穷竭的创造力。天地只要按照自然规律(即所谓"道")运转起来,就可以使万事万物生生不息。而《心术上》的解文在对《老子》这段话的理解与阐释中,做了一定的引申,即道在不断地生化万物,却不会为之有所变动、改易。

在第三例中,《白心》的这句话,陈鼓应将其译解为:"择时度世而施用之,则可以成为天下王。"② 而《老子》之文的意思是:承受整个国家的祸难,才成其为天下的君王。可以看出,这两段话除了共用"天下王"的语料,总体上表达的文意并不甚相关。

而在第四例中,两段文字表达的意思则十分接近。它们都是在强调行事处世不能执持得过于盈满,在功成名就之后,要适时地退隐,保持含藏收敛的状态,切不可自满骄横,否则会招来危险。在这一例中,《白心》之文基本上就是抄录《老子》的,只是稍作一些语序、字词上的修改,表达的内涵差不多是一样的。因此,它袭用《老子》的迹象十分明显。

此外,《管子》四篇与《老子》还存在诸多义理相通之处,它们很多思想的内在理路如出一辙,举其大要如下(见表9-2)。

表9-2 《管子》四篇与《老子》义理相通之处

主题	《管子》四篇	《老子》	阐释
道本源论 "道—德" 关系	虚无无形谓之道,化育万物谓之德。(《心术上》经文) 德者,道之舍,物得以生生,知得以职道之精。故德者,得也。得也者,谓得其所以然	故道生之,德畜之;长之、育之、亭之、毒之、养之、覆之。(《老子·第五十一章》)	主张"道"是万物生成、养育、存在、发展的本源。并且,《管子》四篇还在《老子》"道—德"的框架下作出进一步的论说。

---

① (魏)王弼注,楼宇烈校释《老子道德经注》,中华书局,2011,第15页。
② 陈鼓应:《管子四篇诠释》,中华书局,2015,第183页。

续表

主题	《管子》四篇	《老子》	阐释
	也。① 以无为之谓道，舍之之谓德。故道之与德无间。（《心术上》解文） 原始计实，② 本其所生。（《白心》） 凡道，无根无茎，无叶无荣，万物以生，万物以成。命之曰道。（《内业》）		
道体的性状	道也者，动不见其形，施不见其德，万物皆以得，然莫知其极。故曰：可以安而不可说也。（《心术上》） 夫道者，所以充形也。而人不能固，其往不复，其来不舍。谋乎莫闻其音，卒乎乃在于心，冥冥乎不见其形，淫淫乎与我俱生。不见其形，不闻其声，而序其成，谓之道。（《内业》） 道也者，口之所不能言也，目之所不能视也，耳之所不能听也。（《内业》）	道之为物，惟恍惟惚。惚兮恍兮，其中有象；恍兮惚兮，其中有物。窈兮冥兮，其中有精。（《老子·第二十一章》） 视之不见名曰夷，听之不闻名曰希，搏之不得名曰微。此三者不可致诘，故混而为一。（《老子·第十四章》）	将道体描摹为幽远暗昧的存在，"道"是无法用视觉、听觉和言语加以把握的，即所谓的超言绝象。
静与动	动则失位，静乃自得、静则能制动矣。（《心术上》） 静则得之，躁则失之。（《内业》）	静为躁君……躁则失君。（《老子·第二十六章》）	反对草率、躁动，提倡静观自守，认为"静"能率"动"。
静与定	能正能静，然后能定。（《内业》）	不欲以静，天下将自定。（《老子·第三十七章》）	主张以"静"促"定"。
虚论	虚其欲，神将入舍。（《心术上》） 虚者，无藏也。（《心术上》解文） 恬愉无为，去智与故，言虚素也。（《心术上》解文）	是以圣人之治，虚其心，实其腹，弱其志，强其骨。（《老子·第三章》） 致虚极，守静笃。（《老子·第十六章》）	倡导"虚"的价值，要求清净人的情欲、思虑与成见，避免受其纷扰，保持一种空明的心境状态。

---

① "谓得其所以然也"，本作"其谓所得以然也"，根据郭沫若的意见而改。"所以然"，指的就是"道"。参见郭沫若《管子集校二》，《郭沫若全集·历史编》（第六卷），人民出版社，1984，第418页。
② 陈鼓应认为，"始"是本始，借指"道"；"实"是落实，借指"德"。今从之。参见陈鼓应《管子四篇诠释》，中华书局，2015，第165页。

续表

主题	《管子》四篇	《老子》	阐释
对反原理	强而骄者,损其强。弱而骄者,咀死亡。强而卑,义信其强。弱而卑,义免于罪。是故骄之余卑,卑之余骄。(《白心》)日极则仄,月满则亏。极之徒仄,满之徒亏,巨之徒灭。(《白心》)	反者,道之动。(《老子·第四十章》)守柔曰强。(《老子·第五十二章》)果而勿矜,果而勿伐,果而勿骄,果而不得已,果而勿强。物壮则老,是谓不道,不道早已。(《老子·第三十章》)	认为事物达到极端、满盛之处必然会朝着反方向发展,因此要戒骄、勿矜,学会守卑处弱。

总而言之,一方面文字上的相似,是《管子》四篇对《老子》部分经典文本的引述与承袭所致;另一方面思想上的相似,是《管子》四篇在《老子》道论的基础上做出的一系列推衍,形成了留给世人的共同思想遗产。可以说,《老子》既是《管子》四篇的语料库,也是其思想资源库,构成了《管子》四篇思想创发的重要源泉。

以上说明了《管子》四篇与《老子》之间存在的一些思想共通处。当然,《管子》四篇也有对《老子》思想的进一步引申与发展,凸显了二者之间的思想张力,具体说明如下。

把握《管子》四篇与《老子》之间思想的同异与关系,逻辑原点在于"道",这是最主要的入手处。诚如有学者所指出的,"《老子》书中向来都只是用描述性的语句说'道'有哪些性质……因而并没有替'道'下一个完整的定义用以穷尽'道'的意义,这一点可以由《老子》使用'似''或'以及'强字之曰道'等词语可以得知。"[1]《老子》无意于运用语词定义去范限"道",一方面显示"道"所具有的巨大丰富性,另一方面则为后人敞开了思想诠释的广阔空间。继《老子》之后,《管子》四篇对"道"展开了另一种思想性实验。

《老子》的"道"是朝向周文疲敝之后重建新的价值秩序,以奠立其形而上之根基。因此,《老子》之"道"意在消解一切虚伪、造作,批判周礼的形式性躯壳,而要追求一种自然、本真的品格。《管子》四篇的"道"虽然部分延续了《老子》的叙说,但更为重要的,它是朝向战国时期的秩序整饬与社会治理,延展出"治身—治国"的基本思想理路,构造

---

[1] 陈政扬:《〈管子四篇〉的黄老思想研究》,花木兰文化出版社,2009,第26页。

了君人南面之术。因此，在《管子》四篇中，"道"虽然还是无形无状、不可依靠感官捉摸的，但是可以通过主体的种种修养工夫得以接近。并且，《管子》四篇还提出"精气"说，用于解释如何得道，如何让"道"进入自身以及留驻下来。经过这样的一种转入，让原本抽象渺远的"道"得以落实下来，并对人世间的事情产生影响。

而正因为《管子》四篇是朝向战国时期的秩序整饬与社会治理，因而它不似《老子》那般对于礼、法等"始制有名"的制作活动采取拒斥的态度，而是采取兼容并包、为我所用的价值立场。为了保障它这种价值立场的可接受性，《管子》四篇又不得不提供"事督乎法，法出乎权，权出乎道"（《心术上》）之类的论证，将礼、法之来源系之于最高的"道"。

同时，为了能让"道"在秩序整饬与社会治理上大显身手，突出其实践性品格，《管子》四篇特别提出了"因循"理论。《心术上》"其应也，非所设也。其动也，非所取也。过在自用，罪在变化"，而《心术上》解文中则说："无为之道，因也。因也者，无益无损也。以其形因为之名，此因之术也。"君主应该放下自身的主观成见与好恶取向，顺应事物的实际情况与内在之"理"，以此来治理国家，则可以事少而功多。另外，在《管子》四篇中体道的君主就是圣人，[①] 礼、法等一切设施皆由圣人体道而出，如此君主所制定的礼、法获得了"道"的认证，其权威性自然就不证自明了。

《管子》四篇和《老子》对"道"的运用和阐说有着不同的进路，决定了其各自体道者性格、容态、人格气象的不同。在《内业》中是这样描述的：

> 人能正静，皮肤裕宽，耳目聪明，筋信而骨强。乃能戴大圜而履大方，鉴于大清，视于大明。敬慎无忒，日新其德，遍知天下，穷于四极。敬发其充，是谓内得……凡道，必周必密，必宽必舒，必坚必固。守善勿舍，逐淫泽薄。既知其极，反于道德。全心在中，不可蔽匿。和于形容，见于肤色……大心而敢，宽气而广，其形安而不移，

[①] 比如《心术下》说："是故圣人若天然，无私覆也。若地然，无私载也。私者，乱天下者也。凡物载名而来，圣人因而财之而天下治。实不伤，不乱于天下，而天下治。"以及《白心》说："天不为一物枉其时，明君圣人亦不为一人枉其法。"

第九章 《管子》四篇与《老子》的比较研究

能守一而弃万苛。见利不诱,见害不惧,宽舒而仁,独乐其身,是谓云气,意行似天。

体道之人身体强固、从容宽舒、昂扬健进,颇具有英雄主义气概。陈鼓应认为,这种人格气象"正相应着齐国文化传统所孕育出来的大国气象"①。这是有一定道理的。

但是在《老子》中,却有着迥异于《管子》四篇的人格塑造。《老子·第十五章》对体道之士的性格和气象做了充分的描述:

古之善为士者,微妙玄通,深不可识。夫唯不可识,故强为之容。豫焉若冬涉川,犹兮若畏四邻,俨兮其若容,涣兮若冰之将释,敦兮其若朴,旷兮其若谷,混兮其若浊。孰能浊以静之徐清?孰能安以久动之徐生?保此道者不欲盈,夫唯不盈,故能蔽不新成。②

《老子》中的体道之人精妙通达、深刻而难以测识,具有端谨庄严、小心翼翼、淳厚质朴、空豁广大、不自满、不妄动的特点。

此外,《老子·第二十二章》还强调:

曲则全,枉则直,洼则盈,敝则新,少则得,多则惑。是以圣人抱一,为天下式。不自见,故明;不自是,故彰;不自伐,故有功;不自矜,故长。夫唯不争,故天下莫能与之争。③

以及《老子·第七十八章》说:

天下莫柔弱于水,而攻坚强者莫之能胜,其无以易之。弱之胜强,柔之胜刚,天下莫不知,莫能行。④

---

① 陈鼓应:《管子四篇诠释》,中华书局,2015,第 28 页。
② (魏)王弼注,楼宇烈校释《老子道德经注》,中华书局,2011,第 37 页。
③ (魏)王弼注,楼宇烈校释《老子道德经注》,中华书局,2011,第 58 页。
④ (魏)王弼注,楼宇烈校释《老子道德经注》,中华书局,2011,第 195 页。

它们都是在强调得道之人具有卑弱处下、守柔不争的品质。

如此一来,《管子》四篇与《老子》形成了不一样的思想旨趣,这是一个值得继续深入探讨的话题。

第四节 结论

《管子》四篇作为黄老道家的代表性作品,《老子》是其最重要的思想源头。对《老子》思想的改造与发挥,构成了《管子》四篇进行思想创发的主要思想源泉。这就是所谓的"因发明序其指意"[①],即既有继承,亦有创新,在继承创新中实现思想的发展。

我们通过分析比对,可以发现《管子》四篇与《老子》存在诸多表述近似的语句、义理相通的章句,这正是《管子》四篇对《老子》思想的继承与发展的结果。《管子》四篇应该是在《老子》文本的基础上,做了借用语词、引述文句、推衍义理等创作工作,从而建构自身的哲学思想体系。围绕"道"的阐释与运用,《管子》四篇与《老子》呈现出不同的思想旨趣,这源于它们对不同时代问题的把握与回应,形成各具特色的理论体系。

[①] (西汉)司马迁:《史记》,中华书局,2009,第456页。

第十章 《管子》四篇与《庄子》的比较研究

第一节 《庄子》及其研究进展

我们发现,许多《老子》未能深入的话题,在《管子》四篇与《庄子》中会得到体现。比如,"心""气"问题在《老子》书中虽然隐约可见,但这并不是《老子》哲学所要处理的重点问题。"心""气"问题更多是在《庄子》和《管子》四篇这里得到丰富和发展,并将其提升为自身哲学体系的重心。而"心""气"问题也正构成了《庄子》与《管子》四篇之间思想的可比性。

有关《管子》四篇与《庄子》的比较研究,王叔岷曾撰有《〈管子〉袭用〈庄子〉举正》一文,条列《管子》与《庄子》的相关文段约二十条,可惜该文一直未能公开发表,今不得见。而李存山《〈内业〉等四篇的写作时间和作者》、李道湘《从〈管子〉的精气论到〈庄子〉气论的形成》、陈丽桂《先秦儒道的气论与黄老之学》、郭梨华《道家思想展开中的关键环节——〈管子〉"心-气"哲学探究》、韩国学者金白铉《从"神明"与"气化"概念看庄子与〈管子〉》、李秀男《稷下道家与庄子后学的渗透与融合——〈管子〉四篇与〈庄子〉外杂篇关联性探

《管子》四篇研究

析》①等研究成果,虽然都只是单篇短文,但已对管、庄的关系做了较为深入的探讨。

除了单篇论文,还可以见到一些著作中对管、庄关系及其思想渊源的探究。例如,王葆玹《黄老与老庄》②是一部系统探讨黄老与老庄之间思想分立与源流关系的专著,堪称精品力作。陈博《从正统道学到黄老思想》一书中分别就《管子》四篇与《庄子》外、杂篇中的黄老思想特征做了阐析,借此把握战国中后期思想学术文化变迁的印迹与历程。③《〈管子〉四篇"精气论"研究》一书是刘智妙在博士学位论文基础上修订而成的,该书中就庄子"心斋"与《管子》四篇的关系问题做了分析。④气论是先秦史上的一条重要思想线索,从《管子》的"精气"到《庄子》"通天下一气"的气本原论,其间存在怎样的思想关联与逻辑进展,王小虎《先秦气论思想新探》一书做了分析和研究。⑤可见,目前管、庄比较研究的成果是较为丰硕的,但还是有意见不一的地方。

传世本《庄子》也就是通常所说的郭象本《庄子》,是经过郭象删削整理而成的。这个本子总共有33篇,其中内篇7篇、外篇15篇、杂篇11篇。《庄子》一书既分为内、外、杂篇的格局,那么这三者之间是一种怎样的区分?否则,为何在同一本书中要横加划出三种类目?郭象注《庄子》时认为33篇都是庄子本人所作,但后世学者大多不接受这种观念,并形成一些针锋相对的看法。比如,有的认为内七篇是庄子本人所作,而外、杂篇则可能是庄子后学所作。而有的人则认为,内七篇恰恰不是庄子所作,因为《史记》中对庄子著述的称引,只见外、杂篇的内容,绝不见内篇之内容。如此一来,两派意见一直相持不下。这种争论的存在间接反

---

① 李存山:《〈内业〉等四篇的写作时间和作者》,《管子学刊》1987年第1期;李道湘:《从〈管子〉的精气论到〈庄子〉气论的形成》,《管子学刊》1994年第1期;陈丽桂:《先秦儒道的气论与黄老之学》,《哲学与文化》2006年第8期;郭梨华:《道家思想展开中的关键环节——〈管子〉"心-气"哲学探究》,《文史哲》2008年第5期;〔韩〕金白铉:《从"神明"与"气化"概念看庄子与〈管子〉》,《管子学刊》2017年第4期;李秀男:《稷下道家与庄子后学的渗透与融合——〈管子〉四篇与《庄子》外杂篇关联性探析》,《中南大学学报(社会科学版)》2020年第6期。
② 王葆玹:《黄老与老庄》,中国人民大学出版社,2012。
③ 参见陈博《从正统道学到黄老思想》,花木兰文化出版社,2013,第107~125页。
④ 参见刘智妙《〈管子〉四篇"精气论"研究》,花木兰文化出版社,2014,第212~227页。
⑤ 参见王小虎《先秦气论思想新探》,中国社会科学出版社,2020,第107~114、123~132页。

第十章 《管子》四篇与《庄子》的比较研究

映了《庄子》的成书过程是较为复杂的，疑点重重，以至于很多问题难以一概而论。这是在研究《管子》四篇与《庄子》之间的思想关系时，首先会遇到的一个障碍。

从事《庄子》文本研究的学者还会关注到内篇与外、杂篇之间存在的其他分野，包括语言风格、思想取向、概念运用等。这一分野直接指示了两种文本作成年代的不同，这是在将《庄子》与《管子》四篇做比较性研究时不能忽视的一个问题，也是一个比较棘手的问题。

刘笑敢有一项关于《庄子》文本的词汇研究值得关注和参考。从汉语词汇的生成发展规律来看，单字词出现的年代时间一般要早于复合词。刘笑敢着重考察了"精""神""性""命""道""德"六个单字词和"精神""性命""道德"三个复合词在内、外、杂篇中的出现频率与分布情况。研究结果发现，内篇中只见"精""神""性""命""道""德"的单字词，不见"精神""性命""道德"的复合词，而在外、杂篇中则出现了上述三种复合词。这一现象基本可以表明内篇在时间上应该早于外、杂篇。在此基础上他按图索骥，参证以《左传》《论语》《孟子》等文献，大体上确定《庄子》内篇应该是战国中期的文章，并为庄子所作。而从《韩非子》《吕氏春秋》和贾谊赋引用《庄子》的情况、《庄子》外、杂篇所反映的时代背景来看，"汉初说"难以成立，基本可以断定《庄子》外、杂篇写作年代不晚于战国末年。① 刘笑敢的研究结论中肯可信，为学界大多数人所认同，笔者在这里同样也是接受这种观点的。

在前面章节中，我们有论述到《管子》四篇作成年代大致在战国中后期，② 这与上述所判定的《庄子》成书年代具有重合性。也就是说，《管子》四篇与《庄子》内、外、杂篇在大时代背景上是接近的。但是，孰先孰后，谁影响了谁，很难遽下结论。关于《管子》四篇与《庄子》到底是谁因袭谁，谁影响了谁，李存山提供了一个说法："《管子》四篇凡与《庄子》内篇相合者，当全是取之于《庄子》；凡与《庄子》外、杂篇相合者，可能互有相袭，但外、杂篇中作于庄子稍后者，亦有的作于《管子》四篇之前。"③ 在进行《管子》四篇与《庄子》的思想比较时，如果无法

---

① 参见刘笑敢《庄子哲学及其演变（修订版）》，中国人民大学出版社，2020，第 25~69 页。
② 参见本书第一章第二节。
③ 李存山：《中国气论探源与发微》，中国社会科学出版社，1990，第 154 页。

《管子》四篇研究

非常肯定地形成一个时间先后序列，那么这种比较性就会失去很多意味。这也提示我们，在进行相关结论断定时要慎之又慎，避免得出武断性判断。

既然在时间性的比较上困难重重，让人难以迈出步伐，则不妨多做一些思想性的分析和阐释，加深对《管子》四篇与《庄子》的内在认知，以俟后有博识者审之、辨之。

第二节　管、庄的比对分析

前面我们说到，《庄子》一书的文本结构是较为复杂的，内、外、杂篇在创作者与思想属性上可能存在一定的差异。在此情况下，要将《庄子》与《管子》四篇做思想比较，则应该采取一种差别化的分析方法，而不可笼统含混地讲论。

我们特将《庄子》区分为内篇与外、杂篇两类，以之和《管子》四篇形成对照（见表10-1）。

表10-1　《管子》四篇与《庄子》的比较

	《管子》四篇	《庄子》内篇
1	为善乎，毋提提。为不善乎，将陷于刑。善不善，取信而止矣。若左若右，正中而已矣。悬乎日月无已也。（《白心》）	为善无近名，为恶无近刑。缘督以为经，可以保身，可以全生，可以养亲，可以尽年。（《庄子·内篇·养生主》）
2	是故圣人若天然，无私覆也。若地然，无私载也。（《心术下》）	天无私覆，地无私载，天地岂私贫我哉？（《庄子·内篇·大宗师》）

	《管子》四篇	《庄子》外、杂篇
3	虚其欲，神将入舍。（《心术上》）	摄汝知，一汝度，神将来舍。（《庄子·外篇·知北游》） 唯道集虚。虚者，心斋也。……夫徇耳目内通而外于心知，鬼神将来舍，而况人乎！（《庄子·内篇·人间世》）
4	德者，道之舍，物得以生生。（《心术上》解文）	物得以生谓之德。（《庄子·外篇·天地》）
5	不虚，则忤于物矣。（《心术上》解文）	无所于忤，虚之至也。（《庄子·外篇·刻意》）

160

第十章 《管子》四篇与《庄子》的比较研究

续表

	《管子》四篇	《庄子》外、杂篇
6	恬愉无为，去智与故，言虚素也。其应非所设也，其动非所取也，此言因也。因也者，舍己而以物为法者也。感而后应，非所设也。缘理而动，非所取也。（《心术上》解文）	故曰：夫恬淡寂漠，虚无无为，此天地之平而道德之质也……故曰：圣人之生也天行，其死也物化。静而与阴同德，动而与阳同波。不为福先，不为祸始。感而后应，迫而后动，不得已而后起。去知与故，循天之理。（《庄子·外篇·刻意》）
7	能专乎？能一乎？能毋卜筮而知凶吉乎？能止乎？能已乎？能毋问于人而自得之于己乎？故曰：思之思之。不得，鬼神教之。非鬼神之力也，其精气之极也。（《心术下》）能抟乎？能一乎？能无卜筮而知吉凶乎？能止乎？能已乎？能求诸人而得之己乎？思之思之，又重思之。思之而不通，鬼神将通之。非鬼神之力也，精气之极也。（《内业》）	老子曰："卫生之经，能抱一乎？能勿失乎？能无卜筮而知吉凶乎？能止乎？能已乎？能舍诸人而求诸己乎？能翛然乎？能侗然乎？能儿子乎？儿子终日嗥而嗌不嗄，和之至也；终日握而手不掜，共其德也；终日视而目不瞚，偏不在外也。行不知所之，居不知所为，与物委蛇，而同其波。是卫生之经已。"（《庄子·杂篇·庚桑楚》引述老子之言）
8	故曰：功成者隳，名成者亏。故曰：孰能弃名与功，而还与众人同？孰能弃功与名，而还反无成？（《白心》）	昔吾闻之大成之人曰："自伐者无功，功成者隳，名成者亏。"孰能去功与名而还与众人？（《庄子·外篇·山木》）

资料来源：表中所列《庄子》原文皆参见（西晋）郭象注，（唐）成玄英疏《庄子注疏》，中华书局，2011。

表10-1是我们所能列出的《管子》四篇与《庄子》相关文句最为近似的8处。[①] 这8处关联度较高，存在一些相同的表述，具有明显的因袭痕迹。相比《庄子》内篇，《管子》四篇与外、杂篇的联系度似乎更高，多达6处。其中第3例，《心术上》"虚其欲，神将入舍"，既与《庄子·内篇·人间世》产生联系，又和《庄子·外篇·知北游》相干。

首先来看第1例和第2例，这是《管子》四篇与《庄子》内篇的两段相关文字。在第1例中，"为善乎，毋提提"，王念孙说："'提提'，显著之貌，谓有为善之名也。"[②]《白心》之文的意思是：做了善事，不要张扬，也不要追求褒赞和名誉，否则会招致他人之嫉妒与嫌隙。做了恶事，就会遭受刑戮的惩罚。在善与恶之间，要以正中为准则，所谓过犹不及。做到

---

① 当然还有一些存在观念相通、思想相近的文句，在此没有一一列出。如果想要仔细查看这些文句，可以参见李存山《中国气论探源与发微》，中国社会科学出版社，1990，第151~153页；李秀男《稷下道家与庄子后学的渗透与融合——〈管子〉四篇与〈庄子〉外杂篇关联性探析》，《中南大学学报（社会科学版）》2020年第6期。

② 黎翔凤：《管子校注》，梁运华整理，中华书局，2004，第805页。

这些之后，人的德养才能像日月一样恒久年长。

而《庄子·养生主》之文的意思是说：世人致力于做善事，却最终不免落入追求名誉的网罟之中；做恶事的人，则无不陷乎刑戮之地。如是，无论是为善还是作恶，总是会疲役心灵，增添危殆。在此基础上，《养生主》提出"缘督以为经"的主张，以保身全生尽年。所谓"缘督以为经"，王夫之有注云："身后之中脉曰督。督者，居静而不倚于左右……缘督者，以清微纤妙之气，循虚而行，止于所不可行，而行自顺，以适得其中。"①相较而言，《庄子·养生主》的语言更加简净、凝练，辞意更加深远，特别是"缘督以为经"一句，可谓辞简意丰。而《白心》为了表达"缘督以为经"所蕴含的意思，则摆出"善不善，取信而止矣。若左若右，正中而已矣"一大句来。《白心》的这番改写，文采明显不如《养生主》，且失却许多哲学韵味。

而在第 2 个例子中，不难看出，是先有《大宗师》关于天地之"无私覆""无私载"的思想发明，而后有《心术下》冠以"圣人"之名，以为圣人效法天地，能如天地一般无所偏私，普爱万物，从而为黄老的治道思想张本。如此可以洞悉到，是《心术下》因袭了《大宗师》，而非《大宗师》因袭了《心术下》。事实上，《大宗师》的此番思想在同为《庄子》内篇的另一文本中——《应帝王》里也有相关表述，即"顺物自然而无容私焉，而天下治矣"。说明这一思想在内篇中已较为一贯、成熟。

以上《白心》《心术下》的两则语例，一则出于改写，另一则推出"圣人"做了引申。种种迹象表明，《白心》《心术下》是在《养生主》《大宗师》的基础上，获得一种思想的启发，并有了自己的语言表述。当然，我们所能找到的语例仅仅是这一两例，在样本较少的情况下，我们就不敢得出非常肯定的结论。但是，在其他条件都相同的情况下，我们认为更有可能是《白心》《心术下》沿袭了《养生主》《大宗师》，而非相反。换言之，《白心》《心术下》的年代更有可能在《庄子》内篇之后。这就是我们在探讨《管子》四篇与《庄子》内篇关系时所能得出的一个结论。

清代古书考证方面的巨擘姚际恒曾指出："《庄子》之书洸洋自恣，独有千古，岂蹈袭人作者？其为文舒徐曼衍中仍寓拗折，奇变不可方物……

---

① （清）郭庆藩：《庄子集释》，王孝鱼点校，中华书局，1961，第 117 页。

第十章 《管子》四篇与《庄子》的比较研究

又《庄》之叙事，回环郁勃，不即了了，故为真古文。"① 同时，梁启超也说："庄子不是抄书的人。"② 庄子善于哲学思辨，不拘泥于传统，不蹈循于成规，强调独立思考与自由发展。以庄子自身的个性、品格与能力来看，《庄子》内篇的文字更应该是他基于个人所遇、所闻，发抒其胸臆而后得的。今天所看到的《庄子》内篇，文笔瑰奇，纵横恣肆，显示了庄子极其高超的文学创作能力。这种文字通过蹈袭他人是换不来的，最有可能是庄子的切身体会之作。若绳绳于他人之文辞，则落于俗套矣！如此一来，假如我们承认《庄子》内篇为庄子本人所作，那么上述有关文字就应该是《白心》《心术下》承袭《庄子》内篇的。当然这也只是一种推论，并不是一种确证。

下面我们来看第3—8例，也就是《管子》四篇与《庄子》外、杂篇所发生的思想联系，我们将逐一加以分析。

第3例显示，《心术上》与《庄子·内篇·人间世》《庄子·外篇·知北游》共同分享有"神舍"的观念，即把"心"当作人之精神的馆舍。只要虚心摒欲，人的精气就能够留住下来。成玄英《知北游》疏云："收摄私心，令其平等，专一志度，令无放逸，汝之精神，自来舍止。"③ 但是，仔细比较《人间世》的"鬼神将来舍"与《心术上》"神将入舍"、《知北游》"神将来舍"，后者的"神"似乎是对前者"鬼神"的片面提取，并加以引申发挥。

第4例表明，二者都把"德"看成是"道"的具体外化，万事万物仰赖"德"而能够生成化育。这种观念放在先秦思想史上，其实并不是很特别，诸子百家大多都持有类似的看法。比如，孔子说过"志于道，据于德，依于仁，游于艺"④。而在《韩非子·解老篇》里有言："道有积而德有功，德者道之功。"⑤ 因而，《心术上》解文与《天地》的此类说法可以看成是对先秦时代某一共同思想话语的吸收和分享。而不能囿于《管子》四篇与《庄子》的范围内，去谈论是谁沿袭了谁的问题。

在第5例中，《心术上》解文与《庄子·外篇·刻意》所表达的意思

---

① （清）姚际恒：《古今伪书考》，中华书局，1985，第27页。
② 梁启超：《古书真伪及其年代》，载《饮冰室合集》（第12册），中华书局，1989，第52页。
③ （西晋）郭象注，（唐）成玄英疏《庄子注疏》，中华书局，2011，第393页。
④ 《论语·述而》。
⑤ （清）王先慎：《韩非子集解》，钟哲点校，中华书局，2013，第133页。

《管子》四篇研究

几乎接近,都是在说人不能虚静时,便会和外界事物相抵牾。只是两段话在句式上是一正一反,内涵却是一致的。至于是谁从谁那获得思想启发,并稍作句式表达上的修改,那是不好一下子下结论的。

但是,同样是在《心术上》解文与《庄子·外篇·刻意》之中,它们还存在一则相似的语句,这就是第6个例子。在这里,"心知关系"是《管子》四篇和《庄子》所共同关心的一个议题。《心术上》解文和《刻意》都讲到"去知(智)与故",主张要去除个人的智巧与成见。因为智巧、成见大多源于人的私心、私欲,当把它强加于他物时,就会妨害本性的自然发动。而当摒弃了智巧与成见之后,人才有可能达到"至虚"的状态,能够因任自然,体物而动。

在《管子》四篇的其他篇章中也表达了类似的观念,比如《内业》说"凡心之形,过知失生",即过度的智虑会伤害天性。《心术上》解文也说:"虚者,无藏也。故曰:去知则奚率求矣?无藏则奚设矣?无求无设则无虑,无虑则反覆虚矣。"《心术上》还有一处说"人皆欲智,而莫索其所以智乎。智乎智乎,投之海外无自夺。求之者,不得处之者。夫正人无求之也,故能虚无"。说明《管子》四篇和《庄子》一样,都主张去除巧智。而只有去除巧智、廓清私见的障蔽,人才有可能洞见真知,获得大智慧。

《心术上》解文的"恬愉无为"和《刻意》"夫恬淡寂漠,虚无无为"近似,又"感而后应……缘理而动"和"感而后应,迫而后动"相似。因为《刻意》以"故曰"起句,有的学者就据此认为是《刻意》称述《心术上》解文的。事实上,这并不是一个绝对可靠的证据,"故曰"在先秦子书中经常出现,有时并不一定表明是在引述他人之言。

在第7个例子中,《心术下》《内业》与《庚桑楚》的语段,我们在《老子》中也能找到相似的表述。《庚桑楚》也明白地用"老子曰"引出这一大段话,表明是引述自老子之言。《老子》中可相对应的章节是在第十章:"载营魄抱一,能无离乎?专气致柔,能婴儿乎?涤除玄览,能无疵乎?"以及第五十五章:"含德之厚,比于赤子。蜂虿虺蛇不螫,猛兽不据,攫鸟不搏。骨弱筋柔而握固,未知牝牡之合而全作,精之至也。终日号而不嗄,和之至也。"[1] 这就更加证明有些文句不是《管子》四篇与

---

[1] (魏)王弼注,楼宇烈校释《老子道德经注》,中华书局,2011,第25、149页。

164

第十章 《管子》四篇与《庄子》的比较研究

《庄子》之间谁抄谁的问题，而可能是它们皆有所本，有一个更早的共同思想来源，即《老子》。

在这一例中，我们更有可能看清楚《老子》《庄子》与《管子》四篇之间的思想脉络与相承关系。因而历来很多学者都倾注大量心力在此，加以详尽的分析阐说，代表性的比如有刘节、罗根泽、李存山、林志鹏等人。[1] 读者可以翻阅参考。

最后一例的语句比较也是十分耐人寻味的。《山木》以"昔吾闻之大成之人曰"开头，成玄英疏云："大成之人，即老子也。"[2] 今见于《老子·第二十四章》确实有"自伐者无功"一句。这说明《山木》的文段很可能是从《老子》那里继承下来并加以发挥申说的。而印之以《白心》，则以"故曰"起头。既然《山木》之言有所本，那么《白心》自然应该也会有所本。表明《山木》《白心》都是在对某一思想源头的引述。当然在此引述过程中，也有可能《白心》的作者直接借用了《山木》的发挥之辞，从而形成了现在的文段面貌。[3]

结合第1例和第8例来看，同样是《白心》里的文字，既有与《庄子·内篇·养生主》相似之处，又有与《庄子·外篇·山木》雷同。在承认《庄子》内篇与外、杂篇存在分野的前提下，我们该如何看待上述情况呢？前人多能注意到《山木》《养生主》之文与《白心》的上述两段文字存在相似性，并据此判定《白心》晚于《山木》和《养生主》，属于《白心》对《庄子》的引述发挥之辞。[4] 但林志鹏则提出了相反的意见。[5] 如果仅从语言文字上看，《白心》相关文句的文采、辞意均不如《庄子》之文来得优美、凝练。一方面，我们可以说是《白心》逊色于《庄子》之

---

[1] 刘节：《管子中所见之宋钘一派学说》，《古史考存》，人民出版社，1958，第244~245页；罗根泽：《管子探源》，山东文艺出版社，2018，第64~65页；李存山：《〈内业〉等四篇的写作时间和作者》，《管子学刊》1987年第1期；林志鹏：《宋钘学派遗著考论》，复旦大学出版社，2018，第176~179页。

[2] （西晋）郭象注，（唐）成玄英疏《庄子注疏》，中华书局，2011，第365页。

[3] 张固也先生提供了另外一种意见，他认为《白心》"把紧接着的短短几句话用两个'故曰'破读为二，终究有点不合情理，也可以推测《白心》是从另外两处抄来的，而《山木》又用来解释老子的话"。参见张固也《〈管子〉研究》，齐鲁书社，2006，第279页。

[4] 参见陈鼓应《管子四篇诠释》，中华书局，2015，第176、184页；李存山：《〈内业〉等四篇的写作时间和作者》，《管子学刊》1987年第1期。

[5] 参见林志鹏《宋钘学派遗著考论》，复旦大学出版社，2018，第129~131页。

文，是在《庄子》的基础上做的引申或摹写；另一方面，我们也可以得出《庄子》是在《白心》的基础上做了提炼整合，所以文句更加整饬。一时之间，各种意见相持不下。这恰恰提示我们在没有足够充分的证据提出之前，不能随意妄加揣测。从以上句例的对勘来看，《白心》与《庄子》相涉颇深，二者之间的关系一定不浅。① 因此，在理解、阐释它们的思想时，可以比照、互参，以增进对这一系思想的认识。至于二者孰先孰后，可能暂时无法遽定。

综上所述，比起《庄子》的内篇，晚出的外、杂篇与《管子》四篇的关系尤为紧密，说明《管子》四篇的思想旨趣更加接近于《庄子》外、杂篇，年代上二者也可能更加接近。通过以上所举八个例子的比较研究，我们大致可以得出如下结论：《管子》四篇与《庄子》内篇和外、杂篇存在着不一样的关系。其中，《管子》四篇与《庄子》内篇主要是一种承袭意义上的关系，即《白心》《心术下》承袭了《养生主》《大宗师》的一些思想。而《管子》四篇与《庄子》外、杂篇则更多是在共同分享某一思想资源的意义上发生联系的。《管子》四篇与《庄子》外、杂篇的相关思想要么是皆有所本，有一个更早的共同思想来源；要么是当时存在一种较为流行的、共同的时代话语或话题，《管子》四篇与《庄子》外、杂篇皆有所取之。

第三节　《老子》之后的管、庄走向

在先秦思想史上，儒家注重言传身教、开办私学，在教学活动中建立师生关系，从而形成思想传承延续的轨迹；墨家则是以建立纪律严明的组织关系，团契徒众，明确师徒之间的纽带关系。但是对于《老子》之后的道家来说，由于崇尚"不言之教"，既没有开门授徒，也没有营造学派组织，这就给认定道家的师承关系与思想发展线索制造了困难。然而，《老子》的影响在先秦思想史上又俯拾皆是，比如所谓的名家、法家、纵横

---

① 实际上，《白心》中与《庄子》文句相涉的例子还有很多，林志鹏在《宋钘学派遗著考论》一书中就另外罗列出多达七条的义理相通句例。参见林志鹏《宋钘学派遗著考论》，复旦大学出版社，2018，第131~133页。

第十章 《管子》四篇与《庄子》的比较研究

家、兵家无不有《老子》思想的影子，而它们又没有在严格意义上奉老子为宗师。这样一来，《老子》之后的思想传授系统一直是不明朗的。

虽然无法梳理出完整、明确、连续的思想传授系统，但是我们依然可以列举出其中之大端者，比如《庄子》以及《管子》四篇这类黄老道家作品。《老子》是《管子》四篇和《庄子》共同的思想源头，欲建立管、庄的比较性视野，则无论如何《老子》是不能缺席的。只有从《老子》出发，才能真正理解管、庄之间的共性与个性。顺着《老子》之学而下，找出一条思想发展主线，廓清其间的文理与脉络，把握其中之相符者与相异者，庶几可以一瞥《老子》之学的承传与发展。

在将《管子》四篇与《庄子》的比较性视域建立起来之后，能够方便我们去理解《管子》四篇自身一些思想的来龙去脉，更加清楚地认识《管子》四篇所产生时代之前后的一些思想面貌。《管子》四篇中关于"气"的论述，无论是在战国思想史上还是在黄老道家内部，都是居于显著位置。那么，《管子》四篇"气"的思想从何而来，又从何而去，以及是否有同声相应？要回答这些问题，恐怕就绕不开对《庄子》的研究。我们甚至可以以"气"为思想契机，勾连起从《老子》到之后的一些思想链条，去发现《老子》之后某些思想的生成、变异、演化。

我们知道，在《老子》中有关"气"的论述仅见三处，分别是：

专气致柔，能婴儿乎？（《老子·第十章》）①
万物负阴而抱阳，冲气以为和。（《老子·第四十二章》）②
益生曰祥，心使气曰强。（《老子·第五十五章》）③

《老子》认为，"气"是万物生成与存在的基本要素。凝集"气"至和柔状态，以至于如婴孩般，这是符合《老子》所言之"道"的特性，"气"就此与"道"结下不解之缘。《管子》四篇、《庄子》的"道—气"关系问题大概就是从这里开出。同时《老子》以为，当人被欲念主使时，逞强硬撑，会破坏至和之气。这无疑提示了一种修养法门，有关"气"的

---

① （魏）王弼注，楼宇烈校释《老子道德经注》，中华书局，2011，第25页。
② （魏）王弼注，楼宇烈校释《老子道德经注》，中华书局，2011，第120页。
③ （魏）王弼注，楼宇烈校释《老子道德经注》，中华书局，2011，第150页。

《管子》四篇研究

修养论也就从这里开始发展出来。对这方面问题的继续讨论,在《管子》四篇、《庄子》中俯拾皆是。所以,《老子》关于"气"的说法,可以看成是《管子》四篇、《庄子》的一个共同思想源头,或至少是为其开辟了思想议题。

但《管子》四篇与《庄子》在讲"气"的问题时,不约而同地联系上了"心"的问题,比如《内业》:"凡道无所,善心安爱,心静气理,道乃可止。"《庄子·内篇·应帝王》:"汝游心于淡,合气于漠,顺物自然而无容私焉,而天下治矣。"① 这一思想进展不容小觑,它让"气"的讨论不只是停留在宇宙生成论层面,而是进一步展开为与人自身切实相关的修养论,开辟出一条内在的思想进路,对后世影响甚大。

除了"心""气"的脉络,"道"也是《老子》之后一条重要的思想发展线索,甚至是更为根本性的。《庄子·内篇》代表着庄子本人的观点。其中,《齐物论》载:

> 道行之而成,物谓之而然。恶乎然?然于然;恶乎不然?不然于不然。物固有所然,物固有所可。无物不然,无物不可。故为是举莛与楹,厉与西施,恢恑憰怪,道通为一。其分也,成也;其成也,毁也。凡物无成与毁,复通为一。唯达者知通为一,为是不用而寓诸庸。庸也者,用也;用也者,通也;通也者,得也,适得而几矣。因是已,已而不知其然谓之道。劳神明为一而不知其同也,谓之朝三。何谓朝三?狙公赋芋,曰:"朝三而暮四。"众狙皆怒。曰:"然则朝四而暮三。"众狙皆悦。名实未亏而喜怒为用,亦因是也。是以圣人和之以是非而休乎天均,是之谓两行。②

《大宗师》载:

> 夫道有情有信,无为无形;可传而不可受,可得而不可见;自本自根,未有天地,自古以固存;神鬼神帝,生天生地;在太极之先而

---

① (西晋)郭象注,(唐)成玄英疏《庄子注疏》,中华书局,2011,第160~161页。
② (西晋)郭象注,(唐)成玄英疏《庄子注疏》,中华书局,2011,第38~40页。

第十章 《管子》四篇与《庄子》的比较研究

不为高，在六极之下而不为深，先天地生而不为久，长于上古而不为老。狶韦氏得之，以挈天地；伏羲氏得之，以袭气母；维斗得之，终古不忒；日月得之，终古不息；堪坏得之，以袭昆仑；冯夷得之，以游大川；肩吾得之，以处太山；黄帝得之，以登云天；颛顼得之，以处玄宫；禺强得之，立乎北极；西王母得之，坐乎少广，莫知其始，莫知其终；彭祖得之，上及有虞，下及五伯；傅说得之，以相武丁，奄有天下，乘东维、骑箕尾而比于列星。①

"道"虽然无形无象，但绝对不是虚无，否则它也就无法生成、造化万物。庄子所说的"夫道，有情有信"正是承接《老子·第二十一章》而来，该章说："道之为物，惟恍惟惚。惚兮恍兮，其中有象；恍兮惚兮，其中有物。窈兮冥兮，其中有精；其精甚真，其中有信。"② 只是庄子在《大宗师》这里把作为本原之"道"的究竟面貌做了更加详细的描述。

除了讲明"道"的本体论意义——作为万事万物之所以然的最终依据，庄子还发展出"道通为一"的哲学思想。"道"也就是"一"，从"道"的层面来观察万物，万物皆为"一"，并没有什么实质性差别，因而也就不必在好坏、美丑、善恶上拣择、趋避与争执。而后来的黄老道家认为，道之所以能够通天下为一，主要在于"气"，由此发展出气本原论，用气来解释天地万物的生成与存在。《管子·内业》就说："是故此气，杲乎如登于天，杳乎如入于渊，淖乎如在于海，卒乎如在于己……精也者，气之精者也。气，道乃生……"

可以看到，《老子》之后的思想动态，至少可分作庄子一翼与黄老道家一翼。就是同在《庄子》一书中，也存在着庄子思想与黄老学派的分际。《庄子·内篇》典型代表着庄子本人的思想，而《庄子·外篇》《庄子·杂篇》中的《天道》《天地》《刻意》《天运》《在宥》《缮性》等，具有浓厚的黄老思想色彩，与《庄子·内篇》有着迥然不同的思想旨趣。刘笑敢教授指出，《天道》这些篇目开始从剽剥儒墨转向融合儒法，从崇尚生天生地之道转向法天之道，从追求逍遥无为发展到提倡君无为而臣有

---

① （西晋）郭象注，（唐）成玄英疏《庄子注疏》，中华书局，2011，第136~138页。
② （魏）王弼注，楼宇烈校释《老子道德经注》，中华书局，2011，第55页。

为，鲜明地体现着黄老学的特点。① 但是由于《天道》诸篇是从庄子思想中逐步分化出来的，它不可能完全脱离庄子的思想框架，也就难以像《管子》四篇能成为一个独立的黄老思想文本或学派，更多是充当了庄子道家思想向黄老之学转化的一个过渡环节。

《老子》之后，道家的思想经历了黄老道家与庄子的分立，呈现出较为复杂的思想面貌。黄老道家和庄子都在称述、化用《老子》的思想，但走出不一样的思想路线。例如，黄老道家喜言刑名法术，却正是庄子所极度厌弃与批判的；黄老道家注重治世应务，庄子却是要遁世无闷，蔑视世俗权威。由于庄子的这种思想性格，人们通常称其为纯粹的道家。而与之相比，黄老道家的思想却十分驳杂，对于世间的许多价值理念与秩序设施兼容并包。

第四节　结论

《管子》四篇与《庄子》在写成年代上较为接近，殊难判定二者之思想谁影响了谁。而且《庄子》本身的文本结构又较为复杂，存在内篇与外、杂篇的分际。因此之故，要将《庄子》与《管子》四篇做思想比较，切不可一概而论，而应该作具体的剖析、研判。总的来说，《管子》四篇在思想特征上与《庄子》外、杂篇更为接近，它们可能共同分享了一些思想资源，以及吸收了当时较为流行的话语和观念。《管子》四篇有关"心""气"的议题，在《庄子》书中都有较为广泛、深入的阐述，呈现一种内在的进路。

《庄子》与《管子》四篇比较视野的建立，为理清《老子》之后的思想发展动向提供了一个坐标。在此坐标下，可以发现《老子》之后卓然发展出两大思想流派，其一是以庄子为代表的纯粹道家，其二是像《管子》四篇此类的黄老道家。而在《庄子》一书中，内篇是庄子本人的思想，而外、杂篇的思想特征则更倾向于黄老道家。这说明《老子》之后的思想发展图像是比较斑驳、复杂的。

---

① 刘笑敢：《庄子后学中的黄老派》，《哲学研究》1985 年第 6 期。

第十一章 《管子》四篇与《孟子》的比较研究

《管子》四篇虽然是黄老道家的代表性作品，但与先秦儒学也存在一些思想联系。举例而言，《管子·内业》多儒家言，前人多能述之。《内业》载："能正能静，然后能定。定心在中，耳目聪明。"而《礼记·大学篇》载："大学之道，在明明德，在亲民，在止于至善。知止而后有定，定而后能静，静而后能安，安而后能虑，虑而后能得。"以及"欲修其身者，先正其心"[①]。《内业》与《大学》都是在发明"正""静""定"的修身工夫。此外，《管子》四篇还与《大学》一样，构造了"治身—治国"的理论框架，并成为黄老道家思想展开的基本逻辑理路。

孟子与荀子是先秦儒学的左膀右臂，是先秦儒家思想走向成熟的两座标杆。由于孟子、荀子皆居战国之世，其学问思想与《管子》四篇的交涉肯定很深。在接下来的章节中，我们将以孟子和荀子的思想为基点，用来和《管子》四篇做一番比较性探究。

第一节 孟子与齐地之学

孟子生活的年代大约在公元前 372 年—公元前 289 年，处在战国中期，是战国时期儒家的主要代表性人物之一。相传孟子是鲁国贵族孟孙氏的后

---

① （宋）朱熹：《四书章句集注》，中华书局，2011，第 4、5 页。

裔，曾受业于子思。学成以后，以士的身份游说诸侯，到过梁国、齐国、宋国、滕国、鲁国等，企图推行自己的政治主张。他在思想上以孔门嫡传、儒家正宗自居，对其他诸子的思想都有不同程度的批判。当面对门下学生公都子"外人皆称夫子好辩，敢问何也"的疑问，孟子回答以"予岂好辩哉？予不得已也"①。表明孟子与当时的一些主要思想流派有过许多思想上的交锋、辩论。仅《孟子》一书中记载的，有距杨朱、墨翟之言，批判许行的农家思想、辩驳告子之学说等。而我们知道，思想正是在与他者的不断交锋、辩论中接受外部的影响，并不断获得修正、完善。这是当时战国思想界的一种常见现象。

西汉桓宽所著《盐铁论·论儒》载"齐宣王褒儒尊学，孟轲、淳于髡之徒，受上大夫之禄，不任职而论国事，盖齐稷下先生千有余人"，②认为孟子列于稷下先生之位。钱穆先生则不以为然，他曾经撰写有《孟子不列稷下考》一文，提出反对性意见，并详细列出三点理由，兹誊录如下：

《史记·孟荀传》云："自如淳于髡以下，皆命曰列大夫，为开第康庄之衢，高门大屋尊宠之。"不数孟子，而云淳于髡以下，此孟子不列稷下之证一也。《田齐世家》亦云："宣王喜文学游说之士，自如驺衍、淳于髡、田骈、接子、慎到、环渊之徒七十六人，皆赐列第为上大夫，不治而议论。"列举稷下闻人，独无孟子，此孟子不列稷下之证二也。《孟子》书载与淳于髡辩难凡两番。阎若璩《四书释地又续》谓"一在去齐之后，一似相值于梁惠王朝"。今按：淳于诘孟子天下溺而不援，阎氏定为在梁相值之言。盖以其时孟子不仕而臆定。然安知不在齐威王时，两人固同在齐。孟子虽不仕，而好言仕义。淳于之言，非以为劝，乃以为讥也。淳于为稷下先生，不治而议论，此以不仕为名高者也。孟子则曰："士不托于诸侯，抱关击柝者，皆有常职，以食于上。无常职而赐于上者，为不恭。"又曰："庶人不传质为臣，不敢见于诸侯。"又曰："仕非为贫，而有时乎为贫。"又曰："孔子三月无君，则皇皇如也，出疆必载质。"曰："士之仕也，犹农

---

① （宋）朱熹：《四书章句集注》，中华书局，2011，第252页。
② 王利器校注《盐铁论校注》，中华书局，1992，第149页。

第十一章 《管子》四篇与《孟子》的比较研究

夫之耕。"而所恶则曰"处士横议",所愿学则在孔子。曰:"可以仕而仕,可以止而止,可以久而久,可以速而速。"至若稷下诸先生,不治而议论,此孟子所谓处士之横议,庶人不为臣,无常职,而托于诸侯,皆孟子所深斥也。故孟子在齐为卿,有官爵,明不与稷下为类。致为臣而归,则非不仕。宣王欲中国而授孟子室,养弟子以万钟,此《史记》所谓开第康庄之衢,欲以稷下之礼敬孟子。孟子曰:是贱丈夫登垄断罔利者。而淳于又讥之,曰:"夫子在三卿之中,名实未加于人而去,仁者果如是乎?"凡以见其出处行谊之不同。此孟子不列稷下之证三也。当时如仪、衍纵横之徒,以妾妇之道固禄利。而许行、陈仲则主并耕,不恃人食。淳于髡、田骈稷下之处士,既享仪、衍居官之禄,复慕许、陈在野之名。惟孟子独高谈士礼,自谓本之孔子。然孔子之礼,重在君君臣臣父父子子,而孟子欲以齐王,又自称诸侯之礼吾未之学。而孟子所谓孔子之仕止久速,当孔子时亦未尝以此为礼,而明以告其弟子也。此亦世风之一变,余故以论稷下学士而并及焉。①

笔者认为,钱穆的推求是合理而可靠的,符合孟子本人立身处世的一贯风格。否则,以孟子之名,位列稷下,《孟子》一书不可能对本师的重要生平事迹只字不提。② 但是,可以肯定的是,孟子与诸多稷下先生有过一定的交集,产生过思想上的碰撞。《孟子》书中所载孟子与稷下名士淳于髡的论辩,就是最大的明证。孟子游历于齐国,大致在齐威王、齐宣王之世,此时正是稷下学宫兴盛发达之时。稷下学宫还是当时齐国最重要的学术中心。孟子到齐国,不可能不与稷下处士有一番论学,③ 这与其是否位列稷下先生完全是两码事。此外,齐、鲁壤地相邻,两地的思想文化产生交汇是再正常不过的事情了。鲁人孟子的思想学说在一定程度上应该会

---

① 钱穆:《先秦诸子系年》,商务印书馆,2001,第273~274页。
② 当然,也有学者对钱穆的观点提出一些辩难,但在笔者看来,这些质疑并没有从根本上削弱钱氏论据的有效性。参见孙开泰《孟子与稷下学宫的关系》,《齐鲁学刊》1980年第5期;孙以楷《稷下学宫考述》,载中华书局编辑部编《文史》(第23辑),中华书局,1984。
③ 当时,临淄既是齐国的首都,又有稷下学宫这一学术文化中心,孟子游齐不可能不到临淄,也不可能不到稷下学宫,而且很可能来齐的首站就是到这里。

受到来自齐地之学的影响。

第二节 管、孟比较的回顾

  《管子》四篇是齐地极具代表性的著述，其产生的年代与孟子生活的时代较为接近。很多学人都关注到了《管子》四篇与《孟子》之间的联系，比如杨儒宾认为，《管子》中的《内业》《心术下》与《孟子》的"相关性不仅是泛泛的相关而已，而是最核心的关联"①。《孟子》与稷下黄老之作《管子》四篇的思想纠葛到底如何，值得我们去深入探究。

  在进入正式的思想分析前，我们有必要先介绍下目前相关研究的进展概况与主要成果。白奚发表有《〈管子〉的心气论对孟子思想的影响》一文。② 李存山先后写成了《〈内业〉等四篇的写作时间和作者》《再谈〈内业〉等四篇的写作时间》两篇文章，形成一个较为连续、独立的学术观点。③ 日本学人小野泽精一等编《气的思想——中国自然观与人的观念的发展》一书中，以《孟子》和《管子》为考察重点，开辟专节探讨"气"在两者间的思想意义。④ 胡家聪则着重探究了《内业》与《孟子》思想之间的联系。⑤ 中国台湾学人刘智妙以"心气论"为线索，分析了《孟子》与《管子》四篇的关系，这也是她的博士学位论文的重要组成部分。⑥ 郭梨华教授的一项研究认为，在战国时期心性之学的发展历程中，儒家佚籍《性自命出》《五行》与《孟子》、《管子》四篇之间形成互为影响但又歧出的思想论述。⑦ 杨儒宾所撰《论〈管子〉四篇的学派归属问题——一个

---

① 杨儒宾：《儒家身体观》，上海古籍出版社，2019，第61页。
② 白奚：《〈管子〉的心气论对孟子思想的影响》，载陈鼓应主编《道家文化研究》（第6辑），上海古籍出版社，1995。
③ 李存山：《〈内业〉等四篇的写作时间和作者》，《管子学刊》1987年第1期；李存山：《再谈〈内业〉等四篇的写作时间——与学友白奚先生商榷》，《中国哲学史》1999年第2期。
④ 〔日〕小野泽精一、〔日〕福永光司、〔日〕山井涌编《气的思想——中国自然观与人的观念的发展》，李庆译，上海书店出版社，2023，第28~71页。
⑤ 胡家聪：《管子新探》，中国社会科学出版社，2003，第332~334页。
⑥ 刘智妙：《〈管子〉四篇"精气论"研究》，花木兰文化出版社，2014，第189~212页。
⑦ 郭梨华：《儒家佚籍、〈孟子〉及〈管子〉四篇心性学之系谱》，《哲学与文化》第394期，2007。

第十一章 《管子》四篇与《孟子》的比较研究

孟子学的观点》一文是他对《孟子》与《管子》四篇关系之认识的一个集中性呈现。此外,在专著《儒家身体观》之中,他还具体探讨了孟子的践形观与《管子》四篇的精气说、全心论,形成了较为系统、全面的论说。① 除了以上这些研究之外,当然还有一些零星的学术成果和旁涉性的研究,在此就不一一赘述了。

将《孟子》与《管子》四篇做思想上的比较,首先面临的一个棘手问题是:在文本形成时间上,《孟子》与《管子》四篇孰先孰后?对此,学界存在两种截然不同的看法。一种认为《孟子》在先,并影响了《管子》四篇思想的形成,比如李存山在《〈内业〉等四篇的写作时间和作者》一文中表达了此类观点,他说:"《管子》四篇是稷下黄老学派的综合之作,我们从其综合的成份,可以大体推定它们作于孟子、《易传》、惠施和庄子之后。"② 李存山还从文采与思想两方面入手做了一番推测,他说:"《内业》等四篇在哲学发展的链条上固然有其重要性,但无论就其文笔、才气,还是就其思想的系统性、深刻性来说,都是逊于庄子、惠施和孟子等人的,这几位大哲学家不可能同时都看上了这四篇、都从这里去汲取思想泉源。"③ 这一事理性推求构成了他的重要论据。

再者,学者程宜山认为,"《管子》《心术上下》等四篇的写作年代应稍晚于《孟子》和《庄子》内篇,因而也晚于《周易·系辞》……"④ 他所依据的理由是《管子》四篇中已经出现了"道德"这一复合词,而学界一般认为在战国中期及其之前的先秦典籍尚未开始使用作为复合词的"道德"。⑤

另一种观点则认为《管子》四篇在先,进而影响了《孟子》的相关思想。例如郭沫若《宋钘尹文遗著考》《稷下黄老学派的批判》两文中均有

---

① 参见杨儒宾《论〈管子〉四篇的学派归属问题——一个孟子学的观点》,《鹅湖学志》1994 年第 13 期;杨儒宾:《儒家身体观》,上海古籍出版社,2019。
② 李存山:《〈内业〉等四篇的写作时间和作者》,《管子学刊》1987 年第 1 期。
③ 李存山:《再谈〈内业〉等四篇的写作时间——与学友白奚先生商榷》,《中国哲学史》1999 年第 2 期。
④ 程宜山:《中国古代元气学说》,湖北人民出版社,1986,第 28 页。
⑤ 程宜山给出的三段证据是《内业》"既知其极,反于道德",以及《心术上》经文"虚无无形谓之道,化育万物谓之德"和《心术上》解文:"以无为之谓道,舍之之谓德。故道之与德无间。故言之者不别也。"后面两则被看成是使用"道德"一词之理由的申说。有关复合词"道德"的分析,程氏是借鉴了刘笑敢的既有研究成果。

相关说法。他是这样论述的：

> 有"灵气在心"的人，是"见利不诱，见害不惧，宽恕而仁，独乐其身"的。这所谓"灵气"，在我看来，毫无疑问便是孟子的"浩然之气"，《内业篇》也正说："精存自生，其外安荣；内藏以为泉原，浩然和平，以为气渊。"孟子显然是揣摩过《心术》、《内业》、《白心》这几篇重要作品的。只是孟子袭取了来，稍微改造了一下……在孟子谈浩然之气的时候，他是因为说到告子比他先不动心。告子主张"不得于言勿求于心，不得于心勿求于气"，分明就是《内业篇》所说的"不以物乱官，不以官乱心"。告子据我看来便是一位宋钘、尹文派的学者。孟子说及告子之不动心和他的之所以不同，因而及于浩然之气，可见这种观念的获得孰先孰后。又"灵气"在主张本体观的道家本与"道"为一体，事实上也就是"道"的别名，而孟子谈浩然之气也来一个"配义与道"，"道"字便无着落，这分明是赃品的透露了。事实上《孟子》上所受的影响还不仅这一点，所谓"养心莫善于寡欲"，所谓"万物皆备于我"，所谓"上下与天地同流"，无一不是受了影响的证据。①

郭沫若认为孟子"揣摩过"《管子》四篇，也就是在《管子》四篇思想的基础上做了一些袭取、改造的工作。而之所以主张《管子》四篇在先，郭沫若很重要的一个论据在于：告子在他看来是和《管子》四篇同属于宋尹学派，而《孟子·公孙丑上》有一句"告子先我不动心"，那么告子和《管子》四篇在这方面的思想观念可能就要早于《孟子》。在这一长段论述中，除了这一论据是直接关切到《管子》四篇与《孟子》孰先孰后的，其他的话都只是一种思想相似性的比对，并不能直接看出二者的时间先后关系。而在笔者看来，这唯一的论据也未必能成立。且不论告子确否为宋尹学派，"告子先我不动心"只是说明告子比孟子先做到"不动心"的修养工夫，而不是表明告子具有先于孟子的相关思想观念。郭沫若产生这一误读是因为没有细究其中的差别。

---

① 郭沫若：《稷下黄老学派的批判》，《十批判书》，东方出版社，1996，第 151~152 页。

第十一章 《管子》四篇与《孟子》的比较研究

而胡家聪却认为郭沫若的分析很有道理，并将《孟子》与《内业》相比照，列出五处思想对应的文段，用来呼应郭沫若的观点，但是没有做更多的分析以及进一步提出可靠的论据，就得出《孟子》的相关思想"明显是从《内业》袭取过来而又加以改造，纳入了孟子儒家思想体系"①。这种资料的补充显然没有增强该论点的有效性。

侯外庐等著《中国思想通史》（第一卷）时，将《管子》四篇归为宋尹学派的著作，在进行"内心存养"论的思想分析时，侯外庐等认为：

> 孟子看中了寡欲的"气"不是毫无理由的，孟子之所以养他的"浩然之气"，也不是毫无承借的。当孟子嗅到这一治心之方术的唯心主义的气味时，便引以为同道，并且学舌说，"其为气也，至大至刚，以直养而无害，则塞于天地之间，其为气也，配义与道，无自馁也，是集义所生者，非义袭而取之也，行有不慊于心，则馁矣。"孟子这一剽窃，在"配义与道"上露出了马脚……②

侯外庐等的上述看法不出郭沫若观点之外，只是他用了"学舌"与"剽窃"二词来定性《孟子》与《管子》四篇之间的思想关系，颇为令人讶异！

陈鼓应在《管子四篇诠释》一书中断断续续有一些论说，他主要从以下几个方面来证明孟子受到了《管子》四篇的思想影响。第一，孟子的"养气"说和《管子》四篇的"抟气"说都是基于"气"之内聚与外放的思考模式。

> 我们也可以在孟子有关"养气"的理论中发现，"养气"基本上是一种气之内聚的修养工夫，而其展现"万物皆备于我"的成效则是气之外放所造成的作用。从由内聚与外放的思考模式来比对孟子与稷下道家，孟子的气论思想极可能受到稷下道家的影响。③

---

① 胡家聪：《管子新探》，中国社会科学出版社，2003，第333～334页。
② 侯外庐、赵纪彬、杜国庠编著《中国思想通史》（第一卷），人民出版社，2011，第322页。
③ 陈鼓应：《管子四篇诠释》，中华书局，2015，第47～48页。

第二，孟子对"气"问题的关注与论说是受外部触动的，而非出于自觉的，并且相关论说不比《管子》四篇来得系统。

孟子谈"气"是受了稷下学人告子的引发，告子或许是稷下道家的成员之一。孟子的心气说不仅是受人引发而非出于主动、自动的，而且从《孟子》整本书来看，它的气论是偶发性的，而《管子》四篇则是系统性的论述。①

第三，在《孟子》与《管子》四篇中，天地的性格都是人伦化的，而非如老庄是自然性或艺术性的。

所谓"天仁地义"，天地是一仁义之德境界的呈现，在这里可以说已经将天地予以人伦化。这说法和老庄有着极大的不同。老子的天地是一自然状态，所谓"人法地，地法天，天法道，道法自然"。这里很明显地可以看出稷下道家对于老子有着不同的发展。庄子讲天地或者作为一物理的存在，或者作为一种精神的境界，这种精神境界是艺术性而非伦理性的，但是稷下道家则将天地予以道德化，这样的看法和老庄分歧，却和孟子相通，孟子将天地人伦化可能是本于稷下道家。②

第四，孔子不言气，因此在儒家内部找不到孟子"气"思想的源头，只可能是受到外部的影响。

孔子不言气，因此孟子讲气应纳入齐文化或稷下道家的思想领域内来理解。《内业》称："内藏以为泉原，浩然和平，以为气渊……乃能穷天地，被四海。"这种由气的内聚修养工夫，而外发为穷天地、被四海的思维方式，我们也可以在孟子的养气论中发现，由"养气"内聚而展现为"万物皆备于我"之气的外放作用看来，所谓浩然之气

---

① 陈鼓应：《管子四篇诠释》，中华书局，2015，第48页。
② 陈鼓应：《管子四篇诠释》，中华书局，2015，第95页。

第十一章 《管子》四篇与《孟子》的比较研究

充塞于天地之间可以说和《内业》的思维方式如出一辙。因此，孟子的气论极可能受到稷下道家的影响。①

但是在笔者看来，上述四点论据同样是经不起推敲的。其中，第一点和第三点提出的思考模式一致与天地人伦化，只能证成二者之间具有相关性，而无法证明一定是《管子》四篇影响了孟子，而不是孟子影响了《管子》四篇。而在第二点中，孟子关于"浩然之气"的阐述固然是为了回应告子等人，但是关于"夜气"则是孟子自创，并独立成文，未见所谓受何人引发。而第四点是根本不能成立，"孔子不言气"是不符合事实的，"气"字在《论语》中总共出现 6 次，并且孔子还有关于"血气"的精彩论述。② 与孟子同时代乃至更早，包括儒家在内的各家各派都有"气"思想的萌发，它们都有可能对孟子产生影响，何以只认定《管子》四篇一家会对孟子发生思想作用？这种论断未免有所偏失。

白奚曾撰有专文《〈管子〉的心气论对孟子思想的影响》，对孟子与《管子》四篇的思想关系问题做了较为细致的阐述。而这些研究最后也稍作修订融入到他的成名作《稷下学研究——中国古代的思想自由与百家争鸣》之中。他虽然反驳了郭沫若的几个论据，但是最终的观点是和郭沫若一致的，都主张孟子的心气思想是受之于《管子》四篇。他先是尝试从文化渊源上加以考察，说明齐人齐地有着源远流长的治气养生之传统，很早就把"心"与"气"联系起来考虑。在这种文化土壤下，《管子》四篇精气论的出现并不是一种偶然，从而能够对包括孟子在内的其他思想流派产生启示与影响。在此基础上，他又深入到《管子》四篇与孟子相关思想之内涵的辨析、比较中，发现二者诸多思想在思路、方法与目标上存在着一致性，以至于孟子能够十分自然而顺畅地将《管子》四篇的思想引进、吸纳到自己的思想体系中。

但是白奚在最后的总结中又有了与上述论证不一样的表述，他这样说道：

---

① 陈鼓应：《管子四篇诠释》，中华书局，2015，第 101 页。
② 这一问题我们将在下文会有更为详细的论说。

孟、管两家何以存在着如此之多的相通相似之处呢？笔者的初步看法是，我们既不能视之为偶合，也不能简单地说成是一家对另一家的"学舌"或"剽窃"，而应当承认它们都是独立提出的。相通相似之处表明两家关心的问题存在着某种一致性，遵循着相同的逻辑规律。两家一个是探讨道德修养，一个是探讨身心修养，在"心"这个交汇点上取得了共识，在一定意义上说，两家探讨的是同一运动过程，其相通和相似正表明了它们各自从自己的角度独立地揭示了该运动过程的内在规律。这就使得此两种分属不同学派的理论具备了吸取结合的可能，而孟子游齐并接触齐学，便使得这种可能变成了现实。①

也就是说，《管子》四篇与孟子两家的学说具有相对的独立性，它们具有相同或相似的致思理路与思想逻辑，乃是在同一个时代背景下、受同一思潮运动影响的产物。笔者以为，白奚最后的看法是富有洞见的，它提示我们不能简单地以非此即彼的思维方式来看待《孟子》与《管子》四篇之间的思想关系，而应该放到当时的时代背景与社会思潮中去理解二者，去把握它们思想产生、发展的内因外缘。

举例而言，"气"是《孟子》与《管子》四篇之间最核心的联系，通常人们在探究二者思想谁影响了谁的时候，也主要是从"气"论入手的。但是，当我们一进入到这一问题域时，就会想当然地建立起二元的比较框架，通过两者的思想比对与分析，要么得出《孟子》影响了《管子》四篇的结论，要么得出《管子》四篇影响了《孟子》的结论。除此之外，这一问题似乎就没有其他答案。

这时候我们需要反思并提醒自己，是否已经陷入了非此即彼的窠臼中了？我们是不是因为视域的受限，没有将与《孟子》、《管子》四篇同时代的其他流派的相关思想纳入进来加以一并考察？我们有没有将视线往前拉长，是否可以为《孟子》和《管子》四篇找到一个共同的思想源头？正如哈佛大学汉学家史华兹（Benjamin I. Schwartz）所认为的，"气"是"共

---

① 白奚：《稷下学研究——中国古代的思想自由与百家争鸣》，生活·读书·新知三联书店，1998，第 183~184 页。

第十一章 《管子》四篇与《孟子》的比较研究

法",不存在谁影响谁。① 杨儒宾也同意这样一种看法,应当把"气"看成是前诸子时代一种共同的文化遗产,即便是"精气"说也非一定首出于道家不可。② 因此,既有人得出《管子》四篇影响了《孟子》的结论,也有人截然相反地持有《孟子》影响了《管子》四篇的看法,也就不足为奇了。《孟子》与《管子》四篇到底孰先孰后,究竟是谁影响了谁,看来是很难一下子就理清的。也许它们只是达到一种思想视域的交融,谈不上谁一定影响并决定了谁,而是有可能受之于一个更早的思想资源库。

"气"是在春秋时期兴起的一种思潮,《国语》《左传》中有许多关于"气"的思想材料,比如《国语·鲁语上》"里革断罟匡君"章中有载:

> 宣公夏滥于泗渊,里革断其罟而弃之,曰:"古者大寒降,土蛰发,水虞于是乎讲罛罶,取名鱼,登川禽,而尝之寝庙,行诸国,助宣气也。鸟兽孕,水虫成,兽虞于是乎禁罝罗,猎鱼鳖以为夏犒,助生阜也。"③

这段话大致是在说:在寒冬即将结束、春天即将到来的时候,是阳气上升的时节,可以进行捕鱼作业,这样做可以推助自然界疏通其气。春天又是鸟兽孕育的时节,应该禁止狩猎,以促使鸟兽得以顺利生长。鲁国太史里革运用"气"来解释和理解自然界中事物的生长、发育秩序,从而来决定人事中的具体行动。很显然,由"气"所内在性指向的自然秩序与规律是不能违背的,构成了一种具有支配性的存在。人只能与之相向而行,即所谓"助"之,而不能逆反之、阻扼之。

而在《左传·昭公元年》中记载了一段子产的话:

> 若君身,则亦出入饮食哀乐之事也,山川星辰之神,又何为焉?侨闻之,君子有四时:朝以听政,昼以访问,夕以修令,夜以安身。

---

① 参见〔美〕本杰明·史华兹《古代中国的思想世界》,程钢译,江苏人民出版社,2004,第186~191页。
② 参见杨儒宾《论〈管子〉四篇的学派归属问题——一个孟子学的观点》,《鹅湖学志》1994年第13期。
③ 李维琦译《白话国语》,岳麓书社,1994,第105页。

《管子》四篇研究

于是乎节宣其气,勿使有所壅闭湫底,以露其体,兹心不爽,而昏乱百度。今无乃壹之,则生疾矣。①

子产已开始运用"气"的观念来解释人体的健康状况以及生命体的运行,只要人的饮食合理、行为节制、情绪稳定,就可以使体内的"气"宣畅通达;反之,则会导致体内的"气"壅塞不畅,从而产生疾病。② 此外,在《左传·昭公十年》有"凡有血气,皆有争心"一语,是用"血气"来解释人的生理行为发生的内在机制。

无论是《国语》以"气"解释自然世界,还是《左传》以"气"解释人的生命体,都能在后来的《管子》四篇中收到思想回声。关于早期中国"气"论的思想渊源与发展脉络,李存山的《中国气论探源与发微》一书中已有非常精深的研究。③ 学习这些研究成果之后,我们自然就会理会到,"气"的思想并不是在孟子或《管子》四篇的时代一下子蹦出来的,孟子或《管子》四篇也无法成为对方一种主导性的思想来源。在它们之前,已经孕生了较为丰富而成熟的"气"思想,只是到了战国时期,这种思想在社会上更加流行、普遍罢了,并且衍生了一些更为精巧、缜密的思想体系。

总而言之,在进行《孟子》与《管子》四篇思想比较时,我们需要秉持审慎、理性的学术态度,以一种更加宽广的思想史视野和更加具有批判性的思维方式来把握二者之间的思想承传、接续关系。一方面,我们不能带着无明的情绪进行研究,不可言辞过激,这不仅无助于发现学术真相,而且还有违基本学术精神。像郭沫若眼中的"赃品",以及侯外庐等所说的"学舌"与"剽窃",已是将孟子污名化,如何能恰如其分地反映《孟子》与《管子》四篇之间的思想关系?另一方面,《孟子》与《管子》四篇的思想关系应当置放在战国的时代背景与社会思潮中来审视,通过吸纳其他流派的相关思想、建立多维的观察角度来加以综合评判,从而跳出非

---

① (周)左丘明传,(晋)杜预注,(唐)孔颖达正义《春秋左传正义》,北京大学出版社,1999,第1162~1163页。
② 这与《管子·内业》中"气,道乃生"的观念相通,其中"道"字一般训为"导",取其通导之意。
③ 参见李存山《中国气论探源与发微》,中国社会科学出版社,1990,第40~209页。

此即彼的二元框架。也许《孟子》与《管子》四篇同是时代精神的产物，只是具有共同的思想视域，产生了观念上的交融，这种共同性使得我们现在看到了它们某些思想的相似性。假如是这样的话，不仅《孟子》与《管子》四篇会存在这种思想相似性，和它们同时代的其他思想家、思想文本也会有这方面或那方面的思想相似性。此外，我们还要把视线往前看，从思想发展史入手，尝试去发现《孟子》与《管子》四篇相关思想的早期源头。当我们获得了这一源头性的思想宝库后，我们也就不会拘泥在二元对照的狭小视域内。上述总结是我们的一个简短结论，它更多是一种方法论意义上的，这对于理解战国时期诸子百家争鸣之下许多流派之间存在的思想相似性，是同样适用的。

第三节　《孟子》的养气学说

气在孟子思想中具有特殊意义。朱熹在《四书章句集注·孟子序说》中引述程子之言曰："孟子有功于圣门，不可胜言。仲尼只说一个仁字，孟子开口便说仁义。仲尼只说一个志，孟子便说许多养气出来。只此二字，其功甚多……孟子性善、养气之论，皆前圣所未发。"[①] 在程子看来，除了性善论，孟子对儒学最大的创造性贡献在于养气说，是发前人所未发的。

根据杨伯峻的统计，《孟子》一书中"气"字总共出现 18 次，并且主要出现在《公孙丑上》《告子上》《尽心上》等篇章，而以《公孙丑上》最为集中、典型。[②] 在这 18 例中，除了单字的"气"，还有"浩然之气""平旦之气""夜气"等与"气"相关的成词。

孟子的养气学说主要由"养浩然之气"、"气志之辨"和"养夜气"三大哲学命题构成。《孟子·公孙丑上》中有"知言养气"一章，对前两个问题有较为集中的论述。为了不脱离具体的语境，我们把这一章完整摘

[①] （宋）朱熹：《四书章句集注》，中华书局，2011，第 186 页。
[②] 杨伯峻：《孟子译注》，中华书局，2010，第 390 页。而白奚则认为"气"字在《孟子》中凡十九见，参见白奚《稷下学研究——中国古代的思想自由与百家争鸣》，生活·读书·新知三联书店，1998，第 166 页。

抄如下，以备考察。

公孙丑问曰："夫子加齐之卿相，得行道焉，虽由此霸王不异矣。如此，则动心否乎？"孟子曰："否。我四十不动心。"曰："若是，则夫子过孟贲远矣。"曰："是不难，告子先我不动心。"曰："不动心有道乎？"曰："有。北宫黝之养勇也，不肤挠，不目逃，思以一豪挫于人，若挞之于市朝。不受于褐宽博，亦不受于万乘之君。视刺万乘之君，若刺褐夫。无严诸侯。恶声至，必反之。孟施舍之所养勇也，曰：'视不胜犹胜也。量敌而后进，虑胜而后会，是畏三军者也。舍岂能为必胜哉？能无惧而已矣。'孟施舍似曾子，北宫黝似子夏。夫二子之勇，未知其孰贤，然而孟施舍守约也。昔者曾子谓子襄曰：'子好勇乎？吾尝闻大勇于夫子矣：自反而不缩，虽褐宽博，吾不惴焉；自反而缩，虽千万人，吾往矣。'孟施舍之守气，又不如曾子之守约也。"曰："敢问夫子之不动心，与告子之不动心，可得闻与？""告子曰：'不得于言，勿求于心；不得于心，勿求于气。'不得于心，勿求于气，可；不得于言，勿求于心，不可。夫志，气之帅也；气，体之充也。夫志至焉，气次焉。故曰：'持其志，无暴其气。'""既曰'志至焉，气次焉'，又曰'持其志，无暴其气'者，何也？"曰："志壹则动气，气壹则动志也。今夫蹶者趋者，是气也，而反动其心。""敢问夫子恶乎长？"曰："我知言，我善养吾浩然之气。""敢问何谓浩然之气？"曰："难言也。其为气也，至大而刚，以直养而无害，则塞于天地之间。其为气也，配义与道；无是，馁也。是集义所生者，非义袭而取之也。行有不慊于心，则馁矣。我故曰，告子未尝知义，以其外之也。必有事焉而勿正，心勿忘，勿助长也。无若宋人然：宋人有闵其苗之不长而揠之者，芒芒然归。谓其人曰：'今日病矣，予助苗长矣。'其子趋而往视之，苗则槁矣。天下之不助苗长者寡矣。以为无益而舍之者，不耘苗者也；助之长者，揠苗者也。非徒无益，而又害之。""何谓知言？"曰："诐辞知其所蔽，淫辞知其所陷，邪辞知其所离，遁辞知其所穷。生于其心，害于其政；发于其政，害于其事。圣人复起，必从吾言矣。""宰我、子贡善为说辞，冉牛、闵子、颜渊善言德行。孔子兼之，曰：'我于辞命则不能也。'然

第十一章 《管子》四篇与《孟子》的比较研究

则夫子既圣矣乎?"曰:"恶!是何言也?昔者子贡问于孔子曰:'夫子圣矣乎?'孔子曰:'圣则吾不能,我学不厌而教不倦也。'子贡曰:'学不厌,智也;教不倦,仁也。仁且智,夫子既圣矣!'夫圣,孔子不居,是何言也?""昔者窃闻之:子夏、子游、子张皆有圣人之一体,冉牛、闵子、颜渊则具体而微。敢问所安。"曰:"姑舍是。"曰:"伯夷、伊尹何如?"曰:"不同道。非其君不事,非其民不使;治则进,乱则退,伯夷也。何事非君,何使非民;治亦进,乱亦进,伊尹也。可以仕则仕,可以止则止,可以久则久,可以速则速,孔子也。皆古圣人也,吾未能有行焉;乃所愿,则学孔子也。""伯夷、伊尹于孔子,若是班乎?"曰:"否。自有生民以来,未有孔子也。"曰:"然则有同与?"曰:"有。得百里之地而君之,皆能以朝诸侯有天下。行一不义、杀一不辜而得天下,皆不为也。是则同。"曰:"敢问其所以异?"曰:"宰我、子贡、有若智足以知圣人。污不至阿其所好。宰我曰:'以予观于夫子,贤于尧、舜远矣。'子贡曰:'见其礼而知其政,闻其乐而知其德。由百世之后,等百世之王,莫之能违也。自生民以来,未有夫子也。'有若曰:'岂惟民哉?麒麟之于走兽,凤凰之于飞鸟,太山之于丘垤,河海之于行潦,类也。圣人之于民,亦类也。出于其类,拔乎其萃,自生民以来,未有盛于孔子也。'"①

在这一章中,孟子通过与公孙丑的对话,道出自己的思想主张。有意思的是,公孙丑发问孟子假如跻身齐国卿相之位,而得以光耀天下,是否会为此而动心?而我们知道,齐国当时思想界"气"的观念十分盛行,②孟子回答公孙丑的内容恰恰又是围绕"气"的观念展开的。

孟子在回答公孙丑之问时说:"否,我四十不动心。"而关键在于如何能实现"不动心",这就是要转入"不动心有道"的讨论中。孟子先是举出北宫黝、孟施舍两人,以说明他们的不动心之道在于"养勇"。北宫

---

① (宋)朱熹:《四书章句集注》,中华书局,2011,第213~218页。
② 关于"气"与齐人的不解之缘,可以参考白奚、小野泽精一等的研究。参见白奚《〈管子〉的心气论对孟子思想的影响》,载陈鼓应主编《道家文化研究》(第6辑),上海古籍出版社,1995,第138~139页;〔日〕小野泽精一、〔日〕福永光司、〔日〕山井涌编《气的思想——中国自然观与人的观念的发展》,李庆译,上海书店出版社,2023,第49~53页。

《管子》四篇研究

黝置生死于度外,对于危难、权势无所畏惧,敢于奋力反抗、不屈不挠,展现出追求必胜与征服的姿态。孟施舍在强敌面前会衡量双方实力、考虑胜负,进而决定如何应敌。相较北宫黝,孟施舍不以追求必胜为勇,而力求战胜自己、无所畏惧。能够无惧、自我超越的孟施舍显然比好为争胜的北宫黝略胜一筹。对此,唐君毅有过一番精彩的评述,如下:

> 自信能胜而求胜者,自恃其气之足以胜人者也。知不必胜,而能自胜其畏惧之情者,则是无胜人之气可恃,而能自敛其气,以自补其气之虚歉,更不有虚歉之感者也。此乃自充其气之虚,使之实,故尤难于自恃其气之足以胜人者,原有实足据者也。然此孟施舍之工夫,仍只是直在气上用之自制工夫,而未能本义以养气。在气上用工夫,而自恃其气者,气或不足恃;自制其气者,其自制之力,亦有时而穷。①

孟子也说孟施舍近似曾子而能守约,说明他的养勇之道更加切要而近理。但是归结起来,北宫黝、孟施舍两人都是依凭一种血气之勇来达到不动心,即以养勇来实现不动心。用唐君毅的话来说,无论是自敛其气的孟施舍,还是自恃其气的北宫黝,都只是在气上做工夫。依靠血气之勇来达成不动心,显然无法持续、长久,是具有有限性的。

紧接着,孟子又为我们呈现了曾子的不动心之道。曾子重在反躬自省,于心上做工夫,以求得不动心。经过自省,如果是理直的,即便遭遇千军万马,亦无所畏惧。曾子的反躬自省、顺理而行,可以称之为义理之勇,以区别于北宫黝、孟施舍的血气之勇。此又是曾子修养境界优胜于北宫黝、孟施舍之处。

在北宫黝、孟施舍和曾子之外,先于孟子的告子又是如何实现不动心的呢?告子的不动心之道构成了理解孟子不动心之道的一个重要参照系。告子认为,当人依靠外在语言无法顺利理解把握事理时,就不要再往心上去推求;当对外在事物感到困惑,心有所不明时,不必求助于气。言语本是人与他人沟通的桥梁,用来传达内心的想法。而告子的不动心之道就是要切断言语这一渠道,通过封闭固守自己的心来实现不受外在世界的干

---

① 唐君毅:《中国哲学原论·原道篇》,中国社会科学出版社,2006,第118页。

第十一章 《管子》四篇与《孟子》的比较研究

扰。这种自我封闭、人我隔绝的做法，必然不为儒家所赞同。在儒家看来，人与天地万物为一体，人应该推己及人，走出小我的世界，朝向他人乃至天地万物的大我世界。因此，孟子有针对性地做了批判，并在此基础上提出自己的不动心之道。

孟子的不动心之道主要包括知言与养气两方面。与告子的"不得于言，勿求于心"不同，孟子主张要"知言"，并于心上推求事理。言辞是用来表达心中之意的，人心若偏邪不正，就会制造诐辞、淫辞、邪辞、遁辞，用来混淆视听，伪装、掩饰自己。所以就需要"知言"，能够辨别是非，不受其蒙蔽，不让这种偏邪、浮夸的言辞搅乱自己的心志。要能"知言"，又重在辨析、穷究其中之理，考察其是非得失，这又需要求之于心。在这里，"言"与"心"呈现了交互式的密切关系，"心"并未封闭，而是保持敞开的。"知言"的工夫实际上又是在"心"上的工夫。

那么，养气的工夫又是如何的呢？这就具体要落实到"气志之辨"与"养浩然之气"两个思想命题上。"志"源自心中的意念、思虑，是指人的意志或志向。所以，"气"与"志"的关系实质上就是"心"与"志"的关系。孟子强调要以志统帅气，使得血气不至于暴乱。但有时候"气"与"志"会互相牵动影响，所以一方面要持志，另一方面也要守气。当心志与气相协调、贯通，人才不会气馁暴乱、心志消沉。这时候需要心、气双养，以达到不动心。

"浩然之气"的主要特点是"至大至刚"，即浩大而又刚正。它是从形躯的血气转化而来，经由"配义与道"而实现，也使得个体的生命境界从具有局限性的小我通往天地间的无限性。因此，所谓的"养浩然之气"，就是依靠道与义来涵养和支撑。孟子还以揠苗助长为喻，说明在养气的工夫上如果急躁冒进、不遵循常理，只会适得其反，妨碍了浩然之气的正常长成。要能事事反躬自省，行事无愧于心，按照根植于心的仁义来做事，乃所谓"集义"，则"浩然之气"终会有养成之日。正如学者所评析的："集义是在心上反躬自省，也是养心的工夫，所以孟子的养气工夫仍是透过养心来达成的，足见养心正所以养气，两者是本末一贯的工夫，不能截然二分。简言之，知言养气的工夫乃是以心知言，以心养气。"① 如是看

---

① 刘智妙：《〈管子〉四篇"精气论"研究》，花木兰文化出版社，2014，第195页。

来,"心""气"在孟子上述思想中是一对重要的范畴,"心""气"对待适成其思想的内在逻辑理路。这也表明孟子对心气观念的思索较告子等人更为精深、醇熟。

孟子的"养夜气"之说则见于《告子上》:

> 孟子曰:"牛山之木尝美矣,以其郊于大国也,斧斤伐之,可以为美乎?是其日夜之所息,雨露之所润,非无萌蘖之生焉,牛羊又从而牧之,是以若彼濯濯也。人见其濯濯也,以为未尝有材焉,此岂山之性也哉?虽存乎人者,岂无仁义之心哉?其所以放其良心者,亦犹斧斤之于木也,旦旦而伐之,可以为美乎?其日夜之所息,平旦之气,其好恶与人相近也者几希,则其旦昼之所为,有梏亡之矣。梏之反覆,则其夜气不足以存;夜气不足以存,则其违禽兽不远矣。人见其禽兽也,而以为未尝有才焉者,是岂人之情也哉?故苟得其养,无物不长;苟失其养,无物不消。孔子曰:'操则存,舍则亡;出入无时,莫知其乡。'惟心之谓与?"①

在本段中,孟子提出了一个全新的范畴——"夜气",这一范畴在先秦其他诸子的著述中均未曾出现。什么是"夜气"?"夜气"是夜里清明之气,指人在夜里官能欲望平息、未受外物牵引时所存养、积蓄起来的一种气。那么,孟子为什么要提出"夜气"这一范畴呢?这其中大概有两个考量。其一是举"夜气"以辨人禽。在《离娄下》,孟子曾说"人之所以异于禽兽者几希,庶民去之,君子存之"。而在《告子上》这里,孟子要强调的是:能否持存"夜气"关乎人禽之辨。对此,明代理学家蔡清就指出:"夜之所息平旦之气,此旦气即夜气所发者,夜气所存即夜之所息者。夜气不足以存则旦气遂不能清,而所谓几希者亦灭矣。"② 而在康熙钦定的《日讲四书解义》中也说:"其夜时清明之气日以寖薄,不足以存其仁义之

---

① (宋)朱熹:《四书章句集注》,中华书局,2011,第309~310页。
② (明)蔡清:《四书蒙引》卷十四,载《景印文渊阁四库全书》(第206册),台北商务印书馆,1986,第644页。

第十一章 《管子》四篇与《孟子》的比较研究

良心,夜气既不足以存则虽腼然有人形而实违禽兽不远矣。"① 既然"夜气"是人与禽兽分判处,那么理所应当从"夜气"处下工夫,以成修养工夫论。

其二是养"夜气"以存良心。这一点实际上在《日讲四书解义》的上述文段中已经有所点明了。"夜气"为什么会和"良心"发生联系?"夜气"具有清明的特质,此时人处在没有与外物交接、思虑尚未萌发的时刻,则人的仁义良心昭昭然。朱熹据此认为,良心之存否,全在于"气"之是否清明,"心之存不存,系乎气之清不清。气清则良心方存立得。良心既存立得,则事物之来方不惑,如'先立乎其大者,则小者弗能夺也'"②。打个比方来说,良心好比日月,气好比是天空中的云,云遮住了日月,恰似浑浊之气遮蔽了良心。当清明的夜气见长,则良心也便长。而当旦昼所作所为使得气变浑浊、夜气消弭,良心也就难以发见。朱熹还曾把良心比作宝珠,气就像是水,如果水是清澈的,那么宝珠也就显得晶莹剔透;如果水是浑浊的,那么宝珠自然也就暗沉了。③ 以上两个比喻都生动传达了"夜气"和良心的紧密联系。而这些思想归结起来就是要涵养夜气以持存良心,这才是孟子思想的最终落脚处。当我们明白了"夜气"和良心的关系之后,我们也就能认识到"夜气"对于孟子性善问题的意义。

以上两点构成了孟子"夜气"说的立言宗旨。在孟子所处的战国时期,气的观念十分流行,"夜气"显然也是一种关于气的思想形态。"夜气"之所以被孟子提点出来以及它之所以在孟子思想中如此重要,在于"夜气"与"心"的问题相关,乃至于引出"性"的问题。通过"夜气"说的提出,孟子沟通了性善论及其与之配套的修养论,使得"心""性"涵存的修养问题得以顺利实现。否则,"心""性"抽象,难以找到下手处。所以,"夜气"说在孟子的心性修养论体系中意义非凡。

事实上,在儒家系统内、孟子之前,《论语》早已有关于"气"的论

---

① (清) 喇沙里、陈廷敬等编《日讲四书解义》卷二十三,载《景印文渊阁四库全书》(第208册),台北商务印书馆,1986,第561页。
② (宋) 朱熹:《朱子语类》卷五十九,载朱杰人等主编《朱子全书》(第16册),上海古籍出版社、安徽教育出版社,2002,第1895页。
③ 朱子的原话是:"心如个宝珠,气如水。若水清,则宝珠在那里也莹彻光明;若水浊,则和那宝珠也昏浊了。"参见(宋)朱熹《朱子语类》卷五十九,载朱杰人等主编《朱子全书》(第16册),上海古籍出版社、安徽教育出版社,2002,第1900页。

述，大致有如下几处：

> 曾子有疾，孟敬子问之。曾子言曰："鸟之将死，其鸣也哀；人之将死，其言也善。君子所贵乎道者三：动容貌，斯远暴慢矣；正颜色，斯近信矣；出辞气，斯远鄙倍矣。笾豆之事，则有司存。"（《论语·泰伯》）①

> 入公门，鞠躬如也，如不容。立不中门，行不履阈。过位，色勃如也，足躩如也，其言似不足者。摄齐升堂，鞠躬如也，屏气似不息者。出，降一等，逞颜色，怡怡如也。没阶趋，翼如也。复其位，踧踖如也。（《论语·乡党》）②

> 食不厌精，脍不厌细。食饐而餲，鱼馁而肉败，不食。色恶，不食。臭恶，不食。失饪，不食。不时，不食。割不正，不食。不得其酱，不食。肉虽多，不使胜食气。惟酒无量，不及乱。沽酒市脯，不食。不撤姜食，不多食。祭于公，不宿肉。祭肉不出三日。出三日，不食之矣。食不语，寝不言。虽疏食菜羹，瓜祭，必齐如也。（《论语·乡党》）③

以上三则中，前两处所提到的"气"都是在日常意义上使用的，主要是指人在言语间的声气、进出鼻孔的呼吸之气，不带有更多的哲学内涵。而在第三处中，"气"字比较不好理解。刘宝楠《论语正义》中说："气，犹性也。《周官·疡医》：'以五气养之。''五气'，即五谷之气。人食肉多，则食气为肉所胜，而或以伤人。《说文》：'既，小食也。《论语》云：不使胜食既。'段氏玉裁说《鲁论》作'气'，《古论》作'既'，用假借。或援许氏'小食'之训解《论语》，非也。"④ 在古书中，"气"与"既"、"饩"经常通用。所以，"食气"是指饭料或主食，该句是说：即便餐桌上肉品很多，食用的分量也不能超过黍稷稻粱这些主食。如此看来，这一例"气"字与我们这里所讨论的"气"无甚关系。

---

① （宋）朱熹：《四书章句集注》，中华书局，2011，第99页。
② （宋）朱熹：《四书章句集注》，中华书局，2011，第112页。
③ （宋）朱熹：《四书章句集注》，中华书局，2011，第114页。
④ （清）刘宝楠：《论语正义》，高流水点校，中华书局，1990，第412页。

第十一章 《管子》四篇与《孟子》的比较研究

而见于《论语·季氏》的一处"血气"最为重要，也与《孟子》的养气学说关系最大，其文如下：

> 孔子曰："君子有三戒：少之时，血气未定，戒之在色；及其壮也，血气方刚，戒之在斗；及其老也，血气既衰，戒之在得。"（《论语·季氏》）①

这段话的重要性首先在于它是出自孔子之口，代表着孔子的思想。其次是它提出了"血气"的概念，并用于解释人的成长历程与道德修养。那么，什么是"血气"？血气是人的形体赖以存在的动能。在孔子看来，人一生血气至少会经历未定、方刚、既衰三个阶段，血气状态不同，指向不同的生理和心理状态。可以说，人的一生就是血气的生长、消亡的过程。而血气的这三个阶段，相对应的是"三戒"，就是适时地依靠理性力量自我节制，防止血气的牵引、盲动，误入好色、好斗、贪得的人生歧途。

对于"君子有三戒"这一章，朱熹在《四书章句集注》中是这样注解的：

> 血气，形之所待以生者，血阴而气阳也。得，贪得也。随时知戒，以理胜之，则不为血气所使也。范氏曰："圣人同于人者血气也，异于人者志气也。血气有时而衰，志气则无时而衰也。少未定、壮而刚、老而衰者，血气也。戒于色、戒于斗、戒于得者，志气也。君子养其志气，故不为血气所动，是以年弥高而德弥邵也。"②

在朱熹的注解中，借用了范氏的理解，建立了"血气"与"志气"的解释架构。对于"血气"与"志气"，我们并不陌生，在《孟子·公孙丑上》中也能约略看到这对范畴的影子。在"血气"与"志气"的解释架构之下，人要克服对美色、名利、财货的盲目贪求，必须依靠"志气"来对治"血气"。也就是当这些外在诱惑激荡了"血气"之后，人可能无法得当地做出反应，身心也丧失了协调性。这时就需要通过具备理性与克制

---

① （宋）朱熹：《四书章句集注》，中华书局，2011，第161页。
② （宋）朱熹：《四书章句集注》，中华书局，2011，第161页。

《管子》四篇研究

能力的"志气"将人带回到道德修养之域。

在上文中,我们颇费口舌地阐述《论语》中的有关文段,目的是能够在孟子之前、儒家系统之内找到一个"气"的思想源头,以此破除那些认定《管子》四篇是《孟子》"气"思想之必然来源的观点。这些观点在笔者看来,是有些想当然的、过于武断的。在下文中,我们对这一问题还会有所论及。

第四节 管、孟的思想比对

在本节中,我们把《管子》四篇与《孟子》的相关句例条列(见表11-1),以做进一步的探研,对上文还未涉及的问题做个补充说明。

表 11-1 《管子》四篇与《孟子》的相关句例

	《管子》四篇	《孟子》	备注
1	灵气在心,一来一逝。(《内业》) 精存自生,其外安荣。内藏以为泉原,浩然和平,以为气渊。渊之不涸,四体乃固。泉之不竭,九窍遂通。乃能穷天地,被四海。中无惑意,外无邪菑。(《内业》)	我善养吾浩然之气……其为气也,至大至刚,以直养而无害,则塞于天地之间。其为气也,配义与道;无是,馁也。是集义所生者,非义袭而取之也。行有不慊于心,则馁矣。(《孟子·公孙丑下》) 予然后浩然有归志。(《孟子·公孙丑下》)	"浩然之气"的特点是"至大至刚",而《内业》所说的气的特点是"和平",二者分别具有儒家和道家的特点。
2	气者,身之充也。(《心术下》)	气,体之充也。(《孟子·公孙丑上》)	两者都认为气是构成身体的基本素质。
3	是故意气定然后反正。气者,身之充也。行者,正之义也。充不美,则心不得。行不正,则民不服。(《心术下》)	可欲之谓善,有诸己之谓信,充实之谓美,充实而有光辉之谓大,大而化之之谓圣,圣而不可知之之谓神。(《孟子·尽心下》)	
4	是故曰:无以物乱官,毋以官乱心,此之谓内德。(《心术下》) 不以物乱官,不以官乱心,是谓中得。有神自在身……思之思之,又重思之。思之而不通,鬼神将通之。非鬼神之力也,精气之极也。(《内业》)	耳目之官不思,而蔽于物。物交物,则引之而已矣。心之官则思,思则得之,不思则不得也。(《孟子·告子上》)	两者的论说都处在"外物—感官—心"所构造而成的思想系列中。

第十一章 《管子》四篇与《孟子》的比较研究

续表

	《管子》四篇	《孟子》	备注
5	中得（《内业》） 内得（《内业》）	匡之直之，辅之翼之，使自得之。（《孟子·滕文公上》） 行有不得者皆反求诸己。（《孟子·离娄上》） 君子深造之以道，欲其自得之也。自得之，则居之安；居之安，则资之深；资之深，则取之左右逢其原，故君子欲其自得之也。（《孟子·离娄下》）	
6	抟气如神，万物备存。（《内业》）	万物皆备于我矣。（《孟子·尽心上》）	
7	凡心之刑，自充自盈，自生自成。其所以失之，必以忧乐喜怒欲利。能去忧乐喜怒欲利，心乃反济。（《内业》）	养心莫善于寡欲。其为人也寡欲，虽有不存焉者，寡矣；其为人也多欲，虽有存焉者，寡矣。（《孟子·尽心下》）	
8	凡物之精，此则为生。下生五谷，上为列星。流于天地之间，谓之鬼神。藏于胸中，谓之圣人……一物能化谓之神，一事能变谓之智。化不易气，变不易智，惟执一之君子能为此乎。（《内业》）	夫君子所过者化，所存者神，上下与天地同流。（《孟子·尽心上》）	

资料来源：表中所列《孟子》句例都参见（宋）朱熹《四书章句集注》，中华书局，2011。

从表 11-1 可以看出，《管子》四篇与《孟子》思想联系较密切的主要是在《内业》与《心术下》。在《孟子》与《管子》四篇的思想比较中，焦点主要在于"心"与"气"的问题。前文我们对孟子的气论——"养浩然之气""存夜气""气志之辨"有较为详细的介绍，为理解《管子》四篇的心气论提供了一个基础。

《管子》四篇的心气论具有浓厚的儒家伦理色彩。比如《心术下》"善气迎人，亲如弟兄。恶气迎人，害于戈兵"，"善气""恶气"的表述显然是濡染了儒家伦理的色彩。

《内业》说："形不正，德不来。中不静，心不治。正形摄德，天仁地义，则淫然而自至。"《内业》又说："凡人之生也，必以平正。所以失之，必以喜怒忧患。是故止怒莫若诗，去忧莫若乐，节乐莫若礼，守礼莫若敬，守敬莫若静。内静外敬，能反其性，性将大定。"《内业》这两段话实际上是在讲人性本善，要防止外物对心灵的激荡、喜怒忧患等情绪的干扰，保持清心寡欲，维持内在世界的安静，持守以敬，端正形身，才能葆有本性原有的状态。这实质上谈的是一种治心的工夫。同时，《内业》还指出了"反其性"的修身路径，这在《孟子》里也有相应的体现。比如《孟子·尽心上》讲："万物皆备于我矣。反身而诚，乐莫大焉。强恕而行，求仁莫近焉。"[①] 所谓"反身而诚"与"反其性"有异曲同工之妙。

再者，《内业》与《孟子》也都强调"形"在修身过程中的重要作用。比如，《孟子·尽心上》说："形色，天性也；惟圣人然后可以践形。"《孟子·告子下》："有诸内，必形诸外。"[②] 说明孟子也有"修心正形"的相关思想。《内业》的"正形摄德"，在《心术下》就表达为"正形饰德"。无论是"形"与"心"，还是"形"与"德"，都具有某种不可割舍的联系，在修养论上往往是一体的。陈鼓应将其概括为"心形双修、形德交养"[③]，可以说是非常确切的。

第五节　结论

由于齐、鲁两地毗邻，思想文化上通常会声息相通，加上孟子曾经两次游齐，很可能到访过齐国的稷下学宫，所以孟子的思想学说多少会受到来自齐地之学的濡染和影响。《管子》四篇是产生于齐国稷下学宫的代表性作品，在将《管子》四篇与《孟子》做思想比对时，不难发现二者之间存在诸多相似或共通之处。这种相似或共通之处，不能简单地划为是谁剽窃了谁的思想成果，而有可能是他们所处时代所产生的共同思想视域，形成了一些思想观念的交融。

尽管我们现在无法确切判断《管子》四篇与《孟子》在形成时间上孰先孰后，但是"心""气"是二者最为核心的思想联系，而在它们之前能够找到更早的思想源头，因此纠结于二者谁影响了谁，似乎意义不大。应该把研究的重心放在二者思想的具体分析与阐释上，如此所将获得的成果也更有建设性。

---

① （宋）朱熹：《四书章句集注》，中华书局，2011，第328页。
② （宋）朱熹：《四书章句集注》，中华书局，2011，第338、320页。
③ 陈鼓应：《管子四篇诠释》，中华书局，2015，第94页。

第十二章 《管子》四篇与《荀子》的比较研究

第一节 荀子与齐学传统

荀子，名况，字卿，又称孙卿子，战国时赵国人，是先秦时期的重要思想家，是继孔、孟之后，儒门内的第三座高峰。荀子的生卒年代今天已经不得确考。在清代学者汪中所列的《荀卿子年表》中，起始于赵惠文王元年，以公子胜为相，封平原君为标志性事件；终止于赵悼襄王七年，以楚国的李园杀死春申君为标志性事件。[①] 这一时段大约是在公元前298年—公元前238年，属于战国后期，是荀子的主要活动时期。

在司马迁撰写的《史记·孟子荀卿列传》中，对荀子做了一个简要的介绍，其文如下：

荀卿，赵人。年五十始来游学于齐。驺衍之术迂大而闳辩；奭也文具难施，淳于髡久与处，时有得善言。故齐人颂曰："谈天衍，雕龙奭，炙毂过髡。"田骈之属皆已死。齐襄王时，而荀卿最为老师。齐尚修列大夫之缺，而荀卿三为祭酒焉。齐人或谗荀卿，荀卿乃适楚，而春申君以为兰陵令。春申君死而荀卿废，因家兰陵。李斯尝为

[①] （清）汪中：《新编汪中集》，田汉云点校，广陵书社，2005，第415~420页。

弟子，已而相秦。荀卿嫉浊世之政，亡国乱君相属，不遂大道而营于巫祝，信禨祥，鄙儒小拘，如庄周等又猾稽乱俗，于是推儒、墨、道德之行事兴坏，序列著数万言而卒。因葬兰陵。①

这段文字叙述了荀子50岁以后的主要活动轨迹，虽然不是很全面，但我们也能从中窥见一些重要的信息。而《史记·田敬仲完世家》中有一段关于此时稷下学宫之境况的记载：

宣王喜文学游说之士，自如驺衍、淳于髡、田骈、接予、慎到、环渊之徒七十六人，皆赐列第，为上大夫。不治而议论，是以齐稷下学士复盛，且数百千人。②

再结合桓宽所著《盐铁论·论儒》中的记载：

及湣王，奋二世之余烈，南举楚、淮，北并巨宋，苞十二国，西摧三晋，却强秦，五国宾从，邹、鲁之君，泗上诸侯皆入臣。矜功不休，百姓不堪。诸儒谏不从，各分散。慎到、捷子亡去，田骈如薛，而孙卿适楚。③

齐国和楚国是荀子在这一时期主要游历的地方。荀子刚来到齐国的时候，稷下学宫正当兴盛，天下贤才济济一堂。像驺衍、淳于髡、田骈、接予、慎到等学士最负盛名，虽然荀子此时只是其中的普通一员，但是已经对这些人的思想学说有所批评。由于齐闵王好大喜功，崇尚武力征服，导致百姓不堪重负，荀子加以进谏却不得采纳，只好离开齐国，进入楚国。在这种背景下，稷下学士也纷纷远去他国。

而据《史记·孟子荀卿列传》的记载，齐襄王时期，荀子又活跃在了稷下学宫的舞台上。这是因为齐襄王吸取齐闵王刚愎自用、夸耀武功的教训，召集各方学士，重整旗鼓。而荀子也在楚国遭遇了秦人入侵的战乱，

---

① （西汉）司马迁：《史记》，中华书局，2009，第456页。
② （西汉）司马迁：《史记》，中华书局，2009，第318页。
③ 王利器校注《盐铁论校注》，中华书局，1992，第149页。

第十二章 《管子》四篇与《荀子》的比较研究

只好又回到齐国。但是这一次，荀子在稷下获得了颇高的政治地位，即所谓"三为祭酒"，担任稷下学宫的主要负责人，并具有一定的影响力。这主要是因为荀子资历见长，而老一辈的稷下学士要么还在他国，要么已经去世。

从上面的分析来看，荀子在齐国有较多的足迹，与稷下学术渊源颇深。这些和荀子有过交集的稷下学士，在《荀子》书中大多可以找到身影。这充分说明，这段游学于齐的经历对荀子有较大的思想触动。

现存的《荀子》一书，总共有32篇之多。汉人刘向对《荀子》一书做了校雠、去除重复以及编排32篇次序的工作。《荀子》一书能否完全代表着荀子本人的思想？换言之，《荀子》一书是不是研究荀子其人其思想的可信材料？对此问题，学界历来说法不一，有的持基本肯定的态度；有的则认为《荀子》一书多是杂凑而成的，很大一部分不能作为研究荀子思想的真实史料；有的则对个别篇章做了甄别、辨伪，剔除疑非荀子本人所作的篇章和文字。

关于这一问题，廖名春转换了一种理解与考察的角度，他先是按照文本作者与文本属性的差别，将《荀子》各篇做了分类：

> 《荀子》各篇大约可分为三类：第一类是荀子亲手所著；第二类是荀子弟子所记录的荀子言行；第三类是荀子所整理、纂集的一些资料，其中也插入了弟子之作。这里的第一类和第二类都是研究荀子思想和学说的主要依据，第三类则只是间接材料。但不管哪一类，它们都不存在"伪"的问题。①

廖名春从文本作者与文本属性的差别入手，将《荀子》各篇的史料价值作出三个等级的排序。其中，像《劝学》《修身》《不苟》《荣辱》《非相》《非十二子》《王制》《富国》《王霸》《君道》《臣道》《致仕》《天论》《正论》《礼论》《乐论》《解蔽》《正名》《性恶》《君子》《成相》《赋》，共22篇，在他看来是属于荀子亲手所作的，并且内中论述的主题相对集中，是反映荀子本人相关学说最为直接、最为重要的材料。而由弟

---

① 廖名春：《〈荀子〉新探》，中国人民大学出版社，2014，第40页。

子记录荀子之言行的篇章则有《儒效》《议兵》《强国》《大略》《仲尼》等，这5篇虽然是经过荀子众弟子之手，但其内中的思想观念主要是来自荀子的。至于《宥坐》《子道》《法行》《哀公》《尧问》5篇，多是荀子所纂集、整理以及经常采用的历史资料，它们与荀子联系颇为密切，才会被收录进来。总之，《荀子》32篇，不管是属于直接性材料还是间接性材料，都是可以用来研究荀子本人思想学说的可靠文献。

笔者基本上认同这一结论，所以在本章所做的研究中，我们不过多区分《荀子》与荀子，以之和《管子》四篇进行比较性探讨。

此外，廖名春还采用内证的方法，结合荀子的生平事迹，对《荀子》各篇的写作年代做了一番考订，得出如下结论：

> 我们可以将荀子的著作大致分为三个时期：一是公元前286年游学于齐前的作品，可考定的只有《不苟》篇；二是前279年以后至前255年以前荀子在稷下的作品，它们是《王霸》、《王制》、《正论》、《天论》、《劝学》、《修身》，还可加上《解蔽》、《荣辱》、《正名》、《性恶》、《礼论》、《乐论》；三是荀子前255年以后居于兰陵时的作品，它们是《非相》、《臣道》、《君道》、《非十二子》、《成相》、《赋》，还可加上《富国》、《致士》、《君子》。《议兵》、《强国》、《儒效》反映的都是荀子前255年以前之事；《大略》反映的则各个时期都有；《仲尼》篇的前半篇反映的可能是其在稷下时的思想，后半篇反映的可能是其在兰陵时的思想。①

从上述考订的结果来看，《荀子》中具有代表性、关键性的篇目大多是荀子在稷下时期以及游齐之后产生的。② 因此，基本上可以肯定的是，稷下游学、齐学熏陶的学术经历，对荀子思想的形成与塑造产生较大影响。

有关荀子时代的社会政治形势，在《荀子·尧问》里，有这样一段叙述：

---

① 廖名春：《〈荀子〉新探》，中国人民大学出版社，2014，第62页。
② 这种推断也基本符合《史记·孟子荀卿列传》里的相关载述。

第十二章 《管子》四篇与《荀子》的比较研究

> 孙卿迫于乱世,鳟于严刑,上无贤主,下遇暴秦,礼义不行,教化不成,仁者绌约,天下冥冥,行全刺之,诸侯大倾。当是时也,知者不得虑,能者不得治,贤者不得使。故君上蔽而无睹,贤人距而不受。然则孙卿怀将圣之心,蒙佯狂之色,视天下以愚。①

荀子所处的时代属于战国后期,战争仍然是这一时期的一个重要特征。此时的战争逐渐由初期的大国吞并小国演化成大国与大国之间的较量,并且经过残酷的合纵连横的角逐后,显露出强秦欲灭东方六国的局面,大一统的呼声越发响亮了。但是战争无论谁输谁赢,日子最不好过的当然是普通民众,颠沛流离、朝不保夕是一种常态。

时代对思想家们提出了许多极具挑战性的议题,包括:如何迅速整饬政治秩序,制止暴乱无道?如何匡正人心?如何理顺一个国家社会的价值秩序?如何更好地治理一个国家,使之行稳致远?对于这些带有复杂性、综合性的时代问题,如果只是诉诸某个单一的价值体系,恐怕会有些捉襟见肘。当时的思想家们越来越意识到,只有博采众长,广泛吸取各种各样学说的长处,才能更好地解决问题,而不会失于一偏。荀子当然也不例外。这种时代背景和时代需求,也就决定了荀子的思想创造必须借鉴来自法家、黄老道家、兵家的独到智慧。这实际上是存在于战国后期的一种思想整合现象,正如司马谈在《论六家要指》中说:"《易大传》曰:'天下一致而百虑,同归而殊途。'夫阴阳、儒、墨、名、法、道德,此务为治者也。"② 一方面,各家思想大放异彩、各有所长;另一方面,各家思想的最终目标都是"务为治",并且都得主动吸取其他家的思想精华,纳入自身的思想体系之中,荀子当然也不例外。

第二节 管、荀比较的回顾

荀子雄踞战国末期,从理论上来说,先秦的各家各派思想,他基本上

---

① (清)王先谦:《荀子集解》,沈啸寰、王星贤整理,中华书局,2012,第536页。
② (西汉)司马迁:《史记》,中华书局,2009,第758页。

199

《管子》四篇研究

都能领略到。① 荀子生前和孔、孟一样，都曾周游列国，一方面积极宣传儒家之道，另一方面又和其他思想流派展开对话和争鸣。翻开《荀子》一书，可见其思想学术规模之宏富，这正是在吸取、总结、汇合各家思想的基础上，后出转精的结果。所以，一些中国哲学史的编著者大多称荀子是先秦思想的集大成者，此论其实并不为过。

从上一节的探讨中，可以看出荀子与齐学传统有着不解之缘。在思想环境、学术交往、三为祭酒多个侧面，都可以反映荀子受到了来自稷下学的浸润和影响。②《管子》四篇是在稷下学土壤里长成的，突出表现着稷下学的思想文化特征。因此，不难想象荀子可能主动接受了来自《管子》四篇的影响，或者是《管子》四篇的思想于无形中潜入荀子的学术创造里。

当然，认为主要是《管子》四篇给予了荀子以思想影响，其预设性前提是二者有一个此先彼后的时间差。在这一点上，笔者比较认同张恒寿的判断，即《管子》四篇"产生的时代当在稷下派活动时期，比《荀子》成书时稍前"③。这也是学界大多数人所持的看法。④

在正式进行探究之前，让我们先回顾下以往有关《荀子》与《管子》四篇之思想比较研究的主要成果与进展情况。

侯外庐等编著的《中国思想通史》是较早的一部通史论著，该五卷本丛书写就于新中国成立初期，对新中国之后几十年的中国哲学研究与发展产生了广泛而深刻的影响，甚至在很长一段时期支配了中国思想史、哲学史学人的研究范式和研究方法。在该书第一卷中，作者条分缕析、夹叙夹议，对荀子的思想体系做了较为全面的介绍和分析，并以之和《心术上、下》《白心》《内业》的相关表述做了比较。在该章末尾，作者写道："说

---

① 荀子曾专门撰写有《正名》《解蔽》等篇章，大开大合，评点各家之学术。就连儒家内部的各个派别，荀子也是做了批判和反思。可见，荀子的思想学术是建立在一个较为宏阔的思想史基础上的。
② 关于这个问题，我们在下一节中还会有所论及。
③ 张恒寿：《庄子新探》，湖北人民出版社，1983，第235页。
④ 但是蒙文通的见解较为微妙，特录在此，以备考察。他说："《管子》书有《心术》上、下及《内业》一篇，亟言性道之旨。其所汲汲以论者，曰心、曰意、曰知、曰物、曰止、曰定、曰静、曰虚，皆《解蔽》所常论，殆作者与荀氏时相先后。若曰：'夫心有欲者，物过而目不见，声至而耳不闻'之类，皆见一世之所研者在此，谅其作书时代与荀卿相接。其持论旨要，殆亦由道家之旨而入于儒家者乎！"参见蒙文通《先秦诸子与理学》，广西师范大学出版社，2006，第49页。

第十二章　《管子》四篇与《荀子》的比较研究

荀子是中国古代思想的综合者，并指出他的诸子批判往往是恰当的。因为没有批判就不能综合，没有批判也就没有发展。但没有到一定的时代也就没有综合的可能。战国末叶，已是奴隶制社会的结束阶段，故学术思想也到了可以总结的时候。荀子识力超拔，态度谨严，足以负担这一总的批判的任务；也正因为他实践了这一任务，所以他才能贯彻其积习的主张，充实了自己，建立起那样规模宏大的学说体系……诸子之学'有见'之处，他都相对地予以接受，而有蔽之处，也都遭到他的反对。他在批判诸子时所作的分析虽然因其阶级立场而有时代的限制，甚至有曲解的缺点，但是在当时说来是精密的。因此，他的批判的总结具有划时代的意义。从这里，我们不但可以看出思想发展的痕迹，而且也可以知道学说继承的条贯。"① 在这一大段文字中，虽然有些论断现在看来未必客观公允，但是其对荀子思想之综合性与批判性的洞见是很值得学人留意和关心的。

武汉大学哲学系教授李德永认为，道家的理论思维对荀子的道气观、天人观、政治伦理观、名实观都有着深刻的影响。具言之，他的文章"从相因互补角度考察道家理论思维对荀子哲学体系的多重影响，认为荀子'粹而能容杂'的思想方法来自道家'知常'、'别宥'的宽容精神；以气为本的进化发展观来自道家对道气问题的理论总结；'制天命而用之'的人道有为观和'虚壹而静'的认识辩证法是对道家自然原则和虚静原则的继承和发展；其尊礼尚法的政治伦理观与道家思想也存在着相反相成、由此及彼的理论联系。"② 在这项研究里，李德永把《管子》四篇笼统地包含在"道家"之中，虽然还没有完全聚焦到《管子》四篇与《荀子》的具体比较中，但是其分析框架很给人以启迪。

丁原明《黄老学论纲》一书中有专节"黄老学对荀况的影响"，他在行文论述过程中，不乏采用《管子》四篇作为例证材料。他在文章的末尾说："在战国百家争鸣的互渗互补的文化格局中，黄老学的渗透力是相当大的，它不仅影响了法家，同时也影响了荀况这样的儒家大师的思想发展。学

---

① 侯外庐、赵纪彬、杜国庠编著《中国思想通史》（第一卷），人民出版社，2011，第522~528页。
② 李德永：《道家理论思维对荀子哲学体系的影响》，载陈鼓应主编《道家文化研究》（第1辑），生活·读书·新知三联书店，1992，第249页。

界所谓儒道互补的说法,从荀况思想与黄老学的会通中亦可得到显示。"①

胡家聪在对此相关问题的探讨中特别强调,荀子在接受和吸收道家各派哲学之时,是一种批判性吸收,能够坚守儒家本位,这也使荀子在稷下百家争鸣中拥有独到的见解。②

日本学者佐藤将之在《荀子礼治思想的渊源与战国诸子之研究》一书中,提出"《管子》四篇之外的《管子》诸篇思想与《荀子》的思想又是否存在思想上的关系"③之议题,他不满足于以往管荀比较研究只是局限在《管子》四篇与《荀子》之自然义的"道""虚壹而静"和心术论等少部分问题的探究,试图开拓新的比较空间。

中国台湾知名学者陈丽桂撰写的《〈荀子·解蔽〉与〈管子〉四篇心术论的异同》、《先秦儒道的气论与黄老之学》④ 两篇论文,所关涉的问题有重合之处,她提出一个很有见地的观点是:《荀子》在以"气"论"心"上,与《管子》四篇有相应之处,但《荀子·解蔽》所讲论的心术以及"治气"最终是归趋于儒家的"礼"与"师法"。

中国台湾学人王庆光所著《荀子驳正"黄老之学"并倡导"文化生命"》⑤ 的文章,也是关于这方面的一项研究。可惜笔者在完成书稿后还是未能顺利获取这篇文章,不能不说是个缺憾!想必其中应该有不少学术心得和亮点。

除此之外,还有一些附带性的研究,从中可以零星见到对相关问题的分析和推阐,比如白奚《荀子对稷下学术的吸取和改造》、中国台湾清华大学中语系朱晓海的《荀学一个侧面——"气"的初步摹写》以及杨儒宾《儒家身体观》一书中"荀子的礼义身体观"的有关章节,⑥ 学人不妨也

---

① 丁原明:《黄老学论纲》,山东大学出版社,1997,第178页。
② 参见胡家聪《稷下争鸣与黄老新学》,中国社会科学出版社,1998,第85~93页。
③ 佐藤将之:《荀子礼治思想的渊源与战国诸子之研究》,台大出版中心,2013,第117页。
④ 陈丽桂:《〈荀子·解蔽〉与〈管子〉四篇心术论的异同》,载《刘正浩教授七十寿庆荣退纪念文集》,台北文史哲出版社,1999,第143~164页;陈丽桂:《先秦儒道的气论与黄老之学》,《哲学与文化》第8期,2006年。
⑤ 王庆光:《荀子驳正"黄老之学"并倡导"文化生命"》,《中兴大学人文学报》第34期,2004年。
⑥ 白奚:《荀子对稷下学术的吸取和改造》,《兰州大学学报》1990年第4期;朱晓海:《荀学一个侧面——"气"的初步摹写》,载杨儒宾主编《中国古代思想中的气论及身体观》,台北巨流图书公司,1993,第451~484页;杨儒宾:《儒家身体观》,上海古籍出版社,2019,第73~87页。

可以参看。

第三节　荀子与黄老之学

前文述及荀子曾游历于齐国，并在稷下学宫进德修业、讲学论道，使得其学术思想获得很大的成长。而当此之时，黄老思想是稷下学宫的主流，① 在这种文化氛围与思想潮流中，荀子思想中刻下黄老之学的印记是不足为奇的，这完全符合一种思想生成、内化的自然规律。因此，许多研究者多能注意到，荀子的思想中富有黄老道家的色彩，他的宇宙论、认识论以及政治学说充分吸取了黄老道家的思想要素。早在汉代，班固就于《汉书·艺文志》中记了一笔，其言曰："孙卿道宋子，其言黄老意。"② 宋子就是指宋钘，人们常将他与尹文联系在一起，因为宋、尹都是稷下黄老道家的杰出代表。所谓"孙卿道宋子"到底是指荀子称道、引述宋钘的学说，还是指荀子继承了宋钘的学说，历来就有争议，我们在此也不好遽下定论。但是不可否认，荀子与黄老道家的主要代表人物——宋钘有着一定的思想联系。

今人对这方面问题的研究甚多，研究所获得的见解存在着较大的分歧。这种分歧概括起来就是：黄老之学是荀子思想形成的一种影响性因素，还是荀子思想的本色或思想属性？在下文我们将对前人的研究心得与学术见解做一介绍和分梳。

例如，杜国庠在《荀子从宋尹黄老学派接受了什么？》这篇文章中，围绕"天""道""心容""虚壹而静"等哲学命题或范畴，做了细致的分析和比较，内容深入到宇宙观、治心论、知识论等方面。他认为，荀子是批判地接受了《管子》四篇所代表的黄老道家思想的积极因素，并在某些方面加以发展，这种批判性的立场正是儒家的，而没有被动摇或改变。在最后，杜国庠也补充说，二者有些见解虽然很相近，但也不必完全是荀子受之于《管子》四篇的影响。比如，关于正名的问题就是如此，当时名实

---

① 陈鼓应认为，黄老之学是战国中后期的主流思潮，而稷下学宫则是黄老学的重镇。参见陈鼓应《管子四篇诠释》，中华书局，2015，序言第 2～3 页。
② 陈国庆：《汉书艺文志注释汇编》，中华书局，1983，第 161 页。

淆乱是一种普遍现象，思想界对于正名有很大的呼声，也有其必要性。①

丁原明的《论荀子思想中的黄老倾向》一文从天道观、礼治论、道治论三个方面分析荀子思想与黄老道家的趋同性，"正因为荀子思想中具有黄老倾向，所以才使他的思想呈现出综合性、边缘性、过渡性的特点。而一旦历史条件发生改变时，它既可以向法家发展，也可以向儒家发展，又可以向黄老之学发展。荀子以后的韩非、贾谊、陆贾、董仲舒及反映汉初黄老之学的《淮南子》的思想，都可以从《荀子》书找到根源，其原因大概也就在这里"②，但他仍然认为荀子是儒家的，只是区分了鲁国洙泗之儒与齐国稷下之儒，荀子属于后者。

余明光在《荀子思想与"黄老"之学——兼论早期儒学的更新与发展》一文中概括了荀子承藉于黄老思想的四大方面，分别是："通黄老无为之治，君要而臣详""扬黄老法术之学，表仪使民知方""承黄老定分学说，次定而序不乱""取黄老天人相分思想，人力可以胜天"。不过他主要是依托《黄帝四经》《慎子》《尹文子》和帛书《伊尹·九主》等黄老文献来进行探究，而无甚措意于《管子》四篇，这不得不说是一个缺憾！在余明光看来，荀子的这些思想，或者是在黄老之学基础上所进行的理论发挥，或者是完全来自黄老之学，荀子是利用黄老之学实现对儒学的更新与改造。③

而向达在《荀子思想的黄老意》一文里，试图从本体论、认识论、方法论层面揭示荀子思想的黄老特征，他的结论是："荀子思想虽充满了黄老意，但其思想实质应定性为儒家，是先秦儒家乃至百家思想的集大成者。"④

上面几位学者撰文的立论点虽然不尽一致，各有侧重，但大体是承认黄老之学是影响荀子思想形成的一种重要因素。这意味着荀子有自身的思想内核，在保持骨干思想不被改易的前提下，积极吸取和接受来自黄老之学的思想精华，从而有机融入到自身的思想体系之中。

但是在赵吉惠看来，这显然是不够的，是为肤廓之论。赵吉惠大胆地

---

① 参见杜国庠《荀子从宋尹黄老学派接受了什么?》，《杜国庠文集》，人民出版社，1962，第134~157页。
② 丁原明：《论荀子思想中的黄老倾向》，《管子学刊》1991年第3期。
③ 参看余明光《荀子思想与"黄老"之学——兼论早期儒学的更新与发展》，《河北学刊》1996年第1期。
④ 向达：《荀子思想的黄老意》，《管子学刊》2019年第3期。

第十二章 《管子》四篇与《荀子》的比较研究

直接认定荀子思想就是属于黄老之学的,这一论断见之于他的专篇论文《荀况是战国末期黄老之学的代表》。在该文章中,赵吉惠提出要为荀学重新定位,对于历史上各家评价和定性荀子总是存在犹豫不定、裹足不前的现象,做一番解惑和释疑的工作。他认为,在天人关系问题、历史观问题、王霸政治思想方面、人性论问题、义利的价值观念和价值取向方面、对待礼治与法治的态度上,荀子与孔孟存在着截然不同的思想主张和价值取向。他把这六方面看成是"先秦原生儒学即孔孟儒学最基本的理论与主张,也可以作为衡量或区分儒家与非儒家的思想理论坐标",并试图由这六方面进入到荀子思想整体结构的剖析中,从而得出"荀学不惟不是'醇儒',而是远远地脱离了儒学,甚至可以说是叛逆了先秦孔孟的原生儒学"①的结论。

更进一步的,赵吉惠又分析了荀子思想与典型法家的殊别。荀子虽然主张隆礼重法,极力调和礼法,但在一些根本思想特征上,②他与商韩法家存在着质性的分歧。因此,也不能将荀子归入法家之列。

既然荀子涵容有儒家、法家的思想成分,但又叛离了儒家的阵营,也没有典型地体现出法家的思想特色,那么荀学只能是归于综合百家、吞吐道法的黄老之学。为了证成这一观点,赵吉惠依据帛书《黄帝四经》、古本《文子》和《管子》四篇这批可靠而典型的黄老学著述,总结出黄老之学的主要理论体系,包括"自然天道观的宇宙本体论与气物论;无为而治的君人南面之术;制名以指实的形名学与认识论;隆礼、尚德、重法的政治伦理思想;尚贤使能、节用裕民的社会思想"③。而在他看来,《荀子》一书中的思想与上述五点能够印合,呈现出黄老之学的思想体系。此外,他还列举了《荀子》与帛书《黄帝四经》、古本《文子》以及《管子》四篇所共同分享的黄老学思想范畴,主要有:"无为、自然、无欲、不争、虚静、虚气、心术、天官、天君、天功、天心、天德、道法、养生、天

---

① 赵吉惠:《荀况是战国末期黄老之学的代表》,《哲学研究》1993年第5期。
② 赵吉惠将战国时期商韩法家的根本思想主张概括为四点,分别是:主张进化论的历史观;坚持以法治国,反对礼治;提倡"以吏为师",反对文教;强调威势,建立中央集权,对下实行专制。参见赵吉惠《荀况是战国末期黄老之学的代表》,《哲学研究》1993年第5期。
③ 赵吉惠:《荀况是战国末期黄老之学的代表》,《哲学研究》1993年第5期。

《管子》四篇研究

养、尚贤、赏罚、虚壹而静、贵贱有别、刑名法术、尚贤使能"①，这些基本思想范畴是构成黄老学体系的细胞和因子。除了采用比较思想史的方法进行探究，赵吉惠最后还从文化环境、学术渊源、荀学与稷下学的关系上加以考量，进行补充论证，意欲凸显荀学与黄老之学的深厚渊源与内在联系。

赵吉惠的论述和观点有其独到之处和精彩之点，我们透过上面简短的介绍性文字也能看得出来。但是，赵吉惠在论述行文过程中，也存在个别疑点，对此笔者不敢苟同，在下文中拟将提出来，以求方家补正。

第一点是，孔孟并没有像赵吉惠所说的完全轻视利，而没有如荀子做到义利兼顾。孔孟只是反对个人私利的过度膨胀，对于国家之利、民生福祉，想必谁也不会去反对或拒绝。他们也充分认识到并肯定人具有追求利好、摆脱贫贱的天性或自然倾向，比如在《论语·里仁》中，孔子说："富与贵，是人之所欲也……贫与贱，是人之所恶也。"② 孔子也曾不假掩饰地道出自己对富贵的渴望，"富而可求也，虽执鞭之士，吾亦为之。如不可求，从吾所好。"（《论语·述而》）③

在《孟子·尽心上》，孟子说："霸者之民，欢虞如也；王者之民，皞皞如也。杀之而不怨，利之而不庸，民日迁善而不知为之者……"而《孟子·尽心下》有云："周于利者，凶年不能杀；周于德者，邪世不能乱。"④ 可见，孟子并没有羞于言利，他和孔子一样，都是追求一种合理、正当的利益，让所寻求的利益能够更加广泛地泽被众人，而不是图谋个人私利的无限扩张。

对于如何实现利，孔子说："因民之所利而利之，斯不亦惠而不费乎？"（《论语·尧曰》）⑤ 而《左传·成公二年》载孔子之言曰："义以生利，利以平民。"⑥ 可见，孔孟并不是将义利视若冰炭，而是认为义利相生，利实际上就蕴含在义之中，大义乃是大利，大利亦是大义。只是在义与利的对待中，义当然在价值上优先于利，这应该是孔孟荀的一致观念。

---

① 赵吉惠：《荀况是战国末期黄老之学的代表》，《哲学研究》1993 年第 5 期。
② （宋）朱熹：《四书章句集注》，中华书局，2011，第 69 页。
③ （宋）朱熹：《四书章句集注》，中华书局，2011，第 92 页。
④ （宋）朱熹：《四书章句集注》，中华书局，2011，第 330、343 页。
⑤ （宋）朱熹：《四书章句集注》，中华书局，2011，第 181 页。
⑥ （周）左丘明传，（晋）杜预注，（唐）孔颖达正义《春秋左传正义》，北京大学出版社，1999，第 691 页。

第十二章 《管子》四篇与《荀子》的比较研究

对于那些不正当的利益,以及不择手段谋求个人私利的实现,想必不管是孔孟还是荀子,都是坚决反对的。

第二点是,孔孟并没有像赵吉惠所说的是反对法治的,而是强调有限度地使用"法"。比如,《论语·里仁》载孔子之言曰:"君子怀德,小人怀土;君子怀刑,小人怀惠。""君子"指在位者、为政者,他既怀德,又怀刑。怀,就是关注、注重的意思。朱熹注曰:"怀刑,谓畏法。"① 再者,《论语·子路》中说:"礼乐不兴,则刑罚不中;刑罚不中,则民无所措手足。"显然在国家治理中,孔子是为刑罚留了一席之地的。《礼记·仲尼燕居》有言:"夫礼所以制中也。"② 只有合乎礼的才叫"中",所以只有"兴礼乐"才能中刑罚。孔子说这句话的背景是当时社会刑罚失中,以至于太严酷,所以他想要以礼乐的宽惠来纠正严刑滥罚,而不是要反对或取消刑罚。在《左传·昭公二十年》中也记载了孔子的一段话:"善哉!政宽则民慢,慢则纠之以猛。猛则民残,残则施之以宽。宽以济猛,猛以济宽,政是以和。"③ 这是孔子听说郑国子大叔攻杀日益猖獗的贼盗,而做了这样一番评论。他对这种做法给予了肯定,主张为政要宽猛相济,所谓"猛"很大程度上就是依靠刑罚的威慑作用。

通常人们以为孔子重德轻刑,是源于对《论语·为政》"道之以政,齐之以刑,民免而无耻;道之以德,齐之以礼,有耻且格"这段话的误读。政,是指法制禁令;刑,就是指刑罚。孔子认为,依靠行政命令和刑罚威慑,只会让人不敢做坏事,但始终不能培养起羞耻之心,只是没了贼胆却仍有贼心,确立的是一种底线伦理,塑造的是一个不敢变坏的人。正如朱熹所注解的:"免而无耻,谓苟免刑罚而无所羞愧,盖虽不敢为恶,而为恶之心未尝忘也。"④ 但是,通过德礼的教化、引导以及道德表率,能够使人树立起道德耻感、促发内在自觉,从而真正做个好人。孔子的此番立论是有语境和具体针对性的,当时存在滥用政刑的做法,比如齐国由于

---

① (宋)朱熹:《四书章句集注》,中华书局,2011,第70页。
② (东汉)郑玄注,(唐)孔颖达疏《礼记正义》,北京大学出版社,1999,第1383页。
③ (周)左丘明传,(晋)杜预注,(唐)孔颖达正义《春秋左传正义》,北京大学出版社,1999,第1407页。
④ (宋)朱熹:《四书章句集注》,中华书局,2011,第55页。

受刖刑的人太多,以至于"国之诸市,屦贱踊贵"①,即市场上鞋子价格变便宜而假肢变得昂贵,原因是很多人因为受刑而被截肢。这反映当时统治者试图利用刑杀来威吓人民,以此来减少犯罪、维护统治秩序。所以,孔子的此番思想是以批判当时滥用刑罚为前提的。从挽救时弊出发,肯定就会更偏重在"德礼"。但孔子本意不是不要政刑,而是要不满足于政刑,反对独任政刑、迷信政刑此类极端做法。

那么孟子又是如何看待"法"与刑罚的呢?我们认为,孟子在对待"法"与刑罚的态度上与孔子相似。比如在《孟子·离娄上》,孟子曾说:"徒善不足以为政,徒法不能以自行……上无道揆也,下无法守也,朝不信道,工不信度,君子犯义,小人犯刑,国之所存者幸也。"法治与人治相互配合,只单独依靠一种方法就无法有效治理好国家。而在后半句中,他特别强调,一个国家如果放弃法度和刑罚的作用,就会走向灭亡。而对于当时弱小的国家,他说:"国家闲暇,及是时明其政刑。虽大国,必畏之矣。"(《孟子·公孙丑上》)也就是说,小国可以依靠法治措施,章明法政制度,在短时间内走向强盛。

总而言之,孔孟荀都认为刑罚是为政者不可或缺的治国手段,而有时为了纠偏时弊,强调刑罚不可滥用,不可太严苛。他们都是注重先礼后法,即礼在价值上优先于法,呈现出德主刑辅、礼法并用的思想形态。只是荀子在礼法并用上较孔孟表现得更加明显,"法"的色彩被描摹得更加浓厚,"法"的时代意义更加被看重。不可否认,这是时势使然,亦是荀子受到其他流派的思想浸渍使然。但在价值次序上,荀子无疑还是和孔孟一样尊奉着先礼后法的原则,这一根本点是始终没有改变的。在这里就凸显了荀子的儒家底色。

由于赵吉惠的观点比较标新立异,其文章发表之后,也迅速引起学界同行的关注和辩驳。其中,张颂之、杨春梅二人合撰有《荀子是儒学还是黄老之学的代表?——与赵吉惠先生商榷》一文,是对赵吉惠之文的一个集中性回应。在该商榷性文章中,张颂之、杨春梅针锋相对,分别从赵吉惠所提举的六个方面给予反驳,提出了自己的论据。此外,他们还从浅层

---

① (周)左丘明传,(晋)杜预注,(唐)孔颖达正义《春秋左传正义》,北京大学出版社,1999,第1182页。

第十二章 《管子》四篇与《荀子》的比较研究

的文化表象、深层的文化意向、道之无为与圣贤制作三个方面入手,刻画荀子与黄老之学之间具有不可逾越的文化理论鸿沟,以证明荀子是儒学,而不是黄老之学。①

赵吉惠和张颂之、杨春梅的这两篇文章接连发表在哲学界的顶级刊物《哲学研究》上,一时间产生很大的学术反响,引起相关领域研究者的关注和讨论。当时间的车轮走过近30年,热烈的学术争论也归之于平静。作为后知后觉者,我们对这场荀学与黄老学之辨、荀学学派归属问题的讨论,还可以做一点有益的反思。

笔者以为,不能只是从寻绎孔孟荀三者思想的相同点入手,来证成荀子是儒家的。荀子之所以是儒家的,关键不在于他与孔孟的完全无差异性,而重在其思想旨归、价值旨趣与核心精神是和孔孟相契合的。荀子成为儒家的,这并不排斥他的思想会在孔孟的基础上有所顺应时代潮流、迎合时代需要的改易与发展。假如荀子的思想完全循蹈于孔孟所建构之理论体系,荀子何能成其为荀子?荀子岂不是要完全等同于孔孟?

因为受到上述这种不当之思考方向的主导,赵吉惠与张颂之、杨春梅的文章在论述过程中多少会存在一些失之牵强的情况。要么刻意拉大荀子与孔孟的思想差异,乃至于使两者变得不可通约;要么就是刻意抹平荀子与孔孟的思想差别,而无见于荀子对孔孟思想的发展与创新。这两种倾向显然都是不符合事实的,没有真实地还原从孔子到孟子、荀子之一脉相承而又创新发展的思想史图景。一种思想的产生,一方面要从早前的源头接引活水,建立自身的理论基础;另一方面也需要结合自己所处时代的特定社会历史环境,做出适应时代需要的理论发展。此为伟大思想之产生、发展的一般规律,荀子之学概莫能外也。

依笔者浅见,将荀子归为黄老之学,是有偏颇的。在《荀子·非十二子》中,荀子对于墨家、道家、法家乃至儒家内部各大派系都有着激烈的批评,却唯独对于孔子给予了极高的推崇,这可以看成是他自身思想的旨归所在,即以孔子之道引以为最终目标和理想抱负,并有意成为孔门之正

---

① 参见张颂之、杨春梅《荀子是儒学还是黄老之学的代表?——与赵吉惠先生商榷》,《哲学研究》1994年第9期。

宗。①《荀子·非十二子》是这样说的：

> 若夫总方略，齐言行，壹统类，而群天下之英杰而告之以大古，教之以至顺，奥窔之间，簟席之上，敛然圣王之文章具焉，佛然平世之俗起焉，六说者不能入也，十二子者不能亲也，无置锥之地而王公不能与之争名，在一大夫之位则一君不能独畜，一国不能独容，成名况乎诸侯，莫不愿以为臣，是圣人之不得势者也，仲尼、子弓是也。②

荀子认为，孔子的学说是可以总括治国的方针策略，端正人们的言论行动，统一国家的法度纲纪，广泛汇聚天下的英才，告知人们最根本的原则，教导人们最正确的道理。如此可见，荀子对孔子的称赞和敬仰已经是到了无以复加的地步。试想，除了儒家创始人孔子，还能有谁可以在荀子心目中占据这般至高的地位？

在《荀子》一书中，荀子谈论最多的也是孔子所标举的"仁""礼"之二端。在《荀子》的首篇《劝学篇》中讲："礼者，法之大分，类之纲纪也。"③荀子分明是将"礼"抬到最高的位置，而在"法"之上。不仅"礼"在"法"之上，就是刑名、心术、静因之类的名目，在荀子的思想世界里也都只是辅助性、工具性的，而不是最根本、最核心的。

再者，《荀子》书中有大量引《诗》用《诗》的文段，这一方面是以援引儒家经典来增强自身说理的有效性，另一方面也为了深入推进《诗》的经典化。④尽管人们对《荀子》书中引《诗》用《诗》次数的统计结果不尽相同，但是至少也得有八九十次。毫无悬念，儒家传统经典《诗》是《荀子》书中称引最多的文献。此外，荀子对于《尚书》《礼经》《周易》《春秋》等儒家文献无不引用以立说。这表明荀子有意于尊崇儒家传统经典，并为儒家经典的传播与意义赋予做出自己的贡献。

---

① 尽管后人对荀子的思想评价不一，以及对荀子在儒家道统中的地位有所争议，韩愈口中的"大醇小疵"之说也一直在流行，影响甚广。但在这里，我们更应该看到荀子的学术自觉意识，是以光复儒学之正统为己任，而不是流于黄老之学或其他。
② （清）王先谦：《荀子集解》，沈啸寰、王星贤整理，中华书局，2012，第95~96页。
③ （清）王先谦：《荀子集解》，沈啸寰、王星贤整理，中华书局，2012，第11页。
④ 相关研究可以参见陈志雄《荀子〈诗〉学的客观化及其政教旨趣——从辨析"中声之所止也"说起》，《中共福建省委党校（福建行政学院）学报》2022年第2期。

第十二章 《管子》四篇与《荀子》的比较研究

在《史记·儒林列传》中，司马迁明确指出："孟子、荀卿之列，咸遵夫子之业而润色之，以学显于当世。"① 这一段话代表着离荀子生活时代最近的史学家，对荀子与孔子之文化关系的明确认定。这种判断的可接受性或正确性，一方面是源自史家的实事求是精神，另一方面则是因为去荀子之未远，而能把问题洞察得更加清楚。再者，司马迁在撰写《史记·孟子荀卿列传》时，也特意将荀子与孟子并论、标题，后者人们都认可是儒家的代表，这也很能说明问题。

《汉书·艺文志》和《四库全书·总目提要》这等权威性目录学著作把《荀子》一书归入"儒家"，是不错的。而有学者偏要起疑、驳难之，岂不怪哉！梁启超曾坦言："启超谓孔门之学，后衍为孟子、荀卿两派，荀传小康，孟传大同；汉代经师，不问为今文家古文家，皆出荀卿；两千年间，宗派屡变，一皆盘旋荀学肘下，孟学绝而孔学亦衰。"② 梁启超充分认识到了荀子对于汉代儒学乃至往后中国儒学思想之演变、发展的卓著影响。诚如是，荀子若非为儒，荀子之后受其浸溉的千千万万人，又何者可称之为儒？在笔者看来，关于荀子的学派归属与历史定位问题，如果有争执不下的地方，最妥当的办法是顺从古人（特别是汉代人）的认识和表达习惯，而不是擅自立异说。

我们还可以参考下历代荀学研究大家对荀子的一些评述，从他们的见解中获得启示。清代汪中在《荀卿子通论》一文中说：

> 荀卿之学，出于孔氏，而尤有功于诸经……盖自七十子之徒既殁，汉诸儒未兴，中更战国暴秦之乱，六艺之传赖以不绝者，荀卿也。周公作之，孔子述之，荀卿子传之，其揆一也。故其说"霜降逆女"，与《毛》同义。《礼论》、《大略》二篇，《穀梁》义具在。又《解蔽篇》说《卷耳》，《儒效篇》说《风》、《雅》、《颂》，《大略篇》说《鱼丽》、《国风》好色，并先师之逸典。又《大略篇》"春秋贤穆公善胥命"，则为《公羊春秋》之学。楚元王交本学于浮邱伯，故刘向传《鲁诗》、《穀梁春秋》；刘歆治《毛诗》、《左氏春秋》，董仲舒

---

① （西汉）司马迁：《史记》，中华书局，2009，第700页。
② 梁启超：《清代学术概论》，上海古籍出版社，2005，第84页。

211

治《公羊春秋》，故作书美荀卿，其学皆有所本。刘向又称荀卿善为《易》，其义亦见《非相》、《大略》二篇。盖荀卿于诸经无不通，而古籍阙亡，其授受不可尽知矣。

《史记》载孟子受业于子思之门人，于荀卿则未详焉。今考其书，始于《劝学》，终于《尧问》，篇次实仿《论语》。《六艺论》云："《论语》，子夏、仲弓合撰。"《风俗通》云："穀梁为子夏门人。"而《非相》、《非十二子》、《儒效》三篇每以仲尼、子弓并称。子弓之为仲弓，犹子路之为季路。知荀卿之学实出于子夏、仲弓也。《宥坐》、《子道》、《法行》、《哀公》、《尧问》五篇，杂记孔子及诸弟子言行，盖据其平日之闻于师友者，亦由渊源所渐、传习有素而然也。故曰：荀卿之学，出于孔氏，而尤有功于诸经。[1]

荀子有传承儒家经典的功劳，这种传承构成汉代儒学产生和发展的起点，无论如何都是不可被埋没和遗忘的。汪中还试图追根溯源，判定荀子之学可能出自子夏、仲弓及其门人后学，如果这种考订成立的话，那么荀学的来龙与去脉基本上就可以廓清了。

近代史上的名宿梁启超说："汉世六经家法，强半为荀子所传，而传经诸老师，又多故秦博士，故自汉以后，名虽为昌明孔学，实则所传者仅荀学一支派而已。"[2] 汉代一些著名经学家或儒生，比如毛公、穆生、张苍、贾谊、戴德、戴圣，几乎都是出自荀子之门，或与荀子有着间接的联系。

不只是经学，就是汉代子学亦和荀子有着莫大的渊源。学者徐平章就指出："盖两汉学术，经学固云独盛，然因承先秦诸家之余风，子学述作亦复不少，其列属儒家者，大抵为荀卿之儒也。吾人读其书，荀卿之色彩颇浓，申、韩之绪余，亦往往杂出乎其间……此其所谓儒，盖荀卿之儒耳。"[3] 而在"罢黜百家，独尊儒术"的汉代，子学大多是以附属在儒学之内的形式若隐若现地存在着。这种现象可以称之为缘饰儒学、阴染子家，它大概是由博采众长的荀学逐步承递、演化、发展而来的。

---

[1] （清）汪中：《新编汪中集》，田汉云点校，广陵书社，2005，第412~413页。
[2] 梁启超著，潘光哲导读《论中国学术思想变迁之大势》，上海古籍出版社，2001，第80页。
[3] 徐平章：《荀子与两汉儒学》，台北：文津出版社，1988，第179页。

正如张颂之、杨春梅的文章中所说的："荀子作为儒家代表，有其在儒学发展史及经学史中的特定的历史位置与意义。" 这种历史地位和意义的获得，一方面是由荀子本身的思想成就与独特贡献所决定的，另一方面也是由后人不断加以确认和赋予的。由这两重因素所构筑起来的荀子之儒学地位，基本上就是一个不可被否定或改易的实然。

要说荀子在哪方面继承或受影响于黄老学最多，那就是综合百家、博采众长的思想创造方式和理论建构模式。荀子的思想并没有转入他途，而是进行着一种批判性转化，是在儒学内部实现顺应时代潮流、迎合时代需要而展开的必要性创新。他所吸纳的其他家思想，在其思想体系中所呈现的其他思想色彩，只是让荀子的儒家思想更加丰富、饱满，而没有从根本上改变荀子思想的底色。

或许还有人会批评说荀子的思想太过驳杂，不能算得上"醇儒"。但荀子思想的驳杂性是建立于批判性之上的吸收与融摄，② 这种对外部思想的吸收与融摄是有一定的价值和旨归在其中作为内核或骨干的，并为之主导方向，不使其走偏。因此，这种思想驳杂性有别于一般意义上的杂家。

第四节　管、荀的思想比对

如果我们能够辨析出荀子思想中的黄老之意，并且信乎不能将荀子定性为黄老之学的代表，荀子在战国后期的思想发展脉络中的位置才能得以真实浮现。在辨析与驳谬之后，能够为《管子》四篇与《荀子》思想的比较性探究建立一个重要前提，也就不会将《荀子》与黄老之学混为一谈。在把《荀子》与《管子》四篇的黄老思想做比较分析时，我们才会把握住荀子思想的核心精神与价值旨趣，而不会让这种核心精神与价值旨趣淹没在斑驳的黄老话语之中。同时，也能够更加清楚地辨识出荀子是从哪些方面吸收和接纳来自黄老之学的影响，以及又是如何加以批判性发

---

① 张颂之、杨春梅：《荀子是儒学还是黄老之学的代表？——与赵吉惠先生商榷》，《哲学研究》1994 年第 9 期。
② 荀子的这种思想批判性在《非十二子》《解蔽》表现得淋漓尽致，毋庸赘言。

《管子》四篇研究

展和创新的。

为了更有条理地将《荀子》与《管子》四篇进行思想比对,我们把相关例证材料罗列(见表 12-1)。

表 12-1　《管子》四篇与《荀子》比较

	《管子》四篇	《荀子》	备注
1	鉴于大清,视于大明。(《内业》)	虚壹而静,谓之大清明。(《荀子·解蔽》)	
2	心之在体,君之位也。九窍之有职,官之分也。心处其道,九窍循理。嗜欲充益,目不见色,耳不闻声。故曰:上离其道,下失其事。毋代马走,使尽其力;毋代鸟飞,使弊其羽翼;毋先物动,以观其则;动则失位,静乃自得。(《心术上》)是故有道之君,其处也若无知。其应物也若偶之。静因之道也。(《心术上》)	天子……足能行,待相者然后进;口能言,待官人然后诏。不视而见,不听而聪,不言而信,不虑而知,不动而功,告至备也。天子也者,执至重,形至佚,心至愈,志无所诎,形无所劳,尊无上矣。(《荀子·君子》)主道知人,臣道知事。故舜之治天下,不以事诏而万物成。(《荀子·大略》)故明主好要,而暗主好详。主好要则百事详,主好详则百事荒。(《荀子·王霸》)	两者都在讲驭下临民的统治术,或曰君道无为而臣道有为,或曰君要而臣详。
3	登降揖让、贵贱有等、亲疏之体谓之礼。简物小大一道,杀僇禁诛谓之法。(《心术上》)①	礼者,法之大分,类之纲纪也。(《荀子·劝学》)人君者,隆礼尊贤而王,重法爱民而霸。(《荀子·强国》)治之经,礼与刑,君子以修百姓宁。明德慎罚,国家既治四海平。(《荀子·成相》)	两者都在调和礼法,主张礼法并用。
4	心之在体,君之位也。九窍之有职,官之分也。(《心术上》)心术者,无为而制窍者也。故曰君。(《心术上》)	心者,形之君也,而神明之主也,出令而无所受令。(《荀子·解蔽》)耳目鼻口形能,各有接而不相能也,夫是之谓天官。心居中虚以治五官,夫是之谓天君。(《荀子·天论》)	两者都认为心与五官的功能具有高低之别。

---

① 《管子》中同样属于黄老道家文献的《枢言》也提出:"法出于礼,礼出于治。治、礼,道也。万物待治、礼而后定。"可与《心术上》的说法相映照。参见黎翔凤《管子校注》,梁运华整理,中华书局,2004,第 246 页。

第十二章 《管子》四篇与《荀子》的比较研究

续表

	《管子》四篇	《荀子》	备注
5	物固有形，形固有名，名当谓之圣人。（《心术上》）物固有形，形固有名。此言不得过实，实不得延名。姑形以形，以形务名，督言正名，故曰圣人……因也者，无益无损也。以其形因为之名，此因之术也。名者，圣人之所以纪万物也。（《心术上》）凡物载名而来，圣人因而财之而天下治。实不伤，不乱于天下，而天下治。（《心术下》）是以圣人之治也，静身以待之，物至而名自治之。正名自治之，奇身名废。名正法备，则圣人无事。（《白心》）	故王者之制名，名定而实辨，道行而志通，则慎率民而一焉。故析辞擅作名以乱正名，使名疑惑，人多辨讼，则谓之大奸，其罪犹为符节、度量之罪也。故其民莫敢托为奇辞以乱正名。故其民悫，悫则易使，易使则公。其民莫敢托为奇辞以乱正名，故壹于道法而谨于循令矣。如是，则其迹长矣。迹长功成，治之极也，是谨于守名约之功也……异形离心交喻，异物名实玄纽，贵贱不明，同异不别，如是则志必有不喻之患，而事必有困废之祸。故知者为之分别，制名以指实，上以明贵贱，下以辨同异。贵贱明，同异别，如是则志无不喻之患，事无困废之祸，此所为有名也。（《荀子·正名》）	谈到正名的问题。
6	是以君子不怵乎好，不迫乎恶。恬愉无为，去知与故。其应也，非所设也。其动也，非所取也。过在自用，罪在变化。是故有道之君，其处也若无知。其应物也若偶之。静因之道也。（《心术上》）因也者，舍己而以物为法者也。感而后应，非所设也……故物至则应，过则舍矣。（《心术上》）	不先虑，不早谋，发之而当，成文而类，居错迁徙，应变不穷，是圣人之辨者也。（《荀子·非相篇》）为之无益于成也，求之无益于得也，忧戚之无益于几也，则广焉能弃之矣。不以自妨也，不少顷干之胸中。不慕往，不闵来，无邑怜之心，当时则动，物至而应，事起而辨，治乱可否，昭然明矣。（《荀子·解蔽》）	讲静因之道。

资料来源：表中所列的《荀子》原文参见（清）王先谦《荀子集解》，沈啸寰、王星贤整理，中华书局，2012。

在下文中，我们拟从荀子的思想理路出发，通过正名论、天道观和心论三大方面，展开管、荀思想的比较与推阐。

在正名论上，杜国庠曾指出："调和儒墨的宋尹学派（即《管子》四篇。——引者注）以道家的立场接受了儒家的正名思想，而承继儒家传统的荀子又以儒家的立场接受了宋尹的影响。"[①] 在这一点上，它们的思想关

---
① 杜国庠：《荀子从宋尹黄老学派接受了什么？》，《杜国庠文集》，人民出版社，1962，第154页。

系并不是单向度的,而是交合性的,呈现出接受、反哺、再接受的思想交互关系。荀子对于"名"的问题有大量的论述,《荀子》一书中有专篇取名叫《正名》,其中的思想状况大致能够印证上述这一观点。在此我们就不过多展开了。

其次是天道观。荀子关于"天"的论说,最著名的一段话就在《天论》中,其文如下:

> 天行有常,不为尧存,不为桀亡。应之以治则吉,应之以乱则凶。强本而节用,则天不能贫;养备而动时,则天不能病;修道而不贰,则天不能祸。故水旱不能使之饥渴,寒暑不能使之疾,祆怪不能使之凶。本荒而用侈,则天不能使之富;养略而动罕,则天不能使之全;倍道而妄行,则天不能使之吉。故水旱未至而饥,寒暑未薄而疾,祆怪未至而凶。受时与治世同,而殃祸与治世异,不可以怨天,其道然也。故明于天人之分,则可谓至人矣。①

"天"有其自身运行的规律,这种规律并不会因为人的德性好坏而转移、改变。与此同时,"天"也无法决定、宰制人的吉凶、祸福,人的遭际都是由于人自己的行为所招致的。换言之,人的所作所为以及相应获得的祸福夭寿,完全是由自己所造成的,而不能归结于"天"或其他。当明白"天人之分"后,人要对自己负责,一方面要行善求福,另一方面则要主动积极作为。

具象来说,荀子眼中的"天"就是头顶的群星、日月,以及四季更替、风雨雷电之类的物事。② 如此,"天"也就不带有什么宗教神秘感,是为自然之天,荀子剥离了以往人们观念中"天"所带有的人格化、有意志的成分。这可以看成是吸取了黄老道家自然天道观的思想。"天"是客观

---

① (清)王先谦:《荀子集解》,沈啸寰、王星贤整理,中华书局,2012,第300~301页。
② 同样是在《天论》中,荀子说:"列星随旋,日月递炤,四时代御,阴阳大化,风雨博施,万物各得其和以生,各得其养以成,不见其事而见其功,夫是之谓神。皆知其所以成,莫知其无形,夫是之谓天。"而这种观念也可见之于《管子·形势解》:"天覆万物,制寒暑,行日月,次星辰,天之常也。"参见(清)王先谦《荀子集解》,沈啸寰、王星贤整理,中华书局,2012,第302页;黎翔凤《管子校注》,梁运华整理,中华书局,2004,第1167页。

第十二章 《管子》四篇与《荀子》的比较研究

存在的自然界,自然界中万事万物生成、演化的动力内在于自身之中,而没有所谓神秘外力的作用。

《天论》继续说:

> 星队、木鸣,国人皆恐。曰:是何也?曰:无何也,是天地之变、阴阳之化、物之罕至者也。怪之可也,而畏之非也。夫日月之有蚀,风雨之不时,怪星之党见,是无世而不常有之。上明而政平,则是虽并世起,无伤也;上暗而政险,则是虽无一至者,无益也。夫星之队,木之鸣,是天地之变、阴阳之化、物之罕至者也,怪之可也,而畏之非也。物之已至者,人祅则可畏也。楛耕伤稼,耘耨失薉,政险失民,田薉稼恶,籴贵民饥,道路有死人,夫是之谓人祅。政令不明,举错不时,本事不理,夫是之谓人祅。礼义不修,内外无别,男女淫乱,则父子相疑,上下乖离,寇难并至,夫是之谓人祅。祅是生于乱,三者错,无安国。其说甚尔,其菑甚惨。勉力不时,则牛马相生,六畜作祅,可怪也,而不可畏也。传曰:"万物之怪,书不说。无用之辩,不急之察,弃而不治。"若夫君臣之义,父子之亲,夫妇之别,则日切瑳而不舍也。
>
> 雩而雨,何也?曰:无何也,犹不雩而雨也。日月食而救之,天旱而雩,卜筮然后决大事,非以为得求也,以文之也。故君子以为文,而百姓以为神。以为文则吉,以为神则凶也。①

荀子驳斥了神的观念,自然界存在的各种怪异现象只是天道运行、变化的结果,与人世间的治乱、吉凶没有任何联系,人们不必为此而大惊小怪。荀子注重引导人们正面应对大自然中的一些灾害,倡导人应该积极行动起来,采取合理、有效的举措加以补救,挽回损失,这才是最科学、正确的态度。换言之,既然这些自然灾害是自然规律演化、运行所导致的,那么人就应该顺应这种规律,在认识、把握规律的基础上,采取恰当的措施。人要做好自己的职分,治理好社会,正所谓"天有其时,地有其财,

---

① (清)王先谦:《荀子集解》,沈啸寰、王星贤整理,中华书局,2012,第306、309页。

人有其治，夫是之谓能参"①。

在天道观的行动维度上，荀子还主张"制天命而用之"，他说：

> 大天而思之，孰与物畜而制之？从天而颂之，孰与制天命而用之？望时而待之，孰与应时而使之？因物而多之，孰与骋能而化之？思物而物之，孰与理物而勿失之也？愿于物之所以生，孰与有物之所以成？故错人而思天，则失万物之情。②

通过一连串的反问句，荀子发出了"制天命而用之"的强音。在天命、天时面前，更加强调人的主动创造性，正所谓人定胜天。人不能消极被动、无所作为。但是，荀子不是让人站在天命的对立面上来进行人的能动性活动，而是要遵循、顺应自然规律，与之相向而行，在充分认识和利用自然规律的基础上，达成人与自然的和谐。正如有学者所分析的：

> 荀子"制天命而用之"的命题与西方一般所说的"征服自然"并不相同。按照《说文》的解释，"制"是"裁"的意思。因此，"制天命"与"序四时，裁万物"（《王制》）含义相近。"制天命"不但要受到一定范围的限制，也要受到天道之常的制约。荀子主张人不能"与天争职"，这就说明，荀子这里强调的是人只能在一定范围内改造自然，而不是说人可以无限度地征服自然。征服自然是把人与自然对立起来，制天命则是追求人与自然的协调发展。从这个意义上说，荀子"制天命而用之"的思想主要当从两个方面考察。其一，荀子继承了儒家的有为传统，强调对于自然应该有所为，人类不能一切听命于天；另一方面，荀子又吸取了道家的无为传统，强调自然有其固有的规律，人类应该尊重这一规律，不能将自己置于与自然完全对立的立场之上。③

---

① （清）王先谦：《荀子集解》，沈啸寰、王星贤整理，中华书局，2012，第 302 页。
② （清）王先谦：《荀子集解》，沈啸寰、王星贤整理，中华书局，2012，第 310 页。
③ 复旦大学哲学系中国哲学教研室编《中国古代哲学史》（上册），上海古籍出版社，2006，第 116 页。

第十二章 《管子》四篇与《荀子》的比较研究

总而言之，荀子眼中的"天"虽然是纯自然、无人格色彩、无目的性的存在，但荀子的天道观又不完全是自然主义的，他是要在"天人相分"的立论基础上，推出自己的人道学说。由于这种理论取径，荀子注定不会像老庄道家走向纯自然主义，① 而倒与黄老道家有着相似的"天道—人道"之理论架构，并在"制天命而用之"的观念下达成天道与人道的协调发展。

最后是心论。在荀子看来，"心"具有主宰性的作用与能力，见之于《荀子·解蔽》：

> 心者，形之君也，而神明之主也，出令而无所受令。自禁也，自使也，自夺也，自取也，自行也，自止也。故口可劫而使墨云，形可劫而使诎申，心不可劫而使易意，是之则受，非之则辞。故曰：心容其择也，无禁必自见，其物也杂博，其情之至也不贰。②

为了更加明确"心"的主宰性，荀子还具体谈论了"心"与五官的关系，即相对于五官，"心"居于中心或枢纽的位置。《荀子·天论》载：

> 心居中虚以治五官，夫是之谓天君。③

"心"是具有思维能力、分辨能力的器官，荀子称之为"天君"。与之相对的称呼是"天官"，指代耳、目、口、鼻这些感觉器官。《荀子·正名》载：

> 心有征知。征知则缘耳而知声可也，缘目而知形可也。然而征知必将待天官之当簿其类然后可也。五官簿之而不知，心征之而无说，则人莫不然谓之不知。④

---

① 针对庄子的学说，荀子曾批评道："蔽于天而不知人。"参见（清）王先谦《荀子集解》，沈啸寰、王星贤整理，中华书局，2012，第380页。
② （清）王先谦：《荀子集解》，沈啸寰、王星贤整理，中华书局，2012，第385~386页。
③ （清）王先谦：《荀子集解》，沈啸寰、王星贤整理，中华书局，2012，第303页。
④ （清）王先谦：《荀子集解》，沈啸寰、王星贤整理，中华书局，2012，第404~405页。

耳、目、口、鼻有各自特定的功能，耳朵可以接收外部声音，眼睛可以观察外界事物的状貌，嘴巴可以品尝食物的味道，鼻子则可以嗅闻事物的气味，这种对外在对象的感受性，就是荀子所称的"薄其类"。但是这种感受性显然是停留在表层的，具有一定的片面性，因此又需要"心"的作用，加以分辨、思考，以获得可靠、全面的认知，这也就是所谓"征知"。总而言之，人的认识既需要"天官"的"薄其类"，也需要"天君"的"征知"。

荀子对于"心"与五官之关系的致思模式，在《管子·心术上》也能见到类似表述："心之在体，君之位也。九窍之有职，官之分也。心处其道，九窍循理。嗜欲充益，目不见色，耳不闻声。"此外，《管子》四篇对于"心"还有更加精致的论述，见之于《心术下》："心之中又有心。意以先言，意然后形，形然后思，思然后知。"以及《内业》："心以藏心，心之中又有心焉。彼心之心，意以先言。意然后形，形然后言，言然后使，使然后治。"

所谓"心之中又有心"，实质上就是《内业》所说的"意"，这一点是荀子所未尝触及的。《管子》四篇不仅以"意"言"心"，还大谈"治心"之说，《内业》载："凡心之刑，自充自盈，自生自成。其所以失之，必以忧乐喜怒欲利。能去忧乐喜怒欲利，心乃反济。彼心之情，利安以宁。勿烦勿乱，和乃自成……我心治，官乃治。我心安，官乃安。治之者心也，安之者心也。"说明《管子》四篇对"心"的认识和探究已经到了一个较为醇熟的地步。

上面我们说《荀子》的"心"是具有知觉外物、知晓事理的功能，可以用来定是非，决嫌疑。劳思光认为，"荀子所言之'心'乃一观'理'之心，而非生'理'之心。心之功用重在能受，而不重在能生。"[①] 也就是说，"理"在"心"外，而不是如孟子所言的"四端之心"兼具万理，为仁义礼智之源。为了让人更好地明白"心"的这层含义，荀子特意打了个比方，见于《解蔽》：

故人心譬如槃水，正错而勿动，则湛浊在下而清明在上，则足以

---

① 劳思光：《新编中国哲学史》（第 1 卷），广西师范大学出版社，2005，第 256 页。

第十二章 《管子》四篇与《荀子》的比较研究

见须眉而察理矣。微风过之,湛浊动乎下,清明乱于上,则不可以得大形之正也。心亦如是矣。故导之以理,养之以清,物莫之倾,则足以定是非、决嫌疑矣。小物引之则其正外易,其心内倾,则不足以决庶理矣。①

"心"能照察事理,就好比是水能映照事物。当水清澈的时候,自然可以把事物照得清楚明白;当水受外物搅动变得浑浊时,它就无法如真的呈现事物之貌。同样的道理,"心"若处于虚静、清明的状态,就可以正确地察见事理;反之,"心"若被外物干扰、搅乱,就无法正确地反映事理。

此外,槃水之喻还意在表明事物不包含在水之中,事理也是不内在于心之中。因此,也可以推断出荀子的"心"只是个认识主体,而不能成为一个道德主体。②"心"的功能是在虚静、清明的状态下照察万事万物,这一点与《管子》四篇所言的"心"一般。在《管子》四篇中,"心"也没有被披上道德伦理的面纱,只是个认识之"心",而非道德本心。

那么,循荀子如此之论,"心"的状态是否虚静、清明就成为问题的关键,这就推导出荀子关于"心"之"虚壹而静"的修养工夫论。

《解蔽》有论"虚壹而静"云:

人何以知道?曰:心。心何以知?曰:虚壹而静。心未尝不臧也,然而有所谓虚;心未尝不满也,然而有所谓一;心未尝不动也,然而有所谓静。人生而有知,知而有志。志也者,臧也,然而有所谓虚,不以所已臧害所将受谓之虚。心生而有知,知而有异。异也者,同时兼知之。同时兼知之,两也,然而有所谓一,不以夫一害此一谓之壹。心,卧则梦,偷则自行,使之则谋。故心未尝不动也,然而有所谓静,不以梦剧乱知谓之静。未得道而求道者,谓之虚壹而静。作之,则将须道者之虚则人,将事道者之壹则尽,尽将思道者静则察。知道察,知道行,体道者也。虚壹而静,谓之大清明……心者,形之

---

① (清)王先谦:《荀子集解》,沈啸寰、王星贤整理,中华书局,2012,第388~389页。
② 也就是不把道德价值之源建立在"心"上,而是在"心"外。甚至可以说,"心"在实质上是与道德伦理无关的。

君也，而神明之主也，出令而无所受令。自禁也，自使也，自夺也，自取也，自行也，自止也。故口可劫而使墨云，形可劫而使诎申，心不可劫而使易意，是之则受，非之则辞。故曰：心容其择也，无禁必自见，其物也杂博，其情之至也不贰。《诗》云："采采卷耳，不盈顷筐。嗟我怀人，寘彼周行。"顷筐易满也，卷耳易得也，然而不可以贰周行。故曰：心枝则无知，倾则不精，贰则疑惑。以赞稽之，万物可兼知也。身尽其故则美，类不可两也，故知者择一而壹焉。①

在这一段中，荀子提出了一个具有深厚哲学底蕴的命题叫"虚壹而静"，也是一个在先秦思想史上产生广泛性影响的命题。那么，何谓"虚"？它是指排除原有的偏见、既有的知识框架和思想观念，不受其遮蔽，不使其妨碍人们认识新的事物。但是"虚"并不意味人就不能有所藏，而是强调不以所藏妨害所将受。何谓"壹"？它是指专一，不受打搅的状态。"壹"不排斥"兼知"或"两"，只是不要以此一妨害了彼一。何谓"静"？它是指人的心境处于一种冷静状态，但并不是要停止心灵、思维的活动，而是避免梦幻颠倒、胡思乱想之类的行为干扰正常的认识活动。总之，在荀子这里，"虚"与"有藏"、"壹"与"兼知"、"静"与"动"不是截然对立的。而做到"虚壹而静"之后，人就可以无所偏失、完全透彻地认识事物或事理，也就是所谓"大清明"的境界。

对于这一在《荀子》中极具标识性的思想主张，郭齐勇教授评论说：

> 荀子"虚壹而静"的提法无疑来自道家。"虚"、"道"、"壹"、"静"是老庄经常用以描述本源或本体存在状况的基本概念。稷下道家更有"虚壹而静"的说法。然而道家使用这些概念或命题来描述本源或本体的存在状态时，亦同时蕴涵有一种精神性的价值追求。荀子这里，却是把"虚壹而静"作为一种确保认识的客观性、全面性的方法来予以界说的。这也可见，荀子是把"心"作知识心看待的。②

---

① （清）王先谦：《荀子集解》，沈啸寰、王星贤整理，中华书局，2012，第383~386页。
② 冯达文、郭齐勇主编《新编中国哲学史》（上册），人民出版社，2004，第175页。

第十二章 《管子》四篇与《荀子》的比较研究

《管子》四篇正是属于郭齐勇教授所言的稷下道家。《管子》四篇中有"虚静""静因""执一"之说,例如《心术上》言:"恬愉无为,去知与故。其应也,非所设也。其动也,非所取也。过在自用,罪在变化。是故有道之君,其处也若无知。其应物也若偶之。静因之道也。"《心术上》解文:"自用则不虚。不虚,则忤于物矣。"《心术上》解文又云:"虚者,无藏也。故曰:去知则奚率求矣?无藏则奚设矣?无求无设则无虑,无虑则反覆虚矣。"以及《心术下》:"一气能变曰精,一事能变曰智。慕选者,所以等事也。极变者,所以应物也。慕选而不乱,极变而不烦。执一之君子,执一而不失,能君万物。日月之与同光,天地之与同理。圣人裁物,不为物使。"所不同的是,荀子讲"虚"、言"静"、论"壹",目的是观物、察理,以便更加准确地认识和把握事物,这对于每个人都是如此。而《管子》四篇中谈论的"虚静""静因""执一"则主要是为了应物、裁物,缘理而动,并且也主要是针对君主养成临下驭民之统治术而发的。①此为管、荀思想之异趣也。

第五节 结 论

在本章中,我们发现荀子与齐学、黄老之学有着深厚的渊源。荀子的学术成长期主要是在齐国的稷下学宫,对于稷下的思想学术有过深度的交涉,受其影响深且巨。《荀子》一书中具有代表性的篇章也大多是在荀子游齐之后创作的,以至于带有浓厚的黄老之学的思想色彩或价值特征,为图社会治平而倡导礼法并用,显示出博采众长的学术取向。在宇宙论、认识论、政治学说等方面,荀子充分吸收了黄老学的思想要素。黄老学是荀子思想形成过程中的一个重要影响因素,但不成其为荀子思想的属性,将

---

① 中国台湾著名黄老学专家陈丽桂对《荀子》与《管子》四篇所使用"虚""壹""静"三个范畴之异同进行了一番探究。她认为,围绕这三个重要范畴,管、荀各自建立起心术论,然而《管子》四篇的心术论主要是"施用在政术上,用以考核臣下",是一种不掺杂个人主观成见的静因君术;而《荀子》的心术论则主要是"以去偏蔽、求真知、定是非、法圣王为其终极目的"。在陈丽桂看来,荀子的心术论最终是回归到儒家的基点上。参见陈丽桂《〈荀子·解蔽〉与〈管子〉四篇心术论的异同》,载《刘正浩教授七十寿庆荣退纪念文集》,台北文史哲出版社,1999,第143~164页。

《管子》四篇研究

荀学归为黄老之学是一种错误的看法。从孔、孟、荀的思想进展脉络里，可以发现荀子思想在继承与发展中保持儒学的底色。今通过《管子》四篇与《荀子》的思想比较，从正名论、天道观与心论三个方面剖析《荀子》对《管子》四篇思想的吸取和改造，加深荀学与黄老学之间关系的认识，推阐二者的同途与异趣，是本章的主要任务和研究结论。

最后，想附带为"思想比较篇"这部分写一个总结性的按语，作为个人研究心得的剖白。

通过与《老子》《庄子》《孟子》《荀子》做思想比较，可以发现《管子》四篇与先秦诸子的思想有着多元性的联系，或继承因袭之，或改造发展之，或共同分享之，生动体现了先秦思想学术的多彩图像，立体呈现了诸子百家之间的错综联系。通过这项比较性研究，我们进一步肯认了《管子》四篇作为反映先秦思想学术状况的独特意义，认识到了《管子》四篇自身思想的特性。各家思想也正是在彼此对比中来定位自身的价值，找到自身应有的思想位置。

比较研究的基础首先是建立在对两方思想内容的全面厘清与深度认知，否则后期的研究工作只会是空中楼阁。也就是说，不能为了比较而比较，而应该在深入了解两方思想内容与特性的前提下，切实找到可比较点，而不能流于表面化、形式化。

再者，对于双方存在的相似点，不能武断地判定为观念的苟合、思想的剽窃，它们之间还可能存在某种转化运用，可能根据不同历史语境进行相应的化用。同样，即便先秦某子在激烈地批判某某子的某方面观点，并不意味着二者在此问题上完全水火不容，有可能二者在争鸣与批判中不自觉地受到对方的影响，并融化在自身的思想细胞里。

然而，在实际研究的过程中，我们也深切地认识到，进行思想性的比较并不是一件容易的事情。思想本身是一个具有较大延展性和灵动性的存在。思想也有一个逐步生成的过程，有时会跨越较长时间，这就有可能与比较对象存在时间上的交叉。有时甲的思想在某方面早于乙产生，但在另一方面却可能是和乙同时产生，甚至是稍晚的。再比如，有的文本中的思想并不是一下子形成并凝固下来的，而有可能在一个相对较长的历史过程中逐步累积、添加进来的，这种思想本身带有很多时间性因素。这时候要把它和其他思想做对比，就不好径直以一种时间轴来加以衡量。凡此种

第十二章 《管子》四篇与《荀子》的比较研究

种，都凸显了进行思想比较所可能面临的复杂性。

要进行先秦诸子思想的比较，首先需要解决的一个前提性问题就是年代的早晚。但是在百家诸子蜂起、学术交往频繁、思想勃兴激越的时代内，有时是很难去准确断定年代孰早孰晚。它们之间的思想存在形态更多是你中有我、我中有你，形成交互关系，而不是单一的、线性的前后关系。

此外，在进行思想比较时，人们往往会不自觉地夹带着一种先见进入到思想的比对之中。比如，当研究者心中存在着《管子》四篇早于《庄子》的先见之后，就很容易看到是《管子》四篇影响了《庄子》相关思想的形成，在逻辑链条上《管子》四篇居于上游，而《庄子》则位于下游。这仿佛是戴着有色眼镜看问题，它所得到的意见往往是不可靠的。这种先入为主的做法当然是要避免的。

附　录

1.《管子》四篇原文

心术上

经文一

心之在体，君之位也。九窍之有职，官之分也。心处其道，九窍循理。嗜欲充益，目不见色，耳不闻声。故曰：上离其道，下失其事。毋代马走，使尽其力；毋代鸟飞，使弊其羽翼；毋先物动，以观其则；动则失位，静乃自得。

解文一

心之在体，君之位也。九窍之有职，官之分也。耳目者，视听之官也。心而无与于视听之事，则官得守其分矣。夫心有欲者，物过而目不见，声至而耳不闻也。故曰：上离其道，下失其事。故曰：心术者，无为而制窍者也。故曰君。无代马走，无代鸟飞，此言不夺能，能不与下诚也。毋先物动者，摇者不定，趮者不静，言动之不可以观也。位者，谓其所立也。人主者立于阴。阴者静，故曰：动则失位。阴则能制阳矣，静则能制动矣，故曰：静乃自得。

经文二

道不远而难极也，与人并处而难得也。虚其欲，神将入舍。扫除不洁，神乃留处。人皆欲智，而莫索其所以智乎。智乎智乎，投之海外无自夺。求之者，不得处之者。夫正人无求之也，故能虚无。

解文二

道在天地之间也，其大无外，其小无内。故曰：不远而难极也。虚之与人也无间，唯圣人得虚道，故曰：并处而难得。世人之所职者，精也。去欲则宣，宣则静矣。静则精，精则独立矣。独则明，明则神矣。神者，至贵也。故馆不辟除，则贵人不舍焉。故曰：不洁则神不处。人皆欲知而莫索之。其所以知彼也。其所以知此也。不修之此，焉能知彼？修之此，莫能虚矣。虚者，无藏也。故曰：去知则奚率求矣？无藏则奚设矣？无求无设则无虑，无虑则反覆虚矣。

经文三

虚无无形谓之道，化育万物谓之德。君臣、父子、人间之事谓之义。登降揖让、贵贱有等、亲疏之体谓之礼。简物小大一道，杀僇禁诛谓之法。

解文三

天之道，虚其无形。虚则不屈，无形则无所位迕。无所位迕，故徧流万物而不变。德者，道之舍，物得以生生，知得以职道之精。故德者，得也。得也者，谓得其所以然也。以无为之谓道，舍之之谓德。故道之与德无间。故言之者不别也。间之理者，谓其所以舍也。义者，谓各处其宜也。礼者，因人之情，缘义之理，而为之节文者也。故礼者，谓有理也。理也者，明分以谕义之意也。故礼出乎义，义出乎理，理因乎宜者也。法者，所以同出不得不然者也，故杀僇禁诛以一之也。故事督乎法，法出乎权，权出乎道。

经文四

大道可安而不可说。直人之言，不义不顾。不出于口，不见于色。四海之人，又孰知其则。

解文四

道也者，动不见其形，施不见其德，万物皆以得，然莫知其极。故曰：可以安而不可说也。莫人言，至也。不宜言，应也。应也者，非吾所设。故能无宜也。不顾言因也。因也者，非吾所顾。故无顾也。不出于口，不见于色，言无形也。四海之人，孰知其则，言深囿也。

经文五

天曰虚,地曰静,乃不伐。洁其宫,开其门,去私毋言,神明若存。纷乎其若乱,静之而自治。强不能徧立,智不能尽谋。物固有形,形固有名,名当谓之圣人。故必知不言、无为之事,然后知道之纪。殊形异埶,不与万物异理,故可以为天下始。

解文五

天之道虚,地之道静。虚则不屈,静则不变,不变则无过,故曰:不伐。洁其宫,阙其门。宫者,谓心也。心也者,智之舍也,故曰宫。洁之者,去好过也。门者,谓耳目也。耳目者,所以闻见也。物固有形,形固有名。此言不得过实,实不得延名。姑形以形,以形务名,督言正名,故曰圣人。不言之言,应也。应也者,以其为之人者也。执其名,务其应,所以成之应之道也。无为之道,因也。因也者,无益无损也。以其形因为之名,此因之术也。名者,圣人之所以纪万物也。人者,立于强,务于善,未于能,动于故者也。圣人无之。无之,则与物异矣。异则虚。虚者,万物之始也。故曰:可以为天下始。

经文六

人之可杀,以其恶死也。其可不利,以其好利也。是以君子不怵乎好,不迫乎恶。恬愉无为,去知与故。其应也,非所设也。其动也,非所取也。过在自用,罪在变化。是故有道之君,其处也若无知。其应物也若偶之,静因之道也。

解文六

人迫于恶,则失其所好。怵于好,则忘其所恶。非道也。故曰:不怵乎好,不迫乎恶。恶不失其理,欲不过其情,故曰君子。恬愉无为,去智与故,言虚素也。其应非所设也,其动非所取也,此言因也。因也者,舍己而以物为法者也。感而后应,非所设也。缘理而动,非所取也。过在自用,罪在变化。自用则不虚。不虚,则仵于物矣。变化则为生,为生则乱矣。故道贵因。因者,因其能者,言所用也。君子之处也,若无知。言至虚也。其应物也,若偶之。言时适也。若影之象形,响之应声也。故物至则应,过则舍矣。舍矣者,言复所于虚也。

心术下

一

形不正者德不来，中不精者心不治。正形饰德，万物毕得。翼然自来，神莫知其极。昭知天下，通于四极。是故曰：无以物乱官，毋以官乱心，此之谓内德。是故意气定然后反正。气者，身之充也。行者，正之义也。充不美，则心不得。行不正，则民不服。是故圣人若天然，无私覆也。若地然，无私载也。私者，乱天下者也。凡物载名而来，圣人因而财之而天下治。实不伤，不乱于天下，而天下治。

二

专于意，一于心，耳目端，知远之证。能专乎？能一乎？能毋卜筮而知凶吉乎？能止乎？能已乎？能毋问于人而自得之于己乎？故曰：思之思之。不得，鬼神教之。非鬼神之力也，其精气之极也。

三

一气能变曰精，一事能变曰智。慕选者，所以等事也。极变者，所以应物也。慕选而不乱，极变而不烦。执一之君子，执一而不失，能君万物。日月之与同光，天地之与同理。圣人裁物，不为物使。心安是国安也，心治是国治也。治也者，心也。安也者，心也。治心在于中，治言出于口，治事加于民，故功作而民从，则百姓治矣。所以操者，非刑也。所以危者，非怒也。民人操，百姓治。

四

道其本至也。至不至无，非所人而乱。凡在有司执制者之利，非道也。圣人之道，若存若亡。援而用之，殁世不亡。与时变而不化，应物而不移，日用之而不化。

五

人能正静者，筋肕而骨强。能戴大圆者，体乎大方。镜大清者，视乎大明。正静不失，日新其德，昭知天下，通于四极。全心在中不可匿，外见于形容，可知于颜色。善气迎人，亲如弟兄。恶气迎人，害于戈兵。不言之言，闻于雷鼓。全心之形，明于日月，察于父母。昔者明王之爱天下，故天下可附。暴王之恶天下，故天下可离。故赏之不足以为爱，刑之不足以为恶。赏者，爱之末也；刑者，恶之末也。

《管子》四篇研究

六

凡民之生也，必以正平。所以失之者，必以喜乐哀怒。节怒莫若乐，节乐莫若礼，守礼莫若敬。外敬而内静者，必反其性。岂无利事哉？我无利心。岂无安处哉？我无安心。心之中又有心。意以先言，意然后形，形然后思，思然后知。凡心之形，过知失生。是故内聚以为原。泉之不竭，表里遂通。泉之不涸，四支坚固。能令用之，被服四固。是故圣人一言解之。上察于天，下察于地。

白心

一

建当立有，以靖为宗，以时为宝，以政为仪，和则能久。非吾仪，虽利不为。非吾当，虽利不行。非吾道，虽利不取。上之随天，其次随人。人不倡不和，天不始不随。故其言也不废，其事也不堕。

二

原始计实，本其所生。知其象则索其形，缘其理则知其情，索其端则知其名。故苞物众者，莫大于天地。化物多者，莫多于日月。民之所急，莫急于水火。然而天不为一物枉其时，明君圣人亦不为一人枉其法。天行其所行，而万物被其利。圣人亦行其所行，而百姓被其利。是故万物均既夸众矣。是以圣人之治也，静身以待之，物至而名自治之。正名自治之，奇身名废。名正法备，则圣人无事。

三

不可常居也，不可废舍也，随变断事也，知时以为度。大者宽，小者局，物有所余，有所不足。兵之出，出于人。其人入，入于身。兵之胜，从于适。德之来，从于身。故曰：祥于鬼者义于人。兵不义不可。强而骄者，损其强。弱而骄者，亟死亡。强而卑，义信其强。弱而卑，义免于罪。是故骄之余卑，卑之余骄。

四

道者，一人用之，不闻有余。天下行之，不闻不足。此谓道矣。小取焉则小得福，大取焉则大得福，尽行之而天下服。殊无取焉，则民反其身，不免于贼。左者，出者也。右者，入者也。出者而不伤人，入者自伤也。不日不月，而事以从。不卜不筮，而谨知吉凶。是谓宽乎形，徒居而致名。去善之言，为善之事，事成而顾反无名。能者无名，从事无事。审量出入，而观物所载。孰能法无法乎？始无始乎？终无终乎？弱无弱乎？故曰：美哉㠸㠸！故曰：有中有中，孰能得夫中之衷乎？故曰：功成者隳，名成者亏。故曰：孰能弃名与功，而还与众人同？孰能弃功与名，而还反无成？无成有贵其成也，有成贵其无成也。日极则仄，月满则亏。极之徒仄，满之徒亏，巨之徒灭。孰能已无已乎？效夫天地之纪。人言善，亦勿听。人言恶，亦勿听。持而待之，空然勿两之。淑然自清，无以旁言为事成。察而征之，无听辩。万物归之，美恶乃自见。

五

天或维之，地或载之。天莫之维，则天以坠矣。地莫之载，则地以沉矣。夫天不坠，地不沉，夫或维而载之也夫。又况于人，人有治之。辟之若夫雷鼓之动也。夫不能自摇者，夫或摇之。夫或者何，若然者也。视则不见，听则不闻。洒乎天下满，不见其塞。集于颜色，知于肌肤。责其往来，莫知其时。薄乎其方也，韕乎其圜也，韕韕乎莫得其门。故口为声也，耳为听也，目有视也，手有指也，足有履也，事物有所比也。当生者生，当死者死。言有西有东，各死其乡。

六

置常立仪，能守贞乎？常事通道，能官人乎？故书其恶者，言其薄者。上圣之人，口无虚习也，手无虚指也，物至而命之耳。发于名声，凝于体色，此其可谕者也。不发于名声，不凝于体色，此其不可谕者也。及至于至者，教存可也，教亡可也。故曰：济于舟者，和于水矣。义于人者，祥其神矣。事有适而无适，若有适。觿解不可解，而后解。故善举事者，国人莫知其解。为善乎，毋提提。为不善乎，将陷于刑。善不善，取信而止矣。若左若右，正中而已矣。悬乎日月无已也。愕愕者不以天下为忧，刺刺者不以万物为笑。孰能弃刺刺而为愕愕乎？难言宪术，须同而出。无益言，无损言，近可以免。故曰：知何知乎？谋何谋乎？审而出者彼自来。自知曰稽，知人曰济，知苟适可，为天下周。内固之一，可为长久。论而用之，可以为天下王。

七

天之视而精，四壁而知请，壤土而与生。能若夫风与波乎？唯其所欲适。故子而代其父曰义也，臣而代其君曰篡也。篡何能歌？武王是也。故

《管子》四篇研究

曰：孰能去辩与巧，而还与众人同道？故曰：思索精者明益衰，德行修者王道狭，卧名利者写生危。知周于六合之内者，吾知生之有为阻也。持而满之，乃其殆也。名满于天下，不若其已也。名进而身退，天之道也。满盛之国不可以仕任，满盛之家不可以嫁子，骄倨傲暴之人不可与交。

八

道之大如天，其广如地，其重如石，其轻如羽。民之所以知者寡。故曰：何道之近，而莫之与能服也。弃近而就远，何以费力也？故曰：欲爱吾身，先知吾情。君亲六合，以考内身。以此知象，乃知行情。既知行情，乃知养生。左右前后，周而复所。执仪服象，敬迎来者。今夫来者，必道其道。无迁无衍，命乃长久。和以反中，形性相葆。一以无贰，是谓知道。将欲服之，必一其端，而固其所守。责其往来，莫知其时。索之于天，与之为期。不失其期，乃能得之。故曰：吾语若大明之极。大明之明，非爱人不予也。同则相从，反则相距也。吾察反相距，吾以故知古从之同也。

内业

一

凡物之精，此则为生。下生五谷，上为列星。流于天地之间，谓之鬼神。藏于胸中，谓之圣人。是故此气，杲乎如登于天，杳乎如入于渊，淖乎如在于海，卒乎如在于己。是故此气也，不可止以力，而可安以德。不可呼以声，而可迎以音。敬守勿失，是谓成德。德成而智出，万物毕得。

二

凡心之刑，自充自盈，自生自成。其所以失之，必以忧乐喜怒欲利。能去忧乐喜怒欲利，心乃反济。彼心之情，利安以宁。勿烦勿乱，和乃自成。折折乎如在于侧，忽忽乎如将不得，渺渺乎如穷无极。此稽不远，日用其德。

三

夫道者，所以充形也。而人不能固，其往不复，其来不舍。谋乎莫闻其音，卒乎乃在于心，冥冥乎不见其形，淫淫乎与我俱生。不见其形，不闻其声，而序其成，谓之道。

232

四

凡道无所，善心安爱，心静气理，道乃可止。彼道不远，民得以产。彼道不离，民因以知。是故卒乎其如可与索，眇眇乎其如穷无所。彼道之情，恶音与声。修心静音，道乃可得。道也者，口之所不能言也，目之所不能视也，耳之所不能听也，所以修心而正形也。人之所失以死，所得以生也。事之所失以败，所得以成也。凡道，无根无茎，无叶无荣，万物以生，万物以成。命之曰道。

五

天主正，地主平，人主安静。春秋冬夏，天之时也。山陵川谷，地之枝也。喜怒取予，人之谋也。是故圣人与时变而不化，从物而不移。能正能静，然后能定。

定心在中，耳目聪明。四枝坚固，可以为精舍。精也者，气之精者也。气，道乃生，生乃思，思乃知，知乃止矣。凡心之形，过知失生。

六

一物能化谓之神，一事能变谓之智。化不易气，变不易智，惟执一之君子能为此乎。执一不失，能君万物。君子使物，不为物使，得一之理。治心在于中，治言出于口，治事加于人，然则天下治矣。一言得而天下服，一言定而天下听，公之谓也。

七

形不正，德不来。中不静，心不治。正形摄德，天仁地义，则淫然而自至。神明之极，照乎知万物，中守不忒。不以物乱官，不以官乱心，是谓中得。

八

有神自在身，一往一来，莫之能思。失之必乱，得之必治。敬除其舍，精将自来。精想思之，宁念治之，严容畏敬，精将至定。得之而勿舍，耳目不淫。心无他图，正心在中，万物得度。

九

道满天下，普在民所，民不能知也。一言之解，上察于天，下极于地，蟠满九州。何谓解之？在于心安。我心治，官乃治。我心安，官乃安。治之者心也，安之者心也。心以藏心，心之中又有心焉。彼心之心，意以先言。意然后形，形然后言，言然后使，使然后治。不治必乱，乱乃死。

十

精存自生，其外安荣。内藏以为泉原，浩然和平，以为气渊。渊之不涸，四体乃固。泉之不竭，九窍遂通。乃能穷天地，被四海。中无惑意，外无邪菑。心全于中，形全于外。不逢天菑，不遇人害，谓之圣人。

十一

人能正静，皮肤裕宽，耳目聪明，筋信而骨强。乃能戴大圜而履大方，鉴于大清，视于大明。敬慎无忒，日新其德，遍知天下，穷于四极。敬发其充，是谓内得。然而不反，此生之忒。

十二

凡道，必周必密，必宽必舒，必坚必固。守善勿舍，逐淫泽薄。既知其极，反于道德。全心在中，不可蔽匿。和于形容，见于肤色。善气迎人，亲于弟兄。恶气迎人，害于戎兵。不言之声，疾于雷鼓。心气之形，明于日月，察于父母。赏不足以劝善，刑不足以惩过。气意得而天下服，心意定而天下听。

十三

抟气如神，万物备存。能抟乎？能一乎？能无卜筮而知吉凶乎？能止乎？能已乎？能勿求诸人而得之己乎？思之思之，又重思之。思之而不通，鬼神将通之。非鬼神之力也，精气之极也。四体既正，血气既静，一意抟心，耳目不淫，虽远若近。思索生知，慢易生忧，暴傲生怨，忧郁生疾，疾困乃死。思之而不舍，内困外薄。不蚤为图，生将巽舍。食莫若无饱，思莫若勿致。节适之齐，彼将自至。

十四

凡人之生也，天出其精，地出其形，合此以为人。和乃生，不和不生。察和之道，其精不见，其征不丑，平正擅匈，论治在心，此以长寿。忿怒之失度，乃为之图。节其五欲，去其二凶。不喜不怒，平正擅匈。凡人之生也，必以平正。所以失之，必以喜怒忧患。是故止怒莫若诗，去忧莫若乐，节乐莫若礼，守礼莫若敬，守敬莫若静。内静外敬，能反其性，性将大定。

十五

凡食之道，大充伤而形不臧，大摄骨枯而血冱。充摄之间，此谓和成。精之所舍，而知之所生。饥饱之失度，乃为之图。饱则疾动，饥则广思，老则长虑。饱不疾动，气不通于四末。饥不广思，饱而不废。老不长虑，困乃邀竭。大心而敢，宽气而广，其形安而不移，能守一而弃万苛。见利不诱，见害不惧，宽舒而仁，独乐其身，是谓云气，意行似天。

十六

凡人之生也，必以其欢。忧则失纪，怒则失端。忧悲喜怒，道乃无处。爱欲静之，遇乱正之。勿引勿推，福将自归。彼道自来，可藉与谋。静则得之，躁则失之。灵气在心，一来一逝。其细无内，其大无外。所以失之，以躁为害。心能执静，道将自定。得道之人，理丞而屯泄，匈中无败。节欲之道，万物不害。

2. 其他重要资料汇编

司马谈：《论六家要指》

《易·大传》："天下一致而百虑，同归而殊涂。"夫阴阳、儒、墨、名、法、道德，此务为治者也，直所从言之异路，有省不省耳。

尝窃观阴阳之术，大祥而众忌讳，使人拘而多所畏。然其序四时之大顺，不可失也。

儒者博而寡要，劳而少功，是以其事难尽从。然其序君臣父子之礼，列夫妇长幼之别，不可易也。

墨者俭而难遵，是以其事不可遍循。然其强本节用，不可废也。

法家严而少恩，然其正君臣上下之分，不可改矣。

名家使人俭而善失真，然其正名实，不可不察也。

道家使人精神专一，动合无形，赡足万物。其为术也，因阴阳之大顺，采儒墨之善，撮名法之要，与时迁移，应物变化，立俗施事，无所不宜。指约而易操，事少而功多。儒者则不然，以为人主，天下之仪表也，君倡而臣和，主先而臣随。如此则主劳而臣逸。至于大道之要，去健羡，绌聪明，释此而任术。夫神大用则竭，形大劳则敝。形神骚动，欲与天地长久，非所闻也。

夫阴阳、四时、八位、十二度、二十四节，各有教令，顺之者昌，逆之者不死则亡。未必然也，故曰"使人拘而多畏"。夫春生、夏长、秋收、冬藏，此天道之大经也，弗顺则无以为天下纲纪，故曰"四时之大顺，不可失也"。

夫儒者以六艺为法。六艺经传以千万数，累世不能通其学，当年不能究其礼，故曰"博而寡要，劳而少功"。若夫列君臣父子之礼，序夫妇长幼之别，虽百家弗能易也。

墨者亦尚尧舜道，言其德行曰："堂高三尺，土阶三等，茅茨不剪，采椽不刮。饭土簋，啜土刑，粝粱之食，藜藿之羹。夏日葛衣，冬日鹿裘。"其送死，桐棺三寸，举音不尽其哀。教丧礼，必以此为万民之率。使天下法若此，则尊卑无别也。夫世异时移，事业不必同，故曰"俭而难遵"。要曰强本节用，则人给家足之道也。此墨子之所长，虽百家弗能废也。

法家不别亲疏，不殊贵贱，一断于法，则亲亲尊尊之恩绝矣。可以行一时之计，而不可长用也，故曰"严而少恩"。若尊主卑臣，明分职不得相逾越，虽百家弗能改也。

名家苛察缴绕，使人不得反其意，专决于名而失人情，故曰"使人俭而善失真"。若夫控名责实，参伍不失，此不可不察也。

道家无为，又曰无不为。其实易行，其辞难知。其术以虚无为本，以因循为用。无成势，无常形，故能究万物之情。不为物先，不为物后，故能为万物主。有法无法，因时为业；有度无度，因物与合。故曰"圣人不朽，时变是守"。虚者，道之常也；因者，君之纲也；群臣并至，使各自明也。其实中其声者谓之端，实不中其声者谓之窾。窾言不听，奸乃不生，贤不肖自分，白黑乃形。在所欲用耳，何事不成。乃合大道，混混冥冥。光燿天下，复反无名。凡人所生者神也，所托者形也。神大用则竭，形大劳则敝，形神离则死。死者不可复生，离者不可复反，故圣人重之。由是观之，神者生之本也，形者生之具也。不先定其神形，而曰"我有以治天下"，何由哉？

（（西汉）司马迁：《史记》，中华书局，2009，第758~759页。）

张嵲：《读管子》

余读《管子》，然后知庄生、鼂错、董生之语时出于《管子》也。不独此耳，凡《汉书》语之雅驯者，率多本《管子》。《管子》，天下之奇文也，所以著见于天下后世者，岂徒其功烈哉！及读《心术》上下、《白心》、《内业》诸篇，则未尝不废书而叹，益知其功业之所本，然后知世之知《管子》者殊浅也。《管子》书多古字，如"专"作"抟"、"忒"作"貣"、"宥"作"侑"、"况"作"兄"、"释"作"泽"，此类甚众。《大匡》载召忽语曰："百岁之后，吾君卜世，犯吾命而废吾所立，夺吾纠也，虽得天下，吾不生也，兄与我齐国之政也"，而《注》乃谓："召忽呼管仲为兄"。曰："泽命不渝"，而《注》乃以为："泽恩之命"。甚陋不可徧举。书既雅奥难句，而为之注者复缪于训故，益使后人疑惑，不能究知。世传房玄龄所注，恐非是。予求《管子》书久矣，绍兴己未，乃从人借得之后，而读者累月，始颇窥其义训，然舛脱甚众，其所未解尚十二三。用上下文义，及参以经史刑政，颇为改正其讹谬，疑者表而发之。其所未解者置之，不敢以意穿凿也。既又取其闳奥于理，切于务者，抄而藏于家，将得善本而卒业焉。

（黎翔凤：《管子校注》，梁运华整理，中华书局，2004，第1544~1545页。）

罗根泽：《管子探源·叙目》节选

甲书杂乙丙之言，则甲之思想学说混；周书羼秦汉之语，则周之学术系统乱；辩伪之学所以不容已也。然进化之说，按之学术思想虽未必尽验，而后人之作，亦未必皆逊于前；古人之言，亦未必尽善。辩伪者，每贵远贱近，崇古卑今，一若闲圣护道者然。真古人者，奉为珍宝，昇于九天；伪于后者，视如粪壤，抛于九渊。胡应麟为《四部正讹》曰："唐宋以还，赝书代作，作者口传，大方之家，第以挥之一笑。乃衒奇之夫，往往骤揭而深信之；至或点圣经，厕贤撰，矫前哲，溺后流，厥系非渺浅也！"至康有为著《新学伪经考》，更变本加厉，谓："不量绵薄，推廓伪说，犁庭扫穴，魑魅奔逸，雺散阴豁，日耀星呀；冀以起亡经，翼圣制，其于孔氏之道，庶几御侮云尔。"流风所被，成为习尚，去取定于真伪，是非判于古今，辩伪之书出，而古籍几无可读焉！

著书托名古人，斯诚卑矣。然周秦诸子，靡不托古改制，苟其言之成理，持之有故，皆宜保存；惟疏通明辩，使还作主，而不赝伪古人，乱学术之系统已耳。如《列子》出晋人，非列御寇作，近已渐成定谳。晋人之书，传者绝鲜，据此以究战国学术固妄；据此以究晋人学术，则绝好材料，不得以其非列御寇作，而卑弃不一顾。故余以为与其辩真伪，无宁考年代，始为有功于古人，有裨于今后之学术界也。惟史料之书，其功用在史实，后人向壁虚造，自全无价值。如今本《竹书纪年》，全非汲冢之旧，淆混史实，错乱年代，诚宜析辩而杂烧之。即言理之书，若《文子》之袭《淮南》，慎懋赏本《慎子》之衲百家（余别有《慎懋赏本〈慎子〉辩伪》，载《燕京学报》第六期），割裂剿同，毫无诠发，原书可读，何须乎此？亦应疏通证明，无使滥竽著作之林，而耗学子披读之功。

考年代与辩真伪不同：辩真伪，迹追依伪，摈斥不使厕于学术界，义主破坏；考年代，稽考作书时期，以还学术史上之时代价值，义主建设。考年代，则真伪亦因之而显；辩真伪，而年代或仍不得定。

吾国为文明古国，学术思想，发达最早，书籍浩繁，几为全球冠；而详赡有系统、有组织之学术史，今尚阙焉。区区小子，未敢多让，思竭绵薄，从事于上古一部。而各书真伪，前人虽略有考订，至其年代，则论及者鲜。朱紫并收，一依旧题作者为叙，则虚伪不实，无史之价值；且学术系统，亦茫不可理。去伪存真，则有价值之材料，坐视废弃，故不得不先为考年代之学。海内贤达，有闻之而兴起者乎！各以性之所近，力之所长，择年代未定之书，分别研讨，则书定年代，而光明灿烂之学术史，可跂足而待矣。

《管子》非管仲书，前人多能言之，多能信之。傅玄曰："《管子》书过半是后之好事者所加，《轻重篇》尤鄙俗。"（引见王应麟《汉书艺文志考证》卷六、刘恕《通鉴外纪》。）苏辙曰："至战国之际，诸子著书，因管子之说而增益之。其废情任法远于仁义者，多申韩之言，非管子之正也。"（《古史·管晏列传》）叶梦得曰："其间颇多与《鬼谷子》相乱。管子自序其事，亦泛滥不切，疑皆战国策士相附益。"（引见《汉书艺文志考证》卷六。按《鬼谷子》晚出书，钞《管子》，非《管子》钞《鬼谷子》。）叶适曰："《管子》非一人之笔，亦非一时之书，莫知谁所为。以其言毛嫱、西施、吴王好剑推之，当是春秋末年。又'持满定倾，不为人客'等，亦种蠡所遵用也。"（引见《文献通考·经籍考》三十九）朱熹曰："《管子》之书杂。管子以功业著者，未必曾著书。如《弟子职》之篇，全似《曲礼》，他篇有似《老》《庄》；又有说得太卑，真是小意智处，不应管仲如此之陋。其内政分乡之制，《国语》载之却详。"又曰："《管子》非管仲所著。仲当时任齐国之政，事甚多，稍闲时，又有三归之溺，决不是闲工夫著书底人；著书者，是不见用之人也。其书《老》《庄》说话亦有之，想只是战国时人收拾仲当时行事言语之类著之，并附以他书。"（并《朱子语类》卷一百三十七）黄震曰："《管子》书不知谁所集，乃庞杂重复，似不出一人之手。"（《黄震文集·管仲论》）朱长春曰："大氐周衰道拙，至雄国而祖霸贱王大甚，天下有口，游谈长短之士，都用社稷。管仲为大宗，因以其说系而衬之，以干时王，猎世资。田齐之君，亦自以席桓公敬仲祖烈为最胜，夸一世而存雄。故其书杂者，半为稷下大夫坐议泛谈，而半乃韩非李斯辈袭商君以党管氏，遂以借名行者也。故其书：有春秋之文，有战国之文，有秦先周末之文，其体立辩⋯⋯故愚以《列子》晚出，与《庄子·杂篇》，与《管子》，皆多伪不可信。"（《管子序》）至如宋濂《诸子辨》、姚际恒《古今伪书考》、纪昀等《四库提要》，皆有疏辩之言，以其皆习见之书，不一一征引。惟既"非一人之笔，一时之书"。而各篇作于某家，成于某时，无人究论，故治周秦两汉学术者，终于踌躇却顾，而割而弃之也。

考《汉志》，《管子》八十六篇，今亡者才十篇，在先秦诸子，哀为巨帙，远非他书可及。《心术》《白心》，诠释道体，《老》《庄》之书，未能远过；《法法》《明法》，究论法理，《韩非·定法》《难势》，未敢多让；《牧民》《形势》《正世》《治国》，多政治之言；《轻重》诸篇又为理财之语；阴阳则有《宙合》《侈靡》《四时》《五行》；用兵则有《七法》《兵法》《制分》；地理则有《地员》；《弟子职》言礼；《水地》言医；其他诸篇，亦皆率有孤诣。各家学说，保存最夥，诠发甚精，诚战国秦汉学术之宝藏也。宝藏在前而不知用，不以大可惜哉！不揣梼昧，按之本篇，稽之先秦两汉各家之书，参以前人论辩之言，为《管子探源》八章，《附录》三篇。横分某篇为某家（如儒家、阴阳家、政治思想家），纵分某篇属某时。信以传信，疑以传疑。然后治学术史者，可按时编入；治各种学术者，亦得有所参验。宝藏启而战国秦汉之学术，乃益彪炳而伟大矣。

（罗根泽：《诸子考索》，人民出版社，1958，第422~425页。）

张舜徽:《〈管子〉四篇疏证·序》

　　《管子》,丛书也。囊括众家,罔不赅备,盖汉以上学者杂钞汇集而成。迄乎西汉之末,刘向校书祕阁,获见中外书凡五百六十四篇。以校除复重四百八十四篇,定著八十六篇,后世又亡其十篇。即今所存七十六篇之中,糅杂亦甚矣。而言人君南面之术者,往往在焉,如《心术》上下、《白心》、《内业》四篇皆是也。昔人每好取儒家正心养性之说以相附会,而原意尽失。若此数篇,固不出管仲手,要皆传钞旧文,裒集之以入《管子》书耳。其间精义要旨,足与《道德》五千言相发明也。余既沉潜此数篇之义,叹为主术之纲领,道论之菁英。其实易行,其辞难知。因博采诸家之说,以校正其文字;亦自抒管窥之陋,以发明其义理。撰为《疏证》,成书四卷。愚夫千虑,容有一得。纰缪之处,不敢自保。聊欲与世之籀绎周秦故书者共商榷之。倘蒙诲所不逮,则幸甚矣。张舜徽记

　　　　　　（张舜徽:《周秦道论发微 史学三书平议》,华中师范大学出版社,
　　　　　　　　　　　　　　　　　　　　　2005,第 209 页。）

参考文献

(以作者姓氏首字拼音字母为序)

1. 古籍及注释本

B

(东汉)班固撰,颜师古注《汉书》,中华书局,1962。

C

陈国庆编《汉书艺文志注释汇编》,中华书局,1983。

(清)陈澧:《东塾读书记(外一种)》,生活·读书·新知三联书店,1998。

(宋)陈振孙:《直斋书录解题》,上海古籍出版社,1987。

D

(清)戴望:《管子(附校正)》,上海商务印书馆,1934。

G

高明:《帛书老子校注》,中华书局,1996。

(清)郭庆藩:《庄子集释》,王孝鱼点校,中华书局,1961。

(西晋)郭象注,(唐)成玄英疏《庄子注疏》,中华书局,2011。

H

(梁)皇侃:《论语集解义疏》,上海商务印书馆,1937。

(清)洪亮吉:《春秋左传诂》,李解民点校,中华书局,2004。

何宁:《淮南子集释》,中华书局,1998。

黄晖：《论衡校释》，中华书局，1990。

J

（西汉）贾谊撰，阎振益、钟夏校注《新书校注》，中华书局，2000。

蒋礼鸿：《商君书锥指》，中华书局，2014。

姜涛：《管子汇校集释》，山东人民出版社，2020。

L

（清）刘宝楠：《论语正义》，高流水点校，中华书局，1990。

刘文典：《淮南鸿烈集解》，冯逸、乔华点校，中华书局，2022。

刘师培：《管子斠补》，《刘申叔遗书》（上册），江苏古籍出版社，1997。

（宋）司马光编著，（宋）刘恕著，（元）胡三省音注《资治通鉴（上下）：附通鉴外纪》，上海古籍出版社，1987。

（东汉）刘熙撰，（清）毕沅疏证，（清）王先谦补《释名疏证补》，祝敏彻、孙玉文点校，中华书局，2008。

（梁）刘勰著，范文澜注《文心雕龙注》，人民文学出版社，1958。

黎翔凤：《管子校注》，梁运华整理，中华书局，2004。

黎靖德编《朱子语类》，中华书局，1986。

李勉：《管子今注今译》，台湾商务印书馆，1988。

李维琦译《白话国语》，岳麓书社，1994。

M

马非百：《管子轻重篇新诠》，中华书局，1979。

（清）马国翰：《玉函山房辑佚书》，广陵书社，2004。

S

（西汉）司马迁：《史记》，中华书局，2009。

（清）苏舆：《春秋繁露义证》，钟哲点校，中华书局，1992。

（宋）苏辙：《古史》，舒大刚等校点，四川大学出版社，2016。

石一参：《管子今诠》，中国书店，1988。

（清）孙诒让：《墨子间诂》，孙启治点校，中华书局，2001。

T

（清）陶鸿庆：《读诸子札记》，《陶鸿庆学术论著》，浙江大学出版社，1998。

汤孝纯：《新译管子读本》，台北三民书局，1995。

W

（清）王念孙：《读书杂志》，徐炜君等点校，上海古籍出版社，2015。

（清）王引之：《经传释词》，李花蕾点校，上海古籍出版社，2013。

（魏）王弼注，楼宇烈校释《老子道德经注》，中华书局，2011。

（清）王先谦：《荀子集解》，沈啸寰、王星贤整理，中华书局，2012。

（清）王先慎：《韩非子集解》，钟哲点校，中华书局，2013。

王叔岷：《管子斠证》，《诸子斠证：王叔岷著作集》，中华书局，2007。

王利器校注《盐铁论校注》，中华书局，1992。

X

许维遹：《吕氏春秋集释》，梁运华整理，中华书局，2009。

（东汉）许慎撰，（清）段玉裁注《说文解字注》，上海古籍出版社，1988。

Y

（清）俞樾：《诸子平议》，王华宝整理，凤凰出版社，2020。

颜昌峣：《管子校释》，岳麓书社，1996。

（西汉）严遵：《老子指归》，中华书局，1994。

（清）严可均：《严可均集》，孙宝点校，浙江古籍出版社，2018。

（宋）叶适：《习学记言》，上海古籍出版社，1992。

（清）永瑢等：《四库全书总目》，中华书局，1965。

（清）姚际恒：《古今伪书考》，中华书局，1985。

Z

章太炎：《管子余义》，《章太炎全集》（第6册），上海人民出版社，2014。

朱谦之：《老子校释》，中华书局，1984。

（宋）朱熹：《四书章句集注》，中华书局，2011。

朱杰人等主编《朱子全书》，上海古籍出版社、安徽教育出版社，2002。

赵守正：《管子通解》，北京经济学院出版社，1989。

钟肇鹏、孙开泰、陈升：《管子简释》，齐鲁书社，1997。

张佩纶：《管子学》，商务印书馆影印张氏手稿本，1971。

（周）左丘明传，（晋）杜预注，（唐）孔颖达正义《春秋左传正义》，北京大学出版社，1999。

（东汉）郑玄注，（唐）孔颖达疏《礼记正义》，北京大学出版社，1999。

2. 专著

A

〔美〕安乐哲：《和而不同：中西哲学的会通》，温海明译，北京大学出版社，2009。

〔美〕阿拉斯戴尔·麦金太尔：《追寻美德：道德理论研究》，宋继杰译，译林出版社，2011。

〔美〕艾兰、汪涛、范毓周主编《中国古代思维模式与阴阳五行说探源》，江苏古籍出版社，1998。

〔美〕艾兰：《水之道与德之端——中国早期哲学思想的本喻》，张海晏译，上海人民出版社，2002。

〔日〕安井衡：《管子纂诂》，台北河洛图书出版社，1976。

B

白奚：《稷下学研究——中国古代的思想自由与百家争鸣》，生活·读书·新知三联书店，1998。

C

曹峰：《近年出土黄老思想文献研究》，中国社会科学出版社，2015。

曹峰：《中国古代"名"的政治思想研究》，上海古籍出版社，2017。

陈鼓应：《老子注译及评介》，中华书局，1984。

陈鼓应：《老庄新论》，上海古籍出版社，1992。

陈鼓应：《黄帝四经今注今译——马王堆汉墓出土帛书》，商务印书馆，2007。

陈鼓应：《管子四篇诠释》，中华书局，2015。

陈鼓应主编《道家文化研究》（第30辑），中华书局，2016。

陈丽桂：《战国时期的黄老思想》，联经出版事业股份有限公司，1991。

陈丽桂：《秦汉时期的黄老思想》，台北：文津出版社，1997。

陈丽桂：《汉代道家思想》，中华书局，2015。

陈政扬：《〈管子四篇〉的黄老思想研究》，花木兰文化出版社，2009。

陈静：《自由与秩序的困惑：〈淮南子〉研究》，云南大学出版社，2004。

池万兴：《〈管子〉研究》，高等教育出版社，2004。

〔日〕池田知久：《道家思想的新研究——以〈庄子〉为中心》，王启发、曹峰译，中州古籍出版社，2009。

D

邓加荣、张靖：《管子思想钩沉》，中国社会科学出版社，2015。

丁原明：《黄老学论纲》，山东大学出版社，1997。

杜国庠：《荀子从宋尹黄老学派接受了什么？》，《杜国庠文集》，人民出版社，1962。

F

傅斯年：《傅斯年全集》，湖南教育出版社，2003。

冯友兰：《中国哲学史新编（修订本）》，人民出版社，1984。

冯友兰：《三松堂全集》，河南人民出版社，2001。

G

郭沫若：《郭沫若全集》，人民出版社，1984。

郭沫若：《十批判书》，东方出版社，1996。

郭沫若：《青铜时代》，中国人民大学出版社，2005。

郭丽：《简帛文献与〈管子〉研究》，方志出版社，2015。

巩曰国：《〈管子〉版本研究》，齐鲁书社，2016。

耿振东：《〈管子〉研究史（战国至宋代）》，学苑出版社，2011。

耿振东：《〈管子〉学史》，商务印书馆，2018。

关志国：《道家黄老学派法哲学研究》，中国社会科学出版社，2016。

顾实：《汉书艺文志讲疏》，台北广文书局，1970。

〔英〕葛瑞汉：《论道者——中国古代哲学论辩》，张海晏译，中国社会科学出版社，2003。

葛荣晋：《中国哲学范畴导论》，万卷楼图书公司，1993。

高新华：《战国至汉初的黄老思想研究》，中华书局，2021。

H

〔德〕汉斯-格奥尔格·伽达默尔：《真理与方法（修订译本）》，洪汉鼎译，商务印书馆，2010。

胡家聪：《稷下争鸣与黄老新学》，中国社会科学出版社，1998。

胡家聪：《管子新探》，中国社会科学出版社，2003。

何山石：《〈管锥编·老子王弼注〉涉典考释与评注》，人民出版社，2019。

黄钊：《道家思想史纲》，湖南师范大学出版社，1991。

J

〔韩〕金晟焕：《黄老道探源》，中国社会科学出版社，2008。

金受申：《稷下派之研究》，台湾商务印书馆，1971。

荆门市博物馆编《郭店楚墓竹简·性自命出》，文物出版社，2016。

荆雨：《自然与政治之间——帛书〈黄帝四经〉政治哲学研究》，东北师范大学出版社，2007。

L

罗安宪：《虚静与逍遥——道家心性论研究》，人民出版社，2005。

罗安宪：《儒道心性论的追究》，人民出版社，2018。

〔美〕罗浩：《原道：〈内业〉与道家神秘主义基础》，陶磊等译，学苑出版社，2009。

罗根泽：《诸子考索》，人民出版社，1958。

罗根泽：《管子探源》，山东文艺出版社，2018。

罗检秋：《近代诸子学与文化思潮》，中国社会科学出版社，1998。

林美茂：《公共哲学序说：中日关于公私问题的研究》，中国人民大学出版社，2020。

林美茂：《哲学与激情》，人民出版社，2019。

林志鹏：《宋钘学派遗著考论》，复旦大学出版社，2018。

林志鹏：《战国诸子评述辑证》，复旦大学出版社，2020。

梁启超：《中国近三百年学术史 汉书艺文志诸子略考释》，《饮冰室合集》（第10册），中华书局，1989。

梁启超：《古书真伪及其年代》，《饮冰室合集》（第12册），中华书局，1989。

梁启超：《梁启超评历史人物合集·先秦卷：孔子传 老子传 管子传》，华中科技大学出版社，2017。

〔美〕理查德·E. 帕尔默：《诠释学》，潘德荣译，商务印书馆，2012。

〔美〕列奥·施特劳斯、约瑟夫·克罗波西主编《政治哲学史（第三版）》，李洪润等译，法律出版社，2009。

刘笑敢：《老子古今——五种对勘与析评引论》，中国社会科学出版社，2006。

刘笑敢：《庄子哲学及其演变（修订版）》，中国人民大学出版社，2020。

刘蔚华、苗润田：《稷下学史》，中国广播电视出版社，1992。

刘节：《管子中所见之宋钘一派学说》，《古史考存》，人民出版社，1958。

刘智妙：《〈管子〉四篇"精气论"研究》，花木兰文化出版社，2014。

刘长林：《说气》，载杨儒宾主编《中国古代思想中的气论及身体观》，台北巨流图书公司，1993。

乐爱国：《管子的科技思想》，科学出版社，2004。

吕思勉：《经子解题》，华东师范大学出版社，1995。

李存山：《中国气论探源与发微》，中国社会科学出版社，1990。

李笑岩：《先秦黄老之学渊源与发展研究》，上海古籍出版社，2018。

李零：《说"黄老"》，《李零自选集》，广西师范大学出版社，1998。

李志林：《气论与传统思维方式》，学林出版社，1990。

娄良乐：《管子评论》，台北文史哲出版社，1973。

M

〔美〕迈克尔·J. 桑德尔：《自由主义与正义的局限》，万俊人等译，译林出版社，2011。

蒙文通：《古学甄微》，巴蜀书社，1987。

蒙文通：《中国哲学思想探源》，台湾古籍出版社，1997。

蒙文通：《先秦诸子与理学》，广西师范大学出版社，2006。

蒙文通：《儒学五论》，广西师范大学出版社，2007。

蒙文通：《佛道散论》，商务印书馆，2011。

牟钟鉴：《〈吕氏春秋〉与〈淮南子〉思想研究》，齐鲁书社，1987。

马庆洲：《淮南子考论》，北京大学出版社，2009。

N

宁镇疆：《〈老子〉"早期传本"结构及其流变研究》，学林出版社，2006。

P

彭永捷编著《重写哲学史与中国哲学学科范式创新》，河北大学出版社，2011。

彭永捷主编《中国政治哲学史》（第二卷），中国人民大学出版社，2017。

彭浩：《郭店楚简〈老子〉校读》，湖北人民出版社，2000。

裴学海：《古书虚字集释》，中华书局，1954。

Q

钱穆：《先秦诸子系年》，商务印书馆，2001。

钱穆：《庄老通辨》，生活·读书·新知三联书店，2002。

〔日〕浅野裕一：《黄老道的形成与发展》，韩文译，凤凰出版社，2021。

裘锡圭：《文史丛稿：上古思想、民俗与古文字学史》，上海远东出版社，2012。

庆祝钱存训教授九五华诞学术论文集编辑委员会编著《南山论学集：钱存训先生九五生日纪念》，北京图书馆出版社，2006。

S

司马朝军编撰《四库全书总目精华录》，武汉大学出版社，2008。

孙中原：《管子解读》，中国人民大学出版社，2015。

萨孟武：《中国政治思想史》，东方出版社，2008。

商晓辉：《荀子与战国黄老之学研究》，花木兰文化出版社，2021。

〔美〕史华慈：《古代中国的思想世界》，程钢译，江苏人民出版社，2004。

T

唐君毅：《中国哲学原论·原道篇》，中国社会科学出版社，2006。

汤孝纯：《管子述评》，台北东大图书公司，1996。

W

温海明：《儒家实意伦理学》，中国人民大学出版社，2014。

温海明：《道德经明意》，中国社会科学出版社，2019。

王葆玹：《稷下黄学》，载牟钟鉴、胡孚琛、王葆玹主编《道教通论——兼论道家学说》，齐鲁书社，1991。

王葆玹：《黄老与老庄》，中国人民大学出版社，2012。

王威威：《韩非思想研究：以黄老为本》，南京大学出版社，2012。

王威威：《治国与教民：先秦诸子的争鸣与共识》，中国社会科学出版社，2019。

王小虎：《先秦气论思想新探》，中国社会科学出版社，2020。

王中江：《根源、制度和秩序：从老子到黄老》，中国人民大学出版社，2018。

王晓波：《道与法：法家思想和黄老哲学解析》，台大出版中心，2007。

王叔岷：《先秦道法思想讲稿》，中华书局，2007。

王叔岷：《庄学管窥》，中华书局，2007。

王璟：《汉代养生思想研究：以黄老思想为主题》，花木兰文化出版社，2011。

王海成：《黄老学派的政治哲学研究》，北京师范大学出版社，2021。

王博：《老子思想的史官特色》，台北文津出版社，1993。

王强：《老子与先秦思想：以儒墨道法为主的考察》，花木兰文化出版社，2015。

吴光：《黄老之学通论》，浙江人民出版社，1985。

X

徐复观：《中国人性论史·先秦篇》，上海三联书店，2001。

徐复观：《中国经学史的基础 周官成立之时代及其思想性格》，九州出版社，2014。

徐汉昌：《管子思想研究》，台湾学生书局，1990。

徐炳编著《黄帝思想与先秦诸子百家》，社会科学文献出版社，2015。

熊十力：《论六经·中国历史讲话》，中国人民大学出版社，2009。

熊铁基：《秦汉新道家》，上海人民出版社，2001。

萧公权：《中国政治思想史》，商务印书馆，2015。

萧登福：《周秦两汉早期道教》，台北文津出版社，1998。

许抗生：《道家思想与现代文明》，中华书局，2015。

夏纬瑛：《管子地员篇校释》，中华书局，1958。

夏曾佑：《中国古代史》，河北教育出版社，2000。

〔日〕小野泽精一、〔日〕福永光司、〔日〕山井涌编《气的思想——中国自然观与人的观念的发展》，李庆译，上海书店出版社，2023。

Y

尹桐阳：《诸子论略》，台北广文书局，1975。

〔美〕约翰·罗尔斯：《政治哲学史讲义》，杨通进等译，中国社会科学出版社，2011。

杨宽：《战国史》，上海人民出版社，2016。

杨儒宾：《儒家身体观》，上海古籍出版社，2019。

余明光：《黄帝四经与黄老思想》，黑龙江人民出版社，1989。

余宗发：《先秦诸子学说在秦地之发展》，台北文津出版社，1998。

阎步克：《士大夫政治演生史稿》，北京大学出版社，1996。

于省吾：《双剑誃诸子新证》，中华书局，2009。

Z

张立文：《中国哲学范畴发展史》，中国人民大学出版社，1988。

张立文：《中国哲学逻辑结构论》，中国社会科学出版社，1989。
张立文：《中国哲学思潮发展史》，人民出版社，2014。
张立文：《和合学：21世纪文化战略的构想》，中国人民大学出版社，2016。
张岱年：《中国哲学史史料学》，生活·读书·新知三联书店，1982。
张丰乾：《出土文献与文子公案》，社会科学文献出版社，2007。
张丰乾编《〈庄子·天下篇〉注疏四种》，华夏出版社，2016。
张固也：《〈管子〉研究》，齐鲁书社，2006。
张舜徽：《汉书艺文志通释》，湖北教育出版社，1990。
张舜徽：《周秦道论发微 史学三书平议》，华中师范大学出版社，2005。
张连伟：《〈管子〉哲学思想研究》，巴蜀书社，2008。
张秉楠辑注《稷下钩沉》，上海古籍出版社，1991。
张运华：《先秦两汉道家思想研究》，吉林教育出版社，1998。
詹剑峰：《老子其人其书及其道论》，华中师范大学出版社，2006。
周勋初：《韩非子札记》，江苏人民出版社，1980。
赵蔚芝：《稷下学宫资料汇编》，山东教育出版社，1987。
郑国瑞：《两汉黄老思想研究》，花木兰文化出版社，2010。
郑圆玲：《〈史记〉黄老思想研究》，高雄学海出版社，1998。
〔日〕佐藤将之：《荀子礼治思想的渊源与战国诸子之研究》，台大出版中心，2013。
朱伯崑：《朱伯崑论著》，沈阳出版社，1998。
祝瑞开：《先秦社会和诸子思想新探》，福建人民出版社，1981。

3. 期刊和集刊论文

B

白奚：《〈管子〉心气论对孟子思想的影响》，载陈鼓应主编《道家文化研究》（第6辑），上海古籍出版社，1995。

白奚：《论田骈、慎到学术之异同》，载陈鼓应主编《道家文化研究》（第8辑），上海古籍出版社，1995。

C

陈荣捷：《战国道家》，《"中央研究院"历史语言研究所集刊》第44本第

3 分，1972 年。

陈丽桂：《黄老思想要论》，《文史哲》2016 年第 6 期。

陈世放：《〈管子〉人性论思想初探》，《社会科学辑刊》1997 年第 4 期。

陈鑫：《〈管子〉四篇中的道论》，《管子学刊》2012 年第 2 期。

陈振鹏：《〈管子·心术〉等四篇关于"道"论演变的探析》，《西藏民族学院学报（哲学社会科学版）》2007 年第 6 期。

陈卓：《〈管子·心术〉上、下和〈内业〉的文本结构和相互关系》，《名作欣赏》2013 年第 35 期。

陈升：《试论现存〈内业〉为"经"、"解"合一文体》，《管子学刊》1997 年第 2 期。

曹峰：《〈黄帝四经〉所见"执道者"与"名"的关系》，《湖南大学学报（社会科学版）》2008 年第 3 期。

曹峰：《〈恒先〉的气论——一种新的万物生成动力模式》，《哲学研究》2012 年第 5 期。

曹峰：《稷下道家的"两重心"意识——兼论与古希腊心灵意识之比较》，《管子学刊》2019 年第 3 期。

崔兰海：《中国生命哲学探源：〈管子〉生命本源论》，《管子学刊》2017 年第 1 期。

〔日〕柴田清继：《管子四篇における神と道》，《日本中国学会报》1984 年第 36 期。

柴永昌：《试析〈管子〉"四篇"的君道论》，《管子学刊》2014 年第 1 期。

程梅花：《"为学"与"为道"——〈管子〉"四篇"与〈老子〉法哲学思想之别》，《管子学刊》2018 年第 3 期。

D

丁原明：《〈淮南子〉对〈管子〉四篇哲学思想的继承和发展》，《管子学刊》1995 年第 3 期。

邓红：《町田三郎先生的管子研究》，《管子学刊》2021 年第 1 期。

董治安、王志民：《试论稷下学宫的地理位置和政治性质》，《齐鲁学刊》1983 年第 1 期。

F

冯契：《〈管子〉和黄老之学》，载《中国哲学》（第十一辑），人民出版社，1984。

G

郭梨华：《儒家佚籍、〈孟子〉及〈管子〉四篇心性学之系谱》，《哲学与文化》第 394 期，2007 年。

郭梨华：《道家思想展开中的关键环节——〈管子〉"心-气"哲学探究》，《文史哲》2008 年第 5 期。

郭志坤：《简论稷下学宫》，《齐鲁学刊》1982 年第 1 期。

巩曰国：《〈管子〉对〈淮南子〉的影响》，《管子学刊》2012 年第 4 期。

关锋：《论宋尹学派》，《哲学研究》1959 年第 5 期。

〔日〕鬼丸纪：《管子四篇における养生说について》，《日本中国学会报》1983 年第 35 期。

H

黄明同：《浅谈〈管子·内业篇〉精气说的特点》，《华南师院学报（哲学社会科学版）》1981 年第 1 期。

黄崇修：《〈黄帝四经〉阴阳观对〈管子〉"定静"工夫形成之影响》，《哲学与文化》2015 年第 10 期。

黄汉光：《黄老之学初议》，《鹅湖月刊》第 283 期，1999 年。

何绍锦：《黄老学中的身体与政治——以〈管子〉四篇为中心的考察》，《管子学刊》2021 年第 4 期。

胡家聪：《稷下道家从老子哲学继承并推衍了什么？——〈心术上〉和〈内业〉的研究》，《社会科学战线》1983 年第 4 期。

J

〔韩〕金东洙：《〈管子〉"四篇"的思想特点》，《当代韩国》2002 年第 4 期。

K

匡钊、张学智：《〈管子〉"四篇"中的"心论"与"心术"》，《文史哲》2012 年第 3 期。

L

罗安宪：《中国心性论第三种形态：道家心性论》，《人文杂志》2006 年第 1 期。

罗安宪：《论老子哲学中的"自然"》，《学术月刊》2016 年第 10 期。

李存山：《〈内业〉等四篇的写作时间和作者》，《管子学刊》1987年第1期。

李存山：《〈内业〉等四篇的精气思想探微》，《管子学刊》1989年第2期。

李存山：《关于〈内业〉等四篇精气思想的几个问题》，《管子学刊》1997年第3期。

李存山：《再谈〈内业〉篇的精气与形体——答乐爱国同志的〈再探讨〉》，《管子学刊》1999年第1期。

李存山：《再谈〈内业〉等四篇的写作时间——与学友白奚先生商榷》，《中国哲学史》1999年第2期。

李道湘：《从〈管子〉的精气论到〈庄子〉气论的形成》，《管子学刊》1994年第1期。

李景林：《论〈管子〉四篇的"道-气"一元论》，《管子学刊》1989年第4期。

李友广：《论战国时期子学思想由重道体向重道用的转向——以〈管子〉四篇为考察重点》，《管子学刊》2017年第2期。

李笑岩：《论先秦黄老之学"内圣治心"理论》，《国学学刊》2016年第2期。

李秀男：《稷下道家与庄子后学的渗透与融合——〈管子〉四篇与〈庄子〉外杂篇关联性探析》，《中南大学学报（社会科学版）》2020年第6期。

李秀男：《〈管子〉四篇学派归属及其对老庄哲学之承变新探》，《江汉论坛》2021年第6期。

李学勤：《〈管子·心术〉等篇的再考察》，《管子学刊》1991年第1期。

李零：《说"黄老"》，载陈鼓应主编《道家文化研究》（第5辑），上海古籍出版社，1994。

乐爱国：《〈管子·内业〉篇新探》，《管子学刊》1992年第4期。

乐爱国：《〈管子·内业〉精气说的再探讨》，《管子学刊》1998年第2期。

刘长林、胡奂湘：《〈管子〉心学与气概念》，《管子学刊》1993年第4期。

刘长林：《〈管子〉四篇对气的研究》，《中国气功科学》1998年第2期。

刘爱敏：《〈管子〉四篇哲学思想对〈淮南子〉的影响》，《船山学刊》2015年第3期。

刘蔚华、苗润田：《黄老思想源流》，《文史哲》1986年第1期。

陆建华：《〈管子〉四篇"〈老子〉注"研究——兼及〈管子〉四篇的老学思想》，《管子学刊》2018年第1期。

路明轮：《〈管子·内业〉无神论思想举要》，《科学与无神论》2023年第1期。

林之达：《〈管子·心术〉篇的心理学思想》，《西南师院学报》1982年第3期。

林永光：《〈管子〉认识论初探》，《中国哲学史研究》1988年第2期。

M

苗玥：《稷下道家"因循为用"的时代意义——〈管子·心术上〉探微》，《中国哲学史》2017年第1期。

马非百：《〈管子·内业〉篇之精神学说及其他》，《管子学刊》1988年第4期。

马非百：《〈管子·内业〉篇集注（续一）》，《管子学刊》1990年第2期。

马珊珊：《论〈管子·内业〉篇关于自我身心修习的思想》，《管子学刊》2020年第3期。

P

彭永捷：《论儒家政治哲学的特质、使命和方法》，《江汉论坛》2014年第4期。

彭鹏：《〈管子〉四篇心学思想发微》，《中华文化论坛》2016年第3期。

Q

裘锡圭：《马王堆〈老子〉甲乙本卷前后佚书与"道法家"——兼论〈心术上〉〈白心〉为慎到田骈学派作品》，载《中国哲学》（第2辑），生活·读书·新知三联书店，1980。

乔健：《政治的"虚化"与精神的"实化"——"〈管子〉四篇"对政治活动中精神作用的夸大》，《兰州大学学报》2006年第6期。

S

尚建飞：《道家德性论的基本特征》，《哲学研究》2015年第11期。

尚建飞：《〈管子〉四篇中的理智德性与知识论思想》，《华东师范大学学报（哲学社会科学版）》2015年第6期。

尚建飞：《〈管子〉四篇中的养生理论与幸福观》，《船山学刊》2015年第 3 期。

孙开泰：《关于侯外庐先生论〈管子·白心〉等篇著者问题的一次谈话》，《中国哲学史》1994 年第 3 期。

孙开泰：《稷下黄老之学对孟子思想的影响》，载陈鼓应主编《道家文化研究》（第 6 辑），上海古籍出版社，1995。

孙开泰：《稷下学宫创建于齐威王初年考辨》，《管子学刊》1994 年第 1 期。

〔日〕石田秀实：《管子四篇と荀子正名篇とにおける"ことぽ"の問題》，《日本中国学会报》1985 年第 37 期。

〔美〕史华慈：《黄老学说：宋钘和慎到论评》，载陈鼓应主编《道家文化研究》（第 4 辑），上海古籍出版社，1994。

T

田探：《〈管子〉四篇的道气关系与"气道乃生"命题的哲学意蕴》，《江汉论坛》2013 年第 5 期。

〔日〕町田三郎：《町田三郎先生的管子研究（一）》，邓红译，《管子学刊》2022 年第 3 期。

滕复：《黄老哲学对老子"道"的改造和发展》，《哲学研究》1986 年第 9 期。

W

王强：《从老子到〈管子〉四篇："道"与"心性"的理论转换》，《华南理工大学学报（社会科学版）》2012 年第 4 期。

王新军、秦克寅：《〈管子〉的人性思想研究》，《管子学刊》2015 年第 4 期。

王博：《〈黄帝四经〉和〈管子〉四篇》，载陈鼓应主编《道家文化研究》（第 1 辑），上海古籍出版社，1992。

王叔岷：《司马迁与黄老》，台湾大学《文史哲学报》1981 年 12 月第 30 期。

王叔岷：《读庄论丛》，载陈鼓应主编《道家文化研究》（第 10 辑），上海古籍出版社，2000。

吴光：《〈管子〉四篇与宋尹学派辨析》，《中国哲学史研究》1986 年第 4 期。

〔日〕武内义雄：《管子の心术と内业》，《支那学》1942 年第 10 卷特别号。

X

〔日〕穴泽辰雄：《管子四篇の思想についてしその——心术上篇の思想》，《东洋大学文学部纪要——东洋学论丛》1983 年第 36 集。

许抗生：《略论黄老学说的产生和演变》，《文史哲》1979 年第 3 期。

徐立军：《早期道家辩证法思想演变略论》，《华中师范大学学报（哲学社会科学版）》1989 年第 6 期。

〔日〕西川靖二：《汉初黄老思想的一个侧面》，《世界哲学》1982 年第 5 期。

萧汉明：《〈管子〉的卫生之经与杨朱学派的养生论》，载方勇主编《诸子学刊》（第 1 辑），上海古籍出版社，2008。

修建军：《"黄老之学"新论》，《管子学刊》1992 年第 2 期。

Y

余敦康：《论管仲学派》，载《中国哲学》（第二辑），生活·读书·新知三联书店，1980。

叶树勋：《〈管子〉四篇中"心"的构造理论》，《天津社会科学》2023 年第 3 期。

袁岳、沈尚武：《〈管子·内业〉篇道之形象化探析》，《管子学刊》2009 年第 4 期。

袁青：《20 世纪以来黄老学研究的回顾与反思》，《史学月刊》2018 年第 1 期。

杨纪荣、夏晓辉：《日本〈管子〉四篇研究概述》，《管子学刊》2017 年第 4 期。

杨荫楼：《〈管子〉道论的特色》，《管子学刊》1991 年第 4 期。

杨儒宾：《论"管子·白心、心术上下、内业"四篇的精气说与全心论——兼论其身体观与形上学的联系》，《汉学研究》1991 年第 1 期。

杨儒宾：《论〈管子〉四篇的学派归属问题——一个孟子学的观点》，《鹅湖学志》1994 年第 13 期。

Z

周昌乐：《宋钘"心法"思想及其科学阐释》，《杭州师范大学学报（社会科学版）》2017 年第 3 期。

周立升、王德敏：《〈管子〉中的精气论及其历史贡献》，《哲学研究》

1983年第5期。

周立升、王德敏：《评〈管子〉书中"静因之道"的认识论》，《文史哲》1984年第3期。

周绍贤：《黄老思想在西汉》，《政大学报》1972年12月第26期。

郑开：《道法之间：黄老政治哲学的思想空间》，《清华大学学报（哲学社会科学版）》2018年第6期。

郑开：《试论黄老政治哲学的"内圣外王之道"》，《湖南大学学报（社会科学版）》2019年第2期。

张杰：《长生与伤生之间张力的解决：〈管子〉四篇的自然之心》，《管子学刊》2021年第4期。

张连伟：《论〈管子〉四篇的学派归属》，《管子学刊》2003年第1期。

张永健：《管子"心术"与阳明"心学"思想之比较初探》，《贵州大学学报（社会科学版）2009年第1期。

张福信：《关于稷下学昌盛的理由》，《齐鲁学刊》1983年第1期。

赵俪生：《儒道两家间存在争议的几种古籍之剖析——〈管子〉四篇、〈中庸〉（包括〈大学〉、〈表记〉）、〈道德经〉、〈易系辞传〉四种对读记》，《齐鲁学刊》1993年第3期。

赵吉惠：《论荀学是稷下黄老之学》，载陈鼓应主编《道家文化研究》（第4辑），上海古籍出版社，1994。

钟肇鹏：《黄老帛书的哲学思想》，《文物》1978年第2期。

祝瑞开：《〈管子·心术上、下〉等篇非宋钘、尹文遗著辨——兼说其在中国哲学史上的地位和影响》，《西北大学学报（哲学社会科学版）》1977年第3期。

4. 学位论文

C

陈佩君：《先秦道家的心术与主术——以〈老子〉、〈庄子〉、〈管子〉四篇为核心》，博士学位论文，台湾大学，2008。

L

刘文星：《君人南面之术——先秦至西汉中叶黄老思潮影响下的修身思想

与治国学说》，博士学位论文，台湾中国文化大学，2007。

W

巫梦虹：《〈管子〉四篇思想研究》，硕士学位论文，"中央"大学，2004。

Z

周贞余：《黄老道家的心与气——以〈管子〉四篇为中心》，博士学位论文，中国社会科学院研究生院，2012。

后　记

　　本书取名为《〈管子〉四篇研究》，看上去没有什么特别之处，只是平平淡淡。这样取名，只是我不想过度标新立异，不想夺人眼球而已。时下很多著作，动辄称为"新研究"，大谈所谓"创新"，但实际上有多大程度真的是创新的，有多少是发前人所未发的，想必读者心里都清楚。学术之路如在浩海中游泳，如在峭壁上攀登，想要往前迈出一步，都将要付出巨大的艰辛。若想要超越前贤，更是需要付出巨大的努力方可能达到。20多万字的书稿写下来，若有只言片语能益补于学林，亦足以慰我心矣。

　　对于《管子》四篇的研究，我在前期是有一定的积累，并取得相应的研究成果。比如，我曾撰写《〈管子〉四篇道气关系论辨正》一文，正式发表于《中国社会科学院研究生院学报》2019年第1期；写成《〈管子〉四篇身心修养论相关命题探赜》一文并发表于《管子学刊》2019年第2期；还撰写了《尊君与治术——〈管子〉四篇秩序论发微及其当代批判》一文，刊登于《海南大学学报（人文社会科学版）》2020年第2期。这三篇文章构成了我对《管子》四篇思想结构、义理内涵的基本把握和认识，也成为本书研究工作的一个重要基础。在这三篇文章的创作与构思过程中，我也逐步形成了面向黄老道家思想的基本分析框架和研究方法。在此我要感谢《中国社会科学院研究生院学报》《管子学刊》《海南大学学报（人文社会科学版）》等杂志编辑部给予发表的机会，使得这些文章能够尽早面世。

　　之所以要写成这本书，其实是发心于我2018年所完成的硕士学位论文。当时，我把硕士学位论文选题定为《〈管子〉四篇"心静气理"思想合论》，这是我涉足学术进行的一个较为初步的创作尝试。现在看来，不得不说那是一篇特别稚嫩的学位论文，无论是在文献资料掌握上，还是在论文结构安排、行文论述上都有很多不足之处。这一方面是因为我当时处在硕博连读的阶段，课业紧张，在完成硕士学位论文上有些匆忙、草率；另一方面也是因为当时的学术训练还很不够，见诸笔端的文字自然就不够练达、成熟。在这之后，一直希望能拿出一块时间来弥补硕士学位论文的这一缺憾，将其补充完善，把对《管子》四篇相关问题的研究更加深入。于是，就有了今天看到的《〈管子〉四篇研究》这本著作。

我在研究生时期，开始接触一些先秦诸子学的问题，并选择研究《管子》四篇，得到了我的导师彭永捷先生的支持与鼓励。能和先秦诸子学结上缘分，也是得益于彭老师在研一给我们开了门"诸子学专题"的课程，在那里我发现先秦诸子也有很强的现实关怀，并且也很务实，善于给现实问题寻找一套具有可操作性的解决方案，我想这也应该是哲学这门学科的一大使命，哲学在现实问题面前不能哑言。所以，能有机会进入这块奇妙的领域一探究竟，首先要非常感谢彭老师的启蒙和教诲，弟子忝列门墙，生性驽钝，能够得到彭老师一步一步的点化，这是我每每所感到庆幸的。只能不断求上进，方能不辜负彭老师。

还要感谢的是中国人民大学哲学院中国哲学教研室的诸位业师，他们是张立文、向世陵、罗安宪、林美茂、曹峰、温海明、谢林德、刘增光、李记芬、罗祥相等老师，在人大学习的六年时间里，经过每一堂课的洗礼，以及不断和老师的讨论交流，我对中国哲学有了更深、更全面的认知，并进而坚定地想从这条道路上走下去。其中，彭永捷老师、向世陵老师、林美茂老师、谢林德老师、罗祥相老师在我硕士论文开题报告会上给予了很多修改建议，很多都直接体现在本书里，对我本书的写作和修订起到了很大帮助，因此本书和老师们的智慧是分不开的。感谢罗安宪老师的教导，还记得刚来人大时听了罗老师讲的"孟子性善论"一节后，顿然觉得自己本科论文有很多写得不准确的地方，应该要大改了。感谢曹峰老师的教导，本书的部分内容还在人大博士生论坛上得到曹峰老师的批阅、指正，对我多有助益。以前看黑格尔《精神现象学》一天最多只能翻个三四页，最后果断放弃。而跟曹峰老师上"出土文献研究"课，读《清华简》

后 记

一天一页都翻不过去，但还是乐此不疲，不想放弃。感谢林美茂老师给予我的教诲，每次听到林老师的声音都感觉特别亲切，因为福建口音就是这个味，林老师的教诲每次都能让我增加学习的动力。感谢温海明老师对我的教诲，在每学期的《周易》课上，黑板上一个八卦图蕴含无限乾坤，虽然我现在还没有学会如何算命预测，但我相信孔子都"五十以学易"，我应该还有希望。感谢刘增光老师带我们领略了《礼记》和《诗经》这些古典文献的无穷魅力，冷峭寒冬起大早一起读《诗经》是我所难忘的，正因为有机会接触了《诗经》，得到细心引导后，我后来写博士论文也朝这方面走。还要感谢李记芬老师的辛勤付出，她在百忙中把我们的课程论文仔细地评阅批注了一遍；在李老师组织的《春秋繁露》和《荀子》读书会上，我不仅收获了知识，还结识了很多志同道合的朋友。

本书中很多篇章是第一次面世，有的在一些学术论坛上宣读发表过，有的在一些期刊上刊发了。我曾多次参加华东师范大学举办的"诸子学博士论坛"，并在会上宣读相关文章，和与会师友讨论、切磋的情景至今依然历历在目。书中有的观点还在中国人民大学国学院主办的"法家研究会青年学者论坛"上得到师友的教正和指导。

在学术探索的道路上，我一直在寻找一种意义感。我总是在思考，学术之于人生意味着什么？在学术与生活之间，我们该如何平衡？当古圣先贤的生命学问之声不时从远处传来，我们还能够静下心来去谛听吗？在量化考评与竞争上岗的驱使下，我们如何还能想象一种生命的学问，能够从容不迫地穷究天理、尽心知性，在学问的探求中彻底地展开自己的生命世界，而不是产生皱褶与卷曲。在这种学问的探求中我们要不断地向上超拔自己的精神境界，而不是在凡世的消磨中，精神状况变得越来越均质化、扁平化，直到沦为庸俗化、虚无化的存在。每每想到这些，怎能不让人伤时反袂？也许这些问题暂时还找不到确切的答案，但是生发了这些疑问和困惑，也许就是一种开端，就像是破晓的一缕阳光照进了窗台。

在后记的最后，自然是要感恩家人给予的默默支持和爱护，他们一直是我努力前行的动力所在，家人永远是我生命丰沛的不竭源泉。

陈志雄
2023 年 12 月 13 日深夜于日新斋

图书在版编目(CIP)数据

《管子》四篇研究/陈志雄著. --北京：社会科学文献出版社，2024.10. --（哲学与社会发展文丛）.
ISBN 978-7-5228-3996-7

Ⅰ.B226.15

中国国家版本馆 CIP 数据核字第 2024LA6707 号

哲学与社会发展文丛
《管子》四篇研究

著　　者 / 陈志雄

出 版 人 / 冀祥德
责任编辑 / 黄金平
责任印制 / 王京美

出　　版 / 社会科学文献出版社·文化传媒分社（010）59367004
　　　　　 地址：北京市北三环中路甲 29 号院华龙大厦　邮编：100029
　　　　　 网址：www.ssap.com.cn
发　　行 / 社会科学文献出版社（010）59367028
印　　装 / 三河市东方印刷有限公司
规　　格 / 开　本：787mm×1092mm　1/16
　　　　　 印　张：16.75　字　数：272 千字
版　　次 / 2024 年 10 月第 1 版　2024 年 10 月第 1 次印刷
书　　号 / ISBN 978-7-5228-3996-7
定　　价 / 118.00 元

读者服务电话：4008918866

▲ 版权所有 翻印必究